다른 각도에서 성경을 보자

-교회가 감추고 싶은 성경의 비밀-

다른 각도에서 성경을 보자

-교회가 감추고 싶은 성경의 비밀-

남정미 지음

신아출판사

■ 머리말

성경을 믿는다면서 성경을 잘못 전하고 있는 교회를 따라가는 사람들을 보면 마음이 아프다. 첫 번째 책을 내고 더는 책을 낼 일이 없을 줄 알았는데 아직 할 말이 더 남은 거 같아서 다시 한 번 용기를 냈다.

하고자 하는 말은 역시 간단하다. 소돔을 떠나지 않아도 교회 다니고 예수만 믿으면 천국에 가고 소돔을 떠나도 교회 안 다니고 예수 안 믿으면 지옥에 가는 것이 아니라 아무리 교회 다니고 예수 믿어도 소돔을 떠나지 않으면 지옥에 가고 교회 안 다니고 예수 안 믿어도 소돔을 떠나면 천국에 간다는 것이다.

그리고 받아야 할 것이 있다면 죽은 다음이 아니라 반드시 지금 받아야 하고 만나야 할 하나님도 죽은 다음이 아니라 반드시 지금 만나야 한다는 것, 누군가는 반드시 해야 할 말이기에 내가 하려는 것이다.

세상이 잘못되었다고 생각하는 사람들이 많을 텐데 나도 그 중 한 사람이어서 어떤 점이 잘못되었고 어떻게 달라져야 하는지에 대해 적었다. 세상은 바뀌지 않는다지만 바뀌어야 한다는 이야기는 해보고 싶었다. 더 똑똑한 사람이 말해주면 좋겠지만 아무도 말하지 않으니 기회다 생각하고 내가 할 수 있는 한 최선을 다해 이야기해야겠다 싶었다.

성경을 보니 어떤 것이 잘못됐는지 확실히 알 수 있었다. 소심한 성격에 누구에게도 환영받지 못할 글을 쓰기란 쉽지 않다. 하지만 쓰지 않을 수 없었다. 세상이 이대로는 안 되고 반드시 달라져야 한다고 생각했기 때문이다. 그렇지 않으면 아무런 희망이 없다는 생각이 들었기 때문이다. 성냥팔이 소녀가, 주어진 성냥을 다 팔아야 집에 갈 수 있는 것처럼 이 일이 내게는 주어진 성냥 같아서 반드시 팔아야겠다고 생각했다.

버스도 들어가지 않고 가게도 없고 교회도 없고 절도 없고 병원도 없고 마을을 둥글게 팔을 두르듯이 안고 있는 산과 밭과 논과 집 말고는 아무것도 없는 산골에서 태어나서 그곳에서 어린 시절을 보냈다.

그곳은 적어도 내게는 정말 천국 같은 곳이었다.

그래서 어린 시절에는 세상이 어떤지 몰랐다. 그런데 크면서 세상이 정말 많이 잘못됐구나, 하는 생각을 많이 했다. 무서운 곳이라는 생각도 들었다. 착하게 살려고 했고 나쁜 짓도 많이 안 한 것 같은데 교회 사람들은 내가 교회 안 다니고 예수 안 믿으면 지옥 간다고 했다.

아무리 착하게 살아도 교회 안 다니고 예수 안 믿으면 지옥에 갈 수밖에 없다고 했다. 산골에서 태어나 한 번도 그곳을 벗어나 본 적이 없는 어린아이에게 그렇게 말하니 여간 무서운 게 아니었다.

성경에 그렇게 나와 있다고 했다. 그들이 틀렸다는 생각이 들었다. 그리고 성경을 보고 나서 그 생각이 더욱 확실해졌다. 말도 잘 못하고 글도 잘 못 쓰지만 어떤 말을 해야 할지는 안다. 그래서 용기를 냈다.

이번에도 글을 예쁘게 쓰는 것보다는 하고 싶은 말을 하는데 초점을 맞추면서 성경을 어떤 공식처럼 푼 글이라 별로 재미는 없겠지만 그래도 사람들로 하여금 읽힐 만큼의 가치가 있는 책이면 충분하다고 생각한다. 나는 아직 때 묻지 않은 어린아이와 같은 마음이고 싶다. 그래서 아직도 세상에 적응이 잘 안된다. 하지만 내가 아니라 세상이 틀렸다고 확신한다. 내가 세상에 맞추어서 달라져야 한다고 생각하지 않는다. 달라져야 하는 건 내가 아니라 잘못 돌아가고 있는 세상이다. 달라져야 한다는 사실이라도 알게 해 주고 싶다.

아무 이유 없이 세상이 망하게 되는 것이 아니다. 다 이유가 있기 때문에, 잘못되었기 때문에 망하는 것이다. 부디 내 말에 귀를 기울여 주었으면 좋겠다.

끝으로, 출간되기 어려운 책이 나올 수 있게 도와준 출판사 측에 진심으로 고맙다는 말을 드리고 싶다. 다들, 취지에 공감하고 맞는 말이긴 하지만 출판하는 것은 어렵겠다며 거절하신 글을 책으로 내주셨다.

정말 어려운 결정이었다는 것을 안다. 감사하게 생각한다.

2017년 5월

남정미

| 차례 |

3부

4부

제1부

지금은 잘못된 시대다

지금은 잘못된 시대다.

그리고 세상이 잘못 돌아가고 있는 중심에는 교회와 기독교가 있다.

그들의 잘못된 생각이 세상을 잘못 돌아가게 하고 있기 때문이다.

그들의 일부가 아주 가끔 착한 일을 하는 건 문제가 안 된다. 그들이 가진 기본적인 생각이 잘못되었다면 말이다. 그 중에서도 그들이 가장 잘못하고 있는 것은 성경의 내용과 반대되는 내용을 성경에 있는 내용이라면서 사람들에게 전하고 있다는 것이다.

교회는 어떻게 살아도 모든 사람은 죄인인 아담의 후손이라 멸망할 수밖에 없고 교회 다니고 예수 믿는 사람만이 천국에 갈 수 있는 자격이 주어지는 것이라 한다. 그리고 그것이 성경에 적혀있는 내용이라 한다.

하지만 성경 어디에도 교회가 전파하는 복음은 존재하지 않는다.

성경의 내용은 그들이 말하는 것과 다르다.

"여호와께서 사람의 죄악이 세상에 관영함과 그 마음의 생각의 모든 계획이 항상 악할 뿐임을 보시고, 땅 위에 사람 지으셨음을 한탄하사 마음에 근심하시고 가라사대 나의 창조한 사람을 내가 지면에서 쓸어버리되 사람으로부터 육축과

기는 것과 공중의 새까지 그러하리니 이는 내가 그것을 지었음을 한탄함이니라 하시니라."(창6;5~7)

하나님이 사람을 심판하는 건, 단지 아담의 후손이기 때문이 아니라 그 마음의 생각의 모든 계획이 항상 악 했기 때문이고 단지 아담의 후손이라고 해서 심판한 것이 아니다.

"여호와께서 또 가라사대 소돔과 고모라에 대한 부르짖음이 크고 그 죄악이 심히 중하니 내가 이제 내려가서 그 모든 행한 것이 과연 내게 들린 부르짖음과 같은지 그렇지 않은지 내가 보고 알려하노라."(창18;20,21)

"여호와께서 가라사대 내가 만일 소돔 성중에서 의인 오십을 찾으면 그들을 위하여 온 지경을 용서하리라. 가라사대 내가 십인을 인하여도 멸하지 아니하리라."(창18;26~32)

소돔과 고모라도 마찬가지고 니느웨 사람들도 마찬가지다.

"너는 일어나 저 큰 성읍 니느웨로 가서 그것을 쳐서 외치라. 그 악독이 내 앞에 상달하였음이니라 하시니라."(욘1;2)

그리고 지금도 마찬가지다.

하나님이 그들을 치려는 이유는 오직 하나, 그들이 악하기 때문이지 아담의 후손이기 때문도 아니고 예수 안 믿고 교회 안 다녀서도 아니다.

그들이 착하고 의롭게 잘 살고 있는데도 단지 아담의 후손이기 때문에 쓸어버리기로 한 것이 아니다. 교회 다니고 예수 믿었으면 안 쓸어버렸을 텐데 교회 다니지 않고 예수를 믿지 않아서 쓸어버리기로 한 것도 아니다. 그들을 쓸어버리기로 한 이유는 오직 단 하나, 그들이 하는 모든 생각과 행동이 악하기 때문인 것이다.

그리고 그들이 구원받을 수 있는 방법도 오직 하나다.

죄를 뉘우치고 착하고 바르게 사는 것 말이다.

그 점은 명확하게 성경에 나와있다.

"그러나 노아는 여호와께 은혜를 입었더라. 노아의 사적은 이러하니라. 노아는 의인이요, 당세에 완전한 자라. 그가 하나님과 동행하였으며,"(창6;8,9)

"요나가 그 성에 들어가며 곧 하룻길을 행하며 외쳐 가로되 사십일이 지나면 니느웨가 무너지리라 하였더니 니느웨 백성이 하나님을 믿고 금식을 선포하고 무론 대소하고 굵은 베를 입은지라. 그 소문이 니느웨 왕에게 들리매 왕이 보좌에서 일어나 조복을 벗고 굵은 베를 입고 재에 앉으니라. 왕이 그 대신으로 더불어 조서를 내려 니느웨에 선포하여 가로되 사람이나 짐승이나 소떼나 양떼나 아무 것도 입에 대지 말찌니 곧 먹지도 말 것이요, 물도 마시지 말 것이며 사람이든지 짐승이든지 다 굵은 베를 입을 것이요, 힘써 여호와께 부르짖을 것이며 각기 악한 길과 손으로 행한 강포에서 떠날 것이라, 하나님이 혹시 뜻을 돌이키시고 그 진노를 그치사 우리로 멸망치 않게 하시리라 그렇지 않을 줄을 누가 알겠느냐 한지라. 하나님이 그들의 행한 것 곧 그 악한 길에서 돌이켜 떠난 것을 감찰하시고 뜻을 돌이키사 그들에게 내리리라 말씀하신 재앙을 내리지 아니하시니라."(욘3;4~10)

그리고 그것은 지금도 마찬가지다.

소돔과 교회 안에 있는 사람들은 그 안에 있는 사람들을 제외한 모든 사람이 지옥 갈 사람이라 생각하고 공격하지만 노아와 롯은 다르다.

그들은 밖에서 온 이에게 지극히 친절하며 극진하다. 소돔이 잘못됐다는 것을 알기 때문이다.

"날이 저물 때에 그 두 천사가 소돔에 이르니 마침 롯이 소돔 성문에 앉았다가 그들을 보고 일어나 영접하고 땅에 엎드리어 절하여 가로되 내 주여 돌이켜 종의 집으로 들어가 발을 씻고 주무시고 일찍이 일어나 갈 길을 가소서. 그들이 가로되 아니라 우리가 거리에서 경야하리라. 롯이 간청하매 그제야 돌이켜서 그 집으로 들어오는지라. 롯이 그들을 위하여 식탁을 베풀고 무교병을 구우니 그들이 먹으니라."(창19;1~3)

교회는 사람이 어떻게 살아도 죄인이기 때문에 멸망하게 되어 있다고 하지만 성경이 알려주는 것처럼 노아가 살던 시대의 사람들이 멸망한 이유는 그들이 단지 아담의 후손이었기 때문이 아니다.

성경 어디에도 단지 아담의 후손이어서 죽임을 당한 사람은 없다.

단지 그들이 아담의 후손이라서가 아니라 그들이 악하고 그들의 하는 생각과 일들이 모두 잘못됐기 때문에 죽임을 당하게 되었던 것이다.

교회를 다니고 예수를 믿는다고 해서 살게 되는 것이 아니다.

하나님이 멸망시키기로 작정하고 사람을 만든 것도 아니다.

노아의 때도 마찬가지고 롯의 때도 마찬가지고 지금도 마찬가지고 앞으로도 마찬가지다..

원래는 멸망시키지 않으려 했지만 아담이 하나님의 말을 듣지 않아서 그 이후에 태어난 사람은 다 멸망시키기로 마음먹은 것도 아니다.

성경에 적힌 대로라면 그들이 단지 아담의 후손인데 교회에 안 다니고 예수를 안 믿어서 쓸어버리기로 작정을 한 것이 아니라 그들이 의롭게 착하게 살았으면 결코 그렇지 않았을 텐데 '사람의 죄악이 세상에 넘치고 그 마음 또한 악해서' 비로소 세상을 쓸어버리겠다고 결심하신 것이다.

그러므로 소돔에 살던 사람들이 멸망한 이유는 그들이 교회에 다니지 않고 예수를 믿지 않아서가 아니라 그들의 타락이 극에 달했기 때문이다. 멸망은 타락과 관련이 있는 것이지 아담의 후손이어서가 아니다.

아담 이후의 사람이 본래 모두가 지옥에 가도록 정해진 것이 아니다.

사람이 지옥에 가는 것은 잘못한 것이 없어도 하나님이 본래 그렇게 정했기 때문이 아니라 그 사람이 지옥으로 가게끔 살고 있기 때문이다.

모든 사람이 심판받는 것으로 시작하는 것이 아니다. 다 죽이고 그 중에 일부만 구원하겠다, 하고 시작하는 것이 아니다.

처음에는 모든 사람이 구원받는 자리에서 시작하는 것이다.

그런데 사람이 그곳을 떠나서 구원받을 수 없는 곳으로 가는 것이다.

실과를 먹지 않아도 다 죽이리라, 하고 시작하는 것이 아니라 실과만 먹지 않으면 결코 아무도 죽지 않으리라, 하고 시작하는 것이다.

지옥에 갈 만한, 아무 짓도 하지 않아도 아담 이후의 사람은 다 지옥에 보내리라, 하고 시작하는 것이 아니라 멸망당할 짓만 하지 않으면 아무도 지옥에 보내지 않으리라, 하고 시작한다.

모든 사람이 다 이미 구원받지 못할 자리에 있기 때문에 모든 사람이 다 구원받을 자리로 도망가야 하는 것이 아니다. 그냥 구원받을 자리를 떠나지만 않으면 되고 떠났다면 다시 돌아가기만 하면 되는 것이다.

거기서 사람들이 벗어나서 죽게 되는 것이고 멸망을 하는 것이다.

아담은 그랬지만 아담 이후에 태어난 사람은 바뀐 규정이 따로 있는 것이 아니라 그것은 모든 사람에게 영원히 달라지지 않는 진리다.

지금은 잘못된 시대다. 잘못된 시대에는 제대로 살기가 어렵다.

교회는 사람이 잘못해서만 지옥에 가는 것이 아니라 어떻게 살아도 모든 사람이 종말은 피할 수 없고 지옥에 갈 수밖에 없다고 한다.

그러나 노아의 시대에도 사람들이 멸망한 것은 그들이 이미 멸망이 정해진 상태에서 태어났기 때문이 아니다. 소돔과 고모라 사람들이 멸망한 것도 그들이 이미 멸망이 정해진 상태에서 태어났기 때문이 아니다.

그들은 멸망이 정해진 상태에서 태어났지만 도망가지 않아서 죽은 것이 아니다. 교회 안 다니고 예수 안 믿었기 때문도 아니다.

그들이 멸망당할 만큼 나쁜 짓을 많이 했기 때문이다.

노아의 시대가 말세의 시대라면 지금도 마찬가지다.

두 시대가 같다는 건 두 시대의 풍경이 똑같다는 뜻이다.

교회는 모든 사람은 이미 멸망이 정해져 있고 교회 다니고 예수 믿으면 천국 가지만 교회 안 다니고 예수 안 믿으면 지옥에 갈 것이라 한다.

착하게 사는 것은 아무 소용도 없다고 한다.

하지만 그것은 사실과 다르다.

노아의 시대에 노아가 사람들에게 지금의 교회처럼 말했을까?

소돔의 시대에 롯이 사람들에게 지금의 교회처럼 말했을까?

니느웨에 가서 요나가 지금의 교회처럼 그렇게 말했을까?

너희들은 아담의 후손이기 때문에 어떻게 살아도 죽을 수밖에 없고 오직 교회 다니고 예수 믿어야만 멸망을 피할 수 있다고 말했을까?

결코 그렇지가 않다는 것이다. 그때의 노아는 악하게 살지 말라 하지만 지금의 노아는 교회 다니라 하는 것이 아니고 그때의 롯은 나쁜 짓 하지 말라 하지만 지금의 롯은 예수 믿으라 하는 것이 아니고 그때의 요나는 잘못 살기 때문에 죽는 것이라 하지만 지금의 요나는 아담의 후손이라 무조건 죽는 것이라 하는 것이 아니다. 언제나 그들은 같은 말을 하며 다르게 말하는 이들은 결코 노아가 아니고 롯이 아니고 요나가 아니다.

> "이미 있던 것이 후에 다시 있겠고 이미 한 일을 후에 다시 할찌라. 해 아래는 새 것이 없나니 무엇을 가리켜 이르기를 보라, 이 것이 새 것이라 할 것이 있으랴, 우리 오래 전 세대에도 이미 있었느니라, 이전 세대를 기억함이 없으니 장래 세대도 그 후 세대가 기억함이 없으리라."(전1;9~11)

말세의 풍경은 항상 똑같다.

지금, 세상은 온통 교회에 다녀야 한다고, 예수를 믿어야 구원을 받을 수 있다고, 그렇지 않으면 모두 지옥 간다고 시끄럽다.

하지만 한 번 생각해 볼 일이다.

노아가 살던 때는 과연 교회가 없고 예수가 없어서, 있었는데도 믿지 않아서 착하게 살던 사람들이 심판을 받고 구원을 받지 못했을까?

절대로 그렇지 않다. 노아는 교회의 유혹에 결코 넘어가지 않는다. 그들이 틀렸다는 걸 알기 때문이다.

그때와 지금은 두 번이 아니라 한 번이다.

지금 있는 것이 지금만 있고 그때는 없었던 것이 아니라 지금 있는 것은 그때도 있고 그때 있는 것은 지금도 있다.

그때 구원받은 사람이 지금은 심판받거나 그때 심판받은 사람이 지금은 구원받는 것이 아니고 그때 구원받은 사람은 지금도 구원받고 그때 심판받은 사람은 지금도 심판받는다.

심판을 받는 이유도, 구원을 받는 이유도 항상 똑같다.

교회는 예전에는 교회도 없고 예수도 없었기 때문에 아무리 착하게 살아도 모든 사람이 다 지옥에 갈 수밖에 없었지만 지금은 교회가 있고 예수가 있어서 믿기만 하면 누구나 천국에 갈 수 있는 것이라 한다.

하지만 모두가 어떻게 살아도 다 지옥에 가는 때가 있고 모두가 다 어떻게 살아도 천국에 가는 때가 있는 것이 아니다. 어느 때고 착하게 살면 천국에 가고 누구라도 악하게 살면 지옥에 가는 것이다.

그때는 교회와 예수가 없어서 착하게 살아도 멸망했지만 지금은 없던 교회와 예수가 있어서 악하게 살아도 멸망하지 않는 것도 아니다.

교회에 다니는 사람은 그때나 지금이나 구원을 받지 못한다.

교회가 하는 이야기가 잘못되었기 때문이다.

교회의 말을 들을 것이 아니라 성경을 보고 깨달아야 한다.

그때에 구원받은 사람은 교회 다니고 예수를 믿었던 사람이 아니다.

방주 안에 있는 노아다. 그리고 방주는 교회 안에 있는 것이 아니다.

교회밖에, 모든 것의 밖에, 오직 노아를 중심에 두고 있는 것이다.

그리고 노아 안에 있는 것이다.

방주가 없는 노아가 하나님에 의해 방주를 받는 것이 아니라 안에 방주가 있으면 밖에도 방주가 있고 안에 방주가 없으면 밖에도 방주가 없는 것이다. 안에 있는 방주가 밖에 없고 안에 없는 방주가 밖에 있는 것이 아니다. 노아 안에 방주와 노아 밖에 있는 방주가 둘이 아니며 노아와 방주가 따로 있는 것이 아니라 방주가 곧 노아고 노아가 곧 방주다.

하나님과 노아도 마찬가지다.

하나님 안에 노아가 있고 또 노아 안에 하나님이 있는 것이다.

그래서 각자 서로가 서로를 살리는 것이다.

노아 안에 방주가 없었지만 노아가 교회를 다니고 예수를 믿어서 노아 안에 없는 방주를 하나님이 준 것이 아니라 처음부터 노아 안에 방주가 있었기 때문에 노아가 방주를 만들 수 있었던 것이다.

노아 안에 없는 방주를 노아가 다른 사람으로부터 받은 것이 아니라 단지 노아 안에 있는 방주를 노아가 끌어냈을 뿐인 것이다.

중요한 것은 다른 사람이 아니라 하나님의 마음을 아는 것이다.

교회는 하나님이 사람을 심판하려고 한다고 한다.

지옥에 보내려고 한다고 한다.

그래서 심판받지 않고 지옥에 가지 않으려면 무조건 교회에 다니고 예수를 믿어야만 한다고 한다.

하지만 하나님은 사람을 심판할 마음이 없다.

지옥에 보낼 마음이 없다.

구원받겠다고 다니지 말아야 할 교회만 안 다니고 믿지 말아야 할 예수만 안 믿으면 된다. 나는 아담의 후손이라 무조건 지옥에 가고 교회 다니고 예수 믿어야만 천국에 가는 것이 아니다. 교회는 하나님이 아니고 교회 안에 있는 예수 역시 하나님이 아니기 때문이다.

하나님은 다른 사람과 마찬가지로 노아를 심판하려고 했는데 노아가 방주로 도망가서 심판을 못 한 것이 아니다. 노아뿐만 아니라 모든 사람을 다 구원하려 했는데 그들이 다 방주를 떠나서 구원하지 못한 것이다.

하나님은 처음부터 노아를 심판할 생각이 없었다.

아니, 어떤 사람도 심판할 생각이 없었다.

악한 행동을 하지도 않았는데 아담의 후손이라서 죽이려는 게 아니다.

교회 다니고 예수 믿는 사람만 살리려는 것도 아니다.

그래서 하나님의 마음을 아는 노아는 심판을 피하기 위해 날 때부터 그에게 주어진 방주가 아닌 다른 어디에도 가지 않은 것이다.

그런데 다른 사람들은 하나님의 마음을 몰랐다.

그래서 하나님이 자기들을 심판할 것이라 믿고 심판을 피하기 위해 다니지 말아야 할 교회에 다니고 믿지 말아야 할 예수를 믿은 것이다.

그래서 오히려 받지 않아도 되는 심판을 받은 것이다.

노아는 교회에 다니던 사람이 아니다

소돔에 살던 롯도 마찬가지고 요나도 마찬가지고 예수도 마찬가지다.

그때에는 교회가 없었기 때문에 교회에 안 나간 것이 아니다.

그들의 이야기가 잘못되었기 때문에 있었어도 다니지 않은 것이다.

구원받는 방법은 항상 똑같다.

하나님을 떠나지 않고 동행하면 된다.

방주는 새로 만들어진 것이 아니다.

하나님은 항상 노아를 방주 안에 두신다.

노아가 방주를 찾아가야 하는 것이 아니다.

노아를 만들면서 이미 방주도 같이 두신다.

하나님이 노아를 방주 밖으로 쫓아내는 것이 아니다.

그래서 방주를 찾아 교회에 가야 하는 것이 아니다.

노아는 날 때부터 방주를 가지고 태어나고 방주 안에서 태어나는 것이다. 그래서 구원받기 위해 다른 곳에 가지 않아도 되는 것이다.

그 위치를 바꾸지만 않으면 노아는 구원받는다.

노아뿐만이 아니다.

모든 사람은 다 자기를 구원할 방주를 가지고 태어나고 방주 안에서 태어난다.

하나님은 모든 사람에게 다 방주를 주신다. 왜냐하면 사람이 살기위해서는 반드시 구원이 필요하고 반드시 방주가 필요하기 때문이다.

그런데 어느 순간 모든 사람이 다 심판받지 않고 구원받기 위해 필요한 것이 자기가 가진 방주가 아니라 다른 것이라 생각하고 가지고 있는 방주를 버리고 타고 있던 방주에서 벗어나 교회를 찾아가고 방주 안에는 노아만 남는 것이다. 하나님이 다른 사람에게는 방주를 주지 않고 노아에게만 방주를 주어 노아에게만 방주가 있는 것이 아니라 모든 사람에게 방주를 주었는데 다른 사람들은 다 방주를 버렸는데 노아만이 방주를 버리지 않아서 방주 안에 노아만 남게되고 노아 안에만 방주가 남아있게 되는 것이다.

태어나기도 전에 이미 지옥에 갈 수밖에 없는 사람으로 태어나서 내가 가진 방주를 버려야만 구원을 얻을 수 있게 되는 것이 아니다.

그것을 끝까지 지켜야만 구원을 얻을 수 있게 되는 것이다.

말세라고 해서 구원받는 방법이 달라지는 것이 아니다.

말세에는 사람들의 불안한 마음을 이용해서 모두가 다 지옥에 가고 그들이 제시한 잘못된 방법으로만 구원받을 수 있다고 하나님을 알지 못하고 믿지 못하는 사람들을 현혹하는 나쁜 교회가 많아질 뿐이다.

교회는 무조건 사람은 악하다고 하고 지옥에 간다고 한다.

하지만 구원받기 위해서는 먼저 자신의 소중함을 알아야 한다.

누가 가장 행복해져야 하느냐 하면 나 자신임을 알아야 한다.

누가 가장 귀하냐 하면 나 자신임을 알아야 한다.

자신은 결코 지옥에 갈 사람이 아님을 알아야 한다.

교회는 너는 악하다, 한다.

하지만 나는 결코 악하지 않다.

악한 것은 내가 아니다.

세상사람 모두가 이미 실과를 따먹은 이후에 태어나고 모두가 죄인인 채로 태어나서 모두가 죽게 되는 것이 아니다. 전에는 모두 비가 내리기 전에 태어나고 죄가 없이 태어나서 선택의 기회가 있었는데 지금은 그때와 달리 모두가 이미 비가 내리기 시작한 다음에 태어나고 이미 태어나기도 전에 죄를 가지고 태어나서 아무도 피할 길이 없는 것이 아니다.

세상에 비가 내리기 시작한 다음에 태어난 사람은 아무도 없다.

죄를 가지고 태어나는 사람도 아무도 없다. 세상이 만들어졌을 때부터 비가 내리기 시작한 것도 아니고 끝까지 비만 내리는 것도 아니다.

그로 인해 나를 버려야만 하는 것도 아니다.

자기를 버리고는 아무 것도 얻을 수 없다.

노아가 방주를 만드는 이유는 오직 하나, 자기를 살리기 위해서다.

가치 없는 자기를 살리기 위해서가 아니다.

방주가 자기를 살리기 때문에 방주를 만드는 것이지 자기보다 방주를 더 아끼고 섬기며 살기 위해서 방주를 만드는 것도 아니다.

예수를 태우기 위해서도 아니고 하나님을 태우기 위해서도 아니다.

방주를 구하기 위해서도, 방주를 사랑해서도 아니다.

그렇게 말하면 하나님이 기뻐할 것이란 것은 착각이다.

거짓말이기 때문이다.

방주를 만드는 것은 오로지 자기가 귀하기 때문이고 자기를 구하기 위해서다.

믿고 섬기면 천국에 보내주는 예수가 따로 있는 것이 아니다.

하나님이 있기에 내가 있고 내가 있기에 하나님도 있는 것이다.

교회에 가면 나더러 나를 죽이라 한다. 죽어야 산다고 한다.

그들은 결코 나를 위해 존재하는 사람들이 아니기 때문이다.

거기 가서 예배 듣는다고, 찬송가 부른다고, 헌금한다고 내가 구원받는 것이 아니다. 자기를 귀하게 생각하는 사람은 절대 거기 가서 그러고 있지 않는다. 자기를 죽이고 오로지 그들의 종으로 살지 않는다.

그 모든 것이 다 하나님에 대해서는 죄이기 때문이다.

성경 안에서 그렇게 구원받은 사람은 아무도 없다.

그렇지 않은가? 노아가 아닌 다른 사람들이 심판받은 것이 교회에 다니지 않았기 때문도 아니고 노아가 구원받은 것도 다른 사람은 교회도 안 다니고 예수도 안 믿을 때 열심히 교회에 다니고 예수를 믿었기 때문도 아니었다.

다른 사람들은 아무도 교회에 안 다니는데 노아, 롯만, 예수만이 다녀서 멸망을 피하고 구원받을 수 있었던 것이 아니라 오히려 구원받겠다고 남들 다 다니는 교회를 노아와 롯과 예수만 안 다녔을 확률이 높다.

성경에는 노아와 롯과 예수가 교회 다녀서 구원받았다는 말은 분명히 없다.

그들이 구원받은 것은 교회에 다녔기 때문이 아니다.

의인이었기 때문이다. 말세라고 달라지는 것이 아니다.

말세에는, 사람은 무조건 다 지옥가고 교회 다니고 예수 믿으면 무조건 다 천국 간다고 말하는 사람이 많아질 뿐이다. 그게 말세이기 때문이다.

구원은 누군가에게 구걸해서 받을 수 있는 것이 아니다.

누군가를 숭배하면 그가 주는 것이 아니다.

교회는 구원받기 위해서는 그때까지 다니지 않던 교회에 다녀야 하고 그때까지 믿지 않았던 예수를 믿어야 한다고 한다.

교회 안 다니고 예수 안 믿는 모든 사람은 다 지옥에 갈 것이라 한다.

하지만 구원받기 위해 중요한 것은 그런 것이 아니다.

똑바로 사는 것이다. 빗나가지 않고 올바르게 사는 것이다.

하나님을 떠나지 않고 사는 것이다.

오직 그것만이 구원받는 길이다.

다른 방법은 없다.

시대가 바뀌고 장소가 바뀐다고 해서 달라지는 것이 아니다.

예수가 그 질서를 바꾼 것이 아니다.

그때까지는 서쪽에서 뜨던 해를 동쪽에서 뜨게 바꾼 것이 아니다.

성경에서 사람들이 심판받는 것은 그들이 다 아담의 후손이라 심판받은 것이 아니라 잘못 살았기 때문에 심판받은 것이고 구원받은 사람들은 원래는 아담의 후손이라 지옥에 갔을 텐데 교회에 다니고 예수를 믿었기 때문이 아니라 올바르게 살았기 때문에 구원받을 수가 있었던 것이다.

그때는 교회가 없어서 구원받는 사람이 적었지만 지금은 교회가 많아서 더 많은 사람이 구원받을 수 있게 된 것이 아니다. 그때는 교회가 없어서 노아 한 사람만 어렵게 구원받았지만 지금은 교회가 많아서 노아가 아니더라도 얼마든지 구원받을 수 있게 된 것도 아니다.

그때는 노아가 교회에 다니지 않아도 구원받을 수 있었지만 지금은 교회에 다니지 않으면 노아라도 구원을 받을 수 없게 된 것도 아니다.

그때나 지금이나 쉽게 구원받는 방법은 다 가짜다.

구원받는 특별한 방법이 있는 것도 아니다.

그저 바르게 살면 된다.

구원받기 위해서 교회 다니고 예수 믿으라고 말하는 교회는 진짜 교회가 아니다. 나를 다 버리고 교회를 선택하라고 말하는 교회도 가짜다.

오직 하나님을 믿고 바르게 살아가라고 말하는 교회가 진짜 교회다.

나를 귀하게 여기라고 말하는 교회가 진짜 교회다. 나를 버리고 죽이라고 말하는 교회가 아니라 나는 나 자신으로 충분히 귀하니 다른 생각하지 말고 하나님을 믿으라고 말하는 교회가 진짜 교회다.

구원받기 위해서는, 내가 어찌 살아도 멸망당할 수밖에 없다고 믿어서는 안 된다. 내가 어찌 살아도 교회만 다니면, 예수만 믿으면 멸망하지 않을 것이라 믿어서는 안 된다. 내가 잘못 산다면 나를 구원할 수 있는 것이 아무 것도 없다는 것을 믿어야 한다. 내가 제대로 산다면 하나님은 결코 나를 멸망시키지 않을 것이라는 것을 굳게 믿어야 한다.

그게 진짜 믿음이다.

하나님이 하는 말은 그때와 지금이 다르지 않다.

하나님이 노아의 시대에는 교회에 다니고 예수를 믿으라고 말하지 않았는데 지금은 교회에 다니고 예수를 믿으라고 하는 것도 아니다.

하나님의 천사가 소돔에 가서는 소돔을 떠나라 했는데 지금에 와서는 한 번 소돔에 산 사람은 소돔을 떠나도 무조건 지옥에 가고 교회 다니고 예수 믿어야만 천국에 갈 수 있다고 말하는 것이 아니다.

교회나 예수가 구원받지 못할 사람을 구원해 주는 것이 아니다.

애초에 하나님을 떠나지 않은 사람들에게는 심판도 없다.

떠났다 하더라도 다시 돌아온 사람에게도 마찬가지다.

하나님이 처음부터 심판과 멸망을 작정하고 있었고 그 중에 몇 명만 구원한 것이 아니다. 모두를 다 구원하기로 작정하고 그 중에 해서는 안 될 일을 하는 몇 명만 멸망시키기로 한 것이다. 모든 사람에게 심판이 정해져 있는 것이 아니라 아무에게도 예정되어 있지 않았던 것이다.

잘못한 모든 사람을 하나님이 다 미워하는 것이 아니다. 그래서 한 번 잘못한 사람은 다시는 하나님에게 돌아가면 안 되는 것도 아니다.

하나님은 사람을 멀리하지 않으며 모든 사람을 심판하지도 않는다.

그런데 교회가 하나님을 믿지 못하도록 사람들을 속이는 것이다.

성경에서 심판받는 사람이 심판받는 이유와 내가 심판받는 이유가 다른 것이 아니다. 성경에서 구원받는 사람이 구원받는 법과 내가 구원받는 법이 다른 것도 아니다. 성경에 나오는 사람들과 나는 아무 상관없는 사람들이 아니다. 그들과 내가 다른 것이 아니고 그가 나고 내가 그다.

그때와 지금이 다른 것도 아니다. 그때가 지금이고 지금이 그때다.

어느 시대고 다만 이름만 다를 뿐 다 교회가 있고 예수도 있다.

하지만 그들은 결코 사람을 구원하지 못한다.

성경에서 교회에 다니고 예수를 믿어서 구원받았다는 사람은 단 한 명도 없다. 교회에 안 다니고 예수를 안 믿어서 심판받은 사람도 없다.

잘못된 시대일수록 마법의 부적처럼 가지고만 있으면 죽지 않고 지옥에 가지 않고 천국에 가게 해 준다는 교회도 많고 예수도 많다. 부적이 없으면 지옥에 갈 수밖에 없다고 믿는 사람들이 많기 때문이다.

하지만 그들은 결국 죽을 수밖에 없고 지옥에 갈 수밖에 없다.

애초에 천국은 그렇게 해서 갈 수 있는 곳이 아니기 때문이다.

"노아의 때에 된 것과 같이 인자의 때에도 그러하리라. 노아가 방주에 들어 가던 날까지 사람들이 먹고 마시고 장가 들고 시집 가더니 홍수가 나서 저희를 다 멸하였으며 또 롯의 때와 같으리니 사람들이 먹고 마시고 사고 팔고 심고 집을 짓더니 롯이 소돔에서 나가던 날에 하늘로서 불과 유황이 비오듯하여 저희를 멸하였느니라. 인자의 나타나는 날에도 이러하리라."(눅17;26~30)

사람들은 그때는 노아가 교회 다니지 않고 예수 믿지 않아도 구원받을 수 있었지만 지금은 그때와 달라서 오직 교회 다니고 예수 믿는 사람만 구원받고 아무리 노아라도 교회 다니지 않고 예수 믿지 않으면 구원받을 수 없다고 생각하고 그때는 롯이 교회 다니지 않고 예수 믿지 않아도 구원받을 수 있었지만 지금은 그때와 달라서 아무리 롯이라도 교회 다니지 않고 예수 믿지 않으면 구원받을 수 없다고 생각한다.

하지만 사람들이 착각할 수 있는 때는, 그들과 함께 있으면 반드시 죽게 된다는 사실을 알고 노아가 방주에 들어가기 전까지, 거기 있으면 반드시 죽게 된다는 사실을 알고 롯이 소돔에서 나가기 전까지 뿐이다.

왜냐하면 그때나 지금이나 달라진 것은 아무 것도 없고 구원받을 수 있는 사람은 언제나 노아와 롯뿐이고 교회 안에서 예수 믿으며 구원받기를 기다리는 사람은 결국 죽을 수밖에 없기 때문이다.

착각은 믿음이 아니다.

그들은 나와 달라서 교회 안 다니고 예수 안 믿으니 착하게 살아도 죽을 수밖에 없고 나는 그들과 달라서 열심히 교회 다니고 성경 열심히 읽으며 예수 믿으니 아무리 악하게 살아도 죽지 않는 것이 아니다.

성경 안에서 심판받고 죽임당하는 사람들은 노아가 옆에 있어도 노아인 줄을 몰랐고 예수가 옆에 있어도 그가 예수인 줄을 몰랐다.

그들의 옆에는 아직 예수가 없다고 생각했기 때문이다

그때도 마찬가지고 지금도 마찬가지다.

지금도 사람들은 아직 예수가 오지 않았거나 이미 예수가 지나가서 다시 오지 않았다고 생각하고 옆에 예수가 없다고 생각한다.

그래서 예수가 다시 오기만을 기다린다.

하지만 지금도, 없기 때문에 사람들이 예수를 못 보는 것이 아니다.

그때는 예수가 있었는데도 사람들이 어리석어서 못 보고 지금은 옆에 예수가 없어서 당연히 못 보고 있는 게 아니다.

그때도 어리석어서 못 보고 지금도 어리석어서 못 보는 것이다.

예수는 항상 있다. 없었던 적이 없다.

하지만 교회 안에 있는 예수는 사람을 구원하는 예수가 아니다.

사람을 구원하는 예수는 자기가 구원할 사람과 함께 있는 것이다.

베데스다 안에 있는 것이 아니라 38년 된 병자 옆에 있고 교회 안에 있는 것이 아니라 내 옆에 있는 것이다.

교회가 아니라 내 옆에 있고 안에 있고 나를 중심으로 있는 것이다.

내 안에 방주가 없는데 밖에 있는 방주가 나를 구하는 것이 아니고 내 안에 예수가 없는데 밖에 있는 예수가 나를 구하는 것이 아니다. 내 안에 방주가 있기 때문에 밖에 있는 방주가 나를 구하는 것이고 내 안에 예수가 있기 때문에 밖에 있는 예수가 나를 구하는 것이다. 진짜 방주는 밖에 있는 방주가 아니라 안에 있는 방주고 진짜 예수도 밖에 있는 예수가 아니라 안에 있는 예수다.

그때나 지금이나 교회는 사람들로 하여금 예수를 더 잘 보이게 해주는 곳이 아니다. 교회는 사람들로 하여금 예수를 보게 해 주는 곳이 아니라 옆에 와 있는 예수를 못 보게 하는 곳이기 때문이다.

세상은 온갖 종류의 교회로 넘쳐난다.

세상에 교회가 없는 곳이 없다.

그들의 장사는 늘 풍족한 이익을 남기기 때문이다.

그 안에 있으면서 지옥 갈 것이라 믿고 있는 사람은 아무도 없다.

그들은 모두, 남들은 죽어도 자기는 결코 죽지 않을 거라 믿는다.

하지만 죽음과 심판은 교회가 막아주는 것이 아니다.

하나님이 막아주는 것이다.

밖에 있는 하나님이 아니라 내 안에 있는 하나님이 막아주는 것이다.

교회와 하나님은 다르다.

교회 안에 있는 모든 사람들이 다 그 안에만 있으면 구원받을 수 있을 거라 믿지만 교회 안에 있기만 하면 모든 이들이 다 한꺼번에 구원받을 수 있는 것이 아니라 구원은 각자의 몫이다.

성경 안에 성경 열심히 안 읽고 교회 안 다녀서 벌 받고 지옥 가고 교회 다니고 예수 믿어서 구원받고 천국 간 사람은 단 한 명도 없다.

하나님을 만나지 않고 천국 간 사람도 없다.

교회가 사람들을 속이는 것일 뿐 말세라고 달라지는 것이 아니다.

노아가 교회 안에 있어서 멸망을 피한 것이 아니고 롯이나 예수가 교회에 다니고 예수를 믿어서 피한 것이 아니라 교회 없이 홀로 구원을 받았듯 구원받기 위해서는 그들처럼 거기서 벗어나야 한다.

그러기 위해서는 하나님과 함께 있어야 한다.

하나님은 어디든 언제든 있다.

그래서 구원받기 위해서 교회에 가고 예수를 믿어야 하는 것이 아니라 노아가 그랬고 롯이 그랬고 모세가 그랬고 다윗이 그랬고 예수가 그랬듯 교회가 아니라 하나님을 직접 만나야 하는 것이다.

그래야만 구원을 받을 수 있는 것이다.

교회는 사람은 죄인이기 때문에 하나님을 직접 만날 수 없고 지금은 직접 나타나지 않기 때문에 직접 이야기 들을 수 없으며 오직 성경을 통해서만 하나님을 만나고 하나님의 이야기를 들을 수 있다 한다.

하지만 교회의 말은 모두 거짓말이다.

성경 안에 예수나 하나님을 직접 만나지 않고 구원받은 사람은 없다.

성경을 통해서만 예수를 만나고 하나님을 만난 사람은 아무도 없다.

지금도 마찬가지다.

하나님은 그때까지는 있었지만 지금은 없는 것이 아니다.

사람이 하나님과 동행할 수 없는 때가 있는 것도 아니다.

하나님도 밖에 있는 하나님이 아니라 안에 있는 하나님이 진짜 하나님이기 때문이다.

사람은 누구나, 언제나 하나님과 동행할 수 있고 그래야만 한다.

교회가 하나님을 대신하는 것이 결코 아니다.

교회 아니라 그 어떤 것도 하나님을 대신할 수 있는 것은 없다.

천국은 침노하는 자의 것이고 하나님은 끌어안는 자의 것이다.

하나님을 끌어안아서는 안 되는 사람이 있는 것도 아니다.

금지되어 있어서 하면 안 되는 게 아니다. 해도 되고 반드시 해야만 되는데 하면 안 되는 줄 알고 안 하는 것이다.

하나님이 거부해서 대신 교회를 끌어안고 살아야 하는 것이 아니다.

노아는 죄가 없고 특별한 사람이어서 성경이 아니어도 하나님과 동행할 수 있지만 나는 노아가 아니기 때문에 그럴 수 없는 것이 아니다. 그때에 노아는 죄인이 아니기 때문에 하나님의 이야기를 직접 듣는 것이

자연스러운 일이고 지금의 나는 이상한 일이 되는 것이 아니다.

노아는 직접 듣지만 나는 교회에 가서 성경으로만 하나님의 말을 들어야만 하는 것이 아니다. 노아만이 하나님과 동행할 수 있고 나는 노아가 아니기 때문에 하나님과 동행하면 안 되는 것이 아니다. 내가 노아가 아니면 하나님의 말을 직접 들을 수 없는 것이 아니다.

세상에 그때와 지금이 따로 있고 노아와 노아가 아닌 사람이 따로 있어서 그때는 그때라서 되고 지금은 그때가 아니라서 안 되는 것이 아니고 노아는 노아라서 되고 나는 노아가 아니라서 안 되는 것이 아니라 누구라도 언제라도 하나님과 동행하면 노아가 될 수 있는 것이다.

그때가 지금이고 지금이 그때고 그가 나고 내가 그다.

그때가 지금보다 못한 세상이 아니고 그가 나보다 잘난 사람이 아니다. 그래서 그때 살던 사람은 다 지옥가고 그만 구원받은 것이 아니다.

그리고 하나님이 눈이 높아서 하나님과 동행할 수 있는 사람과 동행할 수 없는 사람이 따로 있는 것이 아니다.

구원받지 못하는 사람은 노아가 아닌 사람만이 아니다.

세상에 노아가 아무리 많아도 모든 노아가 다 구원받는 것이 아니다.

구원받는 사람은 그냥 노아가 아니다.

노아이기만 하면 누구나 구원받는 것이 아니다.

노아라고 해도 하나님과 동행하지 않으면 구원받지 못하고 오직 하나님과 동행하는 노아만이 구원받는 것이다.

이름이 노아니까 저절로 구원받는 것이 아니라 하나님과 동행하기 때문에 구원받는 것이다. 그 안에 하나님이 있기 때문에 구원받는 것이다.

사람은 하나님과 직접 이야기할 수 없다고 생각하고 오직 교회와 성경을 통해서만 하나님의 말을 듣는 노아가 아니라 그 안에 하나님이 있어서 하나님의 말을 직접 듣는 노아만이 구원을 받을 수 있는 것이다.

지금은 이루어질 수 없는 일이 그때만 잠깐 이루어진 것이 아니다.

그때는 성경이 없고 하나님이 직접 돌아다녔기 때문에 하나님을 직접 만날 수 있었지만 지금은 성경이 있고 어디에도 없는 하나님이 성경 안에만 있어서 성경으로만 하나님을 만나야만 하는 것이 아니다.

그때는 하나님이 있었기 때문에 노아가 하나님과 동행할 수 있었지만 지금은 없기 때문에 하고 싶어도 할 수 없는 것이 아니다.

타락한 사람은, 나쁜 짓을 하면서도 나쁜 짓을 나쁜 짓이라고 생각지 않고 나쁜 짓을 하든지 안하든지 상관없이 사람은 다 죽게 되어 있고 멸망하게 되어 있다, 지옥에 가게 되어 있다, 하고 말한다.

그렇게 믿고 싶어 한다. 그래서 나만 지옥에 가는 것이 아니라 어떻게 살아도 모든 사람이 다 지옥에 가는 것이라 한다.

하지만 그게 아니다.

지옥이 정해진 상태에서 태어나는 사람은 아무 것도 없다.

만들어진 그 순간에 이미 완성되어 태어나는 것이 아니기 때문이다.

사람은 더욱 그렇다.

오랜 시간 성장해서 비로소 무언가 할 수 있는 어른이 되는 것이다.

태어났다고 해서 그 순간 보고 듣고 말하고 걷고 뛰는 완성된 사람이 되는 것이 아니고 태어난 순간 이미 죄인이 되는 것이 아니다.

아무 일도 하지 않아도 태어난 순간 이미 죄인일 수밖에 없는 것이 아니라 나쁜 마음을 먹고 나쁜 짓을 한 순간부터 죄인이 되는 것이다.

죽는 것이 정해져 있는 모든 생명이, 태어난 그 순간부터 지옥에 가는 것이 정해져 있는 것이 아니듯 날 때부터 죽는 것이 정해져 있는 모든 사람들이, 태어난 순간부터 지옥에 가는 것이 정해져 있는 것도 아니다.

모든 사람이 지옥에 갈 수밖에 없는 상태로 태어나는 것이 아니다.

그래서 교회 다니고 예수 믿는 어른들에게 순종해야 하는 것이 아니다.

그렇지 않으면 지옥에 가게 되는 것이 아니다.

지금의 어른들은 제대로 살고 있는 사람이 없다.

모두가 잘못 살고 있다.

그들이 만들고 있고 다니고 있는 교회 역시 결코 선한 것이 아니다,

교회나 예수는 그런 어른들이 만든 것이다.

잘못 살고 있는 사람은 결코 좋은 것을 만들지 않는다,

어른들은 아이들에게 교회 다니고 예수 믿어야 천국 간다고 가르친다.

너는 아담의 후손이기 때문에 악하고 너에게는 아무 희망이 없다고 가르친다.

그래서 교회에 가지 않고 예수를 믿지 않으면 지옥에 가고 교회에 다니고 예수를 믿어야만 천국에 간다고 막 겁을 준다.

하지만 그래서는 안 되는 것이다.

아이들은 절대 지옥에 가지 않는다.

이제 막 태어난 사람은 더욱 그렇다.

"예수께서 가라사대 어린 아이들을 용납하고 내게 오는 것을 금하지 말라, 천국이 이런 자의 것이니라 하시고,"(마19;14)

교회는, 천국은 교회 다니고 예수 믿는 이들의 것이라 한다.

하지만 예수는, 천국은 어린 아이들의 것이라 한다.

예수 믿고 교회 다니는 이들의 것이라 하지 않는다.

그들이 교회 다니고 예수 믿어서, 뭘 알아서 그런 것이 아니다.

무조건이다.

이 한 마디만으로도 모든 이들이 태어나기도 전에 지옥에 갈 수밖에 없도록 정해져 있다는 교회의 말은 사실이 아니라는 것을 알 수 있다.

오히려 모든 이들에게는 천국에 갈 기회가 있었던 것이다.

왜냐하면 아이의 시절 없이 어른이 된 사람은 아무도 없기 때문이다.

교회는 아담의 후손이라서 무조건 지옥, 이라는 말을 입에 달고 살지만 예수는, 아담의 후손이라서 지옥, 이라는 말을 한 번도 한 적이 없다.

교회의 복음은 아담의 후손은 모두 태어나기도 전에 이미 지옥, 이지만 성경 속의 예수의 복음은 천국은 어린 아이들의 것, 이라는 것이다.

아이들이 지옥에 가는 것은 그들이 교회에 다니지 않고 예수를 믿지 않아서가 아니다. 그들이 교회에 의해 잘못된 길로 들어서기 때문이다.

아이에게서 희망을 찾지 못하는 세상은 잘못된 세상이다.

아이가 예쁜 것은 무한한 가능성이 있기 때문이다.

아직 잘못된 세상에 물들지 않았기 때문이다.

사람이 처음에는 아무도 희망이 없었던 것이 아니다.

모두에게 희망이 있었다.

사람이 그 자체로는 안 예뻐서 예뻐지기 위해 화장을 하고 성형을 해야만 하는 것이 아니다. 사람이 그 자체로는 가치가 없어서 가치 있는 사람이 되기 위해서는 비싼 브랜드의 가방과 옷을 사야 하는 것이 아니다. 사람이 그 자체로는 천국에 갈 수 없어서 천국에 가기 위해서는 반드시 교회에 다녀야 하고 예수를 믿어야만 하는 것이 아니다.

"바리새인들이 하나님의 나라가 어느 때에 임하나이까 묻거늘 예수께서 대답하여 가라사대 하나님의 나라는 볼 수 있게 임하는 것이 아니요, 또 여기 있다 저기 있다고도 못하리니 하나님의 나라는 너희 안에 있느니라."(눅17;20,21)

① 밖에 있는 모든 것은 다 안에 있는 것의 그림자에 불과하다.
② '소돔'이 사람과 상관없이 처음부터 소돔이었던 것이 아니다. 밖이

'소돔'인 것은 '안'이 소돔이기 때문이다. ③ 밖이 천국인 것도 안이 천국이기 때문이고 밖이 지옥인 것도 마찬가지다. '안'이 천국인데도 교회 안 다녀서 밖이 지옥이 되는 것이 아니고 '안'이 지옥인데도 예수 믿어서 밖이 천국이 되는 것도 아니다.

천국은 교회 안에만 있는 것이 아니다.

모든 사람 안에 다 있는 것이다.

그것을 부정하는 교회는 결코 제대로 된 교회라 할 수 없다.

나쁜 교회고 교회라 할 수도 없다.

아이들이 지옥에 갈 수밖에 없는 이유는 그들이 사악해서가 아니다.

그들이 태어나는 세상에 먼저 살고 있는 어른들이 악하기 때문이다.

잘못된 어른들을 따라가기 때문이다. 그들이 악해서 지옥에 가는 것이 아니라 악한 어른들에 끌려가기 때문에 그들이 지옥에 가는 것이다.

그들을 지옥으로 끌고 가는 것은 아이들 자신이 아니다.

하나님도 아니다.

교회에 다니지 않고 예수 믿지 않으면 지옥 간다고 말하는 어른들이다. 잘못된 생각을 가르치고 잘못된 세상을 물려주는 어른들 때문이다.

어른들이 자기들의 잘못된 생각으로 아이들을 지옥에 보내는 것이다.

태어나는 순간 모든 아이들이 이미 죄인이라서 지옥에 가고 천국에 가기 위해서는 교회에 다니고 예수를 믿어야만 하는 것이 아니다.

아이들이 천국에 가기 위해서는 자기가 얼마나 귀한 사람인지 깨달아야 한다. 하나님이 자신을 얼마나 사랑해야 하는지를 알아야 한다. 태어난 순간에는 안 사랑하고 교회 다니고 예수 믿은 다음부터 사랑하는 것이 아니라 만들어진 그 순간에 이미 사랑한다는 것을 알아야 한다.

처음부터 사람이 지옥에 가도록 정해진 것이 아니다.

모든 사람들이 다 태어날 때부터 이미 지옥에 가도록 정해졌다가 교회에 다니고 예수를 믿는 몇 사람만 비로소 천국에 가게 되어 있는 것이 아니다. 하나님은 그렇게 매정하고 잔인하지 않다.

아이들이 틀리고 어른들과 교회가 옳은 것이 아니다.

그들이 태어날 때는 지옥에 갈 수밖에 없는 상태로 태어나서 교회 다니고 예수 믿게 되면 천국에 갈 수 있는 상태로 바뀌는 것이 아니다.

오히려 그 반대다.

아이들이 옳고 어른들과 교회가 틀린 것이다.

교회는 끊임없이, 나는 다 틀리고 교회는 다 옳으니 교회의 말에 무조건 '순응'해야 천국에 갈 수 있다고 강조하고 또 강조한다.

하지만 지옥에 가는 것은 교회에 '역행'할 때부터가 아니라 '순응'할 때부터이고 천국에 가는 것은 교회에 '역행'했을 때부터이다.

자기가 틀리고 교회가 옳기 때문에 자기를 버리고 교회에 '순응'해야 하는 것이 아니라 자기를 지키고 교회에 저항해야 천국에 가는 것이다.

다윗이 틀리고 골리앗이 옳아서 다윗이 천국에 가기 위해서는 골리앗에 돌멩이를 던져서는 안 되고 순응하기만 해야 하는 것이 아니다.

사람이 틀리고 교회와 세상이 옳아서 사람은 무조건 교회에 세상에 반기를 들어서는 안 되고 무조건 순응하기만 해야 하는 것이 아니다.

잘못된 것은 새로 태어난 사람이 아니다.

교회고 어른이고 그들이 만든 세상이다.

이미 만들어진 잘못된 세상은 새로 태어난 아이들에게 너희들은 틀렸으니 무조건 자기들에게 순응해야 천국에 갈 수 있다고 가르친다.

그러나 세상에 아직 어른이 없고 이제 막 태어난 아이들만 있다면 거기에는 아직 교회도 없고 예수도 없을 것이다. 아이들은 아직 어른들처럼 교회나 예수를 만들 줄도 모르고 만들 능력도 없기 때문이다.

그렇다고 그 아이들이 다 지옥에 가는 것이 아니다.

아이들이 어른들에 의해 죽임을 당하는 것은 그 아이들이 아담의 후손이기 때문도, 교회에 다니지 않고 예수를 믿지 않기 때문도 아니다.

단지 죄 없는 어린 아이들을 죽이는 나쁜 어른들을 만났기 때문이다.

아이들이 태어나는 순간, 이미 죄인이 되어야 하는 것은 정말 그들이 이미 죄인이기 때문도 아니고 죄인의 후손이기 때문도 아니다.

아직 교회에 다니지 않고 예수를 믿기 전이기 때문도 아니다.

단지 그들을 죄인으로 살게 만들고 싶은 어른들 때문이다.

그들이 죄인이어서 죄인이라 하는 것이 아니라 그들이 죄인이 아니면 안 되는 어른들에 의해 죄인도 아닌 아이들이 죄인이 되는 것이다.

세상에 태어났다는 것의 의미는 지옥에 가게 되었다는 뜻이 아니다.

사람이 날 때부터 지옥에 가도록 정해져서 태어나는 것이 아니다.

태어난 그 순간은 아직 아무 것도 정해지지 않은 때다.

태어나기도 전에 이미 지옥이 정해져 있어서 교회에 다녀야만 천국에 가고 교회에 가기 전에 죽게 되면 지옥에 가야 되는 것이 아니다.

이미 지옥에 가기로 정해진 상태에서 태어나서 교회에 가고 예수를 믿어야만 천국에 가고 그 전에 죽으면 누구나 지옥에 가야 하는 것이 아니다. 교회 다니고 예수 믿기 전에는 모두가 다 지옥이 아니라 아직 아무 것도 모르는 아이일 때는 아직 아무 것도 정해지기 전이고 어른이 되어 어떻게 사느냐에 따라 지옥에 갈지 말지가 정해지는 것이다.

모든 사람이 태어날 때는 다 감옥 안에서 태어나서 교회에 다니고 예수를 믿는 사람들만 감옥에서 풀려나는 것이 아니라 모든 사람이 다 감옥 밖에서 태어나서 감옥에 들어갈 죄를 지은 사람만이 감옥에 들어가는 것이고 모든 사람이 다 지옥에 가기로 정해진 상태에서 태어나서 교회에 다니거나 예수를 믿는 사람만 지옥에서 풀려나고 나머지는 다 지옥에 가야만 하는 것이 아니라 아무 것도 정해지지 않은 상태에서 태어나서 지옥에 갈 만한 죄를 지은 사람들만 지옥에 가게 되는 것이다.

모든 사람은 다 죄인이라서 가만히 있으면 지옥에 가고 오직 바벨탑 꼭대기에 올라가 있는 사람만 천국에 가는 것이 아니고 모든 사람이 다 죄인이라서 다 지옥에 가고 오직 베데스다 물에 처음으로 들어간 사람만 천국에 갈 수 있는 것이 아니고 모든 사람이 다 지옥에 가고 오직 교회 다니고 예수 믿는 사람만 천국에 갈 수 있는 것도 아니다.

사람은 모두가 다 멸망하게 되어 있고 지옥에 가게 되어 있어서 노아의 시대에 사람들이 나쁜 짓을 안 했는데도 심판을 받은 것이 아니고 롯의 시대에 소돔과 고모라가 심판을 받은 것이 아니다.

그들은 나쁜 짓을 하나도 안 했는데 단지 멸망당하게 되어 있어서, 지옥에 가게 되어 있어서 심판을 받은 것이 아니라 그들이 그만큼 나쁜 짓을 했기 때문에 멸망한 것이다. 그들이 잘못 살았기 때문에 멸망한 것이지 교회에 다니지 않고 예수를 믿지 않아서가 아니다.

잘못 사는 게 당연한 게 아니고 멸망하는 것이 당연한 게 아닌데 잘못 살고 멸망할 수밖에 없게 살면서 멸망할 수밖에 없게 살아서 멸망하는 것이라 생각지 않고 교회에 안 다니고 예수 안 믿으면 멸망하고 교회 다니고 예수 믿으면 멸망하지 않을 것이라 믿다가 멸망한 것이다.

사람들은 지옥에 가지 않기 위해, 천국에 가기 위해서 교회에 다닌다.

그래서 말세에 가까울수록 사람들은 더 많이 교회에 간다.

하지만 교회는 사람을 천국에 갈 수 있게 해 주는 곳이 아니다.

천국은 누군가에게 경배하고 잘 보여서 가는 곳이 아니기 때문이다.

천국에 가기 위해 필요한 것은 교회가 아니다.

경배하기만 하면 천국에 보내주겠다고 사람을 현혹하는 것은 예수가 아니고 하나님이 아니다. 사단이다. 마귀다.

교회 중심의 말에 속아서는 안 된다.

교회 중심으로 하나님과 사람을 욕하는 말을 믿어서는 안 된다.

교회는 세상이 막 만들어져서 나쁜 사람이 없을 때는 많았다가 멸망이 가까워져서 나쁜 사람이 많아졌을 때 없어지는 것이 아니다.

말세에 세상이 망하는 것이 교회가 없기 때문이 아니다.

예수가 없기 때문이 아니다.

오히려 그 반대다. 초기에는 없었다가 멸망이 가까워졌을 때 많아지는 것이다. 초기에는 교회가 많아서 세상이 안 망하고 말세에는 교회가 없어서 세상이 망하는 것이 아니다. 오히려 초기에 교회가 없어서 안 망하는 것이고 말세에 교회가 많아서 망하는 것이다.

초기에 없는 것이 나쁜 것이 아니라 좋은 것이고 말세에 많아지는 것은 좋은 것이 아니라 나쁜 것이다. 교회가 없는 초기의 세상이 나쁜 세상이고 교회가 많아지는 말세가 좋은 세상인 것이 아니다. 그러면 세상이 안 망한다. 교회가 없는 초기의 세상이 좋은 세상이고 교회가 많아지는 말세가 나쁜 세상이다. 그래서 망하는 것이다. 교회가 많아져서 말세가 될 것이 안 되는 것이 아니라 교회가 많아져서 세상이 말세가 되는 것이다.

죽어갈 때 많아지는 것은 다 나쁜 것이다. 좋은 것이 아니다.

멸망이 가까워졌을 때 많아지는 것은, 사람을 살리는 식물이고 약초가 아니라 사람을 찌르고 죽이는 가시덤불이고 독초다.

그들은 멸망을 막는 존재가 아니라 멸망을 부추기는 존재다.

어차피 사람은 아담의 후손이라 다 지옥에 가고 교회에 다니고 예수 믿는 사람만 구원을 얻을 수 있다고 말하는 교회는 좋은 교회가 아니다.

말세에 교회가 많아지는 것은 세상이 좋아졌다는 증거가 아니다.

그만큼 안 좋아졌다는 증거다.

몸이 안 좋아지면 암이 생기기 쉬운 환경이 되는 것과 마찬가지다.

교회는 암이다.

세상은 멸망이 가까워졌을 때, 온갖 화려하고 아름다운 교회로 넘쳐난다. 그때에는 교회에 다니기보다 안 다니기가 더 어렵다.

그들은 너나없이 구원받을 길을 모색한다.

그들 모두가 다, 사람에게 멸망은 이미 정해져있고 오직 자기네 교회에 다녀야만 구원을 받을 수 있다고 한다.

그리고 어떤 사람이든 예수만 믿으면 다 구원받을 수 있다고 한다.

하지만 멸망은 정해진 것이 아니다.

착하게 사는 사람이 그저 교회를 다니지 않고 예수를 믿지 않는다고 해서 멸망하는 것이 아니다. 악하게 사는 사람이 그저 교회에 다니고 예수를 믿는다고 해서 구원받는 것도 아니다.

암에 걸린 사람이 암을 치료하기 위해서는 암을 없애야지 암은 치료하지 않고 교회에 다니고 예수만 믿으면 낫게 되는 것도 아니고 암을 없앴는데도 교회 안다니고 예수 안 믿어서 죽게 되는 것도 아니다.

멸망하지 않는 방법은 어려울 것이 없다. 간단하다.

멸망하게 살지 않으면 교회 안 다니고 예수 안 믿어도 절대 멸망 안 한다. 사람은 누구나 멸망하게 되어 있기 때문에 당연히 멸망하는 것이 아니라 멸망하게 살기 때문에 멸망하는 것이다.

교회 다니고 예수 믿어야만 하는 것이 아니다. 어떻게 살아도 멸망은 이미 정해져 있어서 다른 방법은 다 필요 없고 오로지 교회에 나가고 예수를 믿어야만 멸망을 피할 수 있는 것이 아니라 그렇게 살면 멸망하는 것이고 그렇게만 살지 않으면 멸망도 하지 않는 것이다.

먹지 말라는 실과를 먹으나 안 먹으나 무조건 죽는 것이 아니라 먹으니 죽는 것이고 먹지 않으면 죽을 일이 없는 것이다. 멸망할 일을 하나 안 하나 무조건 멸망하는 것이 아니라 멸망할 만한 일을 하니 멸망하는 것이고 하지 않으면 멸망할 일도 없는 것이다. 그러니 멸망하지 않으려면 다른 생각하지 말고 그냥 그렇게만 살지 않으면 되는 것이다.

사람들은 구원받기 위해 교회에 가고 예수를 믿는다.

하지만 노아가 구원받는 것은 교회에 다니고 예수를 믿었기 때문이 아니다, 교회에 다니지 않고 예수를 안 믿었으면 심판받게 되어 있었는데 열심히 교회에 다니고 예수를 믿었기 때문에 심판을 피할 수 있었던 것이 아니라 원래 받지 않을 심판을 받지 않은 것이다.

멸망이 이미 정해져있다는 건 교회의 거짓말이다.

성경에 보면 노아가 '하나님과 동행'했다는 말이 있다.

노아가 동행한 것은 '교회'가 아니라 '하나님'이다.

'하나님과 동행'한다는 것은 눈에 보이는 하나님이 그의 옆에 같이 있었다는 뜻이 아니다. 노아 안에 하나님이 있었다는 뜻이다.

교회는 지금은 사람이 하나님과 동행하지 못하는 것이 당연하다 한다.

교회와 동행하는 것이 곧 하나님과 동행하는 것이라 한다.

하지만 하나님은 대체 불가의 존재다.

하나님이 아닌 다른 누구도 하나님을 대신할 수 없다. 그 말은 곧, 교회라 하더라도 하나님을 대신할 수는 없다는 뜻이다.

하나님 앞에서는 술집만 나쁜 것이 아니라 교회도 나쁜 것이다.

술집만 하나님과 동행하는 것을 방해하는 게 아니라 하나님과 동행하는 것을 방해하기는 술집이나 교회나 마찬가지이기 때문이다.

하나님과 동행 안 하고 술집과 동행하는 것은 안 되지만 사람은 하나님과 동행할 수 없기 때문에 교회와 동행하는 것은 괜찮은 것이 아니다.

노아가 교회와 동행했기 때문에 노아인 것이 아니다.

모든 이가 다 하나님과 동행하지 않는 것을 당연하게 생각하고 하나님 대신 교회와 동행할 때 노아만 교회가 아니라 혼자 하나님과 동행했기 때문에 노아인 것이고 구원받은 것이다.

교회와 동행하는 것은 결코 하나님과 동행하는 것이 될 수 없다.

술집이나 교회나, 하나님 대신이 아니라 하나님의 반대다.

다른 이들이 교회와 동행하는 것이 곧 하나님과 동행하는 것이라 믿고 교회와 동행할 때 노아만 교회와 동행하지 않았기 때문에 노아다.

교회는 노아를 만들 수 없다. 롯을 만들 수 없다.

마리아도 만들 수 없고 예수도 만들 수 없다.

그때는 교회 없이 노아와 롯이 만들어지고 마리아와 예수가 만들어졌지만 지금은 교회 안에서만 그들이 만들어질 수 있는 것이 아니다.

그들은 교회에 의해 만들어진 것이 아니며 구원받은 것도 아니다.

오히려 그 반대다.

그들은 교회에 다니지 않았다. 예수도 믿지 않았다. 오히려 싸웠다.

없어서 안 다니고 없어서 안 믿은 것이 아니다.

있었지만 그것이 잘못된 것이기 때문에 안 다니고 안 믿은 것이다.

그래서 구원받은 것이다.

그들은 교회에 의해 구원받은 사람이 아니라 교회와 싸운 사람들이다.

노아가 교회에서 찬송가 부르고 헌금 내고 목사의 예배를 들어서 노아가 되는 것이 아니다. 그렇게 사는 사람은 결코 노아가 아니다.

다른 사람들은 다 교회에 안 다녔거나 노아가 다니던 교회가 아닌 다른 교회에 다녔는데 노아만 개신교나 천주교나 증산도나 기쁜소식선교회나 통일교나 신천지나 여호와증인이라서 심판을 피한 것이 아니라 노아만 교회가 아니라 오직 하나님과 동행했기 때문에 심판을 피한 것이다.

지금도 마찬가지다.

교회는 하나님과 동행하는 것은 불가능하다 한다.

하지만 구원을 받기 위해서는 교회와 동행해야 하는 것이 아니라 하나님과 동행해야 한다. 하나님이 아니라 교회와 동행하면서 그것이 곧 하나님과 동행하는 것이라고 착각해서는 안 된다.

반드시 하나님과 동행해야 한다.

"너희 중에 선지자나 꿈꾸는 자가 일어나서 이적과 기사를 네게 보이고 네게 말하기를 네가 본래 알지 못하던 다른 신들을 우리가 좇아 섬기자 하며 이적과 기사가 그 말대로 이룰지라도 너는 그 선지자나 꿈꾸는 자의 말을 청종하지 말라. 이는 너희 하나님 여호와께서 너희가 마음을 다하고 성품을 다하여 너희 하나님 여호와를 사랑하는 여부를 알려하사 너희를 시험하심이니라." (신13;1~3)

하나님은 내가 모르던 신이 아니다. '본래 알던 신'이다.

'네가 본래 알지 못하던 신'이 하나님이 아니라는 건 내가 '본래 알던 신'이 하나님이라는 거고 내가 '본래' 알던 신이라는 건 누가 가르쳐주지 않아도 누구에게 따로 배우지 않아도 내가 처음 생겨날 때부터 이미 알던 신이라는 거고 내가 처음 생겨날 때부터 이미 알던 신이라는 건 날 때부터 이미 내 안에 있는 신이라는 거다. 내 안에 있지 않은 건 본래 알 수도 없는 것이기 때문이다. 본래 알던 신이라는 건 그런 거다.

교회는 하나님은 사람이 감히 동행할 수 없는 존재라 한다.

하지만 내 안에 있는 하나님과 동행을 못 할 이유가 없지 않은가.

그때는 하나님이 길거리에 돌아다니고 있어서 하나님과 동행하는 것이 가능했지만 지금은 그때와 달리 하나님이 없어서 하나님과 동행하는 것이 불가능하고 하나님 대신 교회와 동행해야 하는 것이 아니다.

그때도 하나님과 동행해야 하고 지금도 하나님과 동행해야 한다.

교회와 동행해야 하는 것이 아니다.

그리고 내가 동행해야 하는 하나님은 내가 본래 알지 못해서 교회에 가서 배워야 하는, 밖에 있는 신이 아니라 내가 본래부터 알던, 내가 처음 날 때부터 내 안에 있던 신이다.

교회는 사람은 태어나는 순간, 이미 지옥에 가는 것이 정해지 있다고 한다. 그래서 지옥에 가지 않으려면 교회 안에 있어야 한다고 한다.

하지만 모든 사람은 멸망이 정해지지 않은 상태로 태어난다. 모든 사람이 다 그 안에 자기를 구원할 하나님을 가지고 태어나기 때문이다.

멸망이 정해진 채로 태어나는 사람은 아무도 없다.

멸망은 정해진 것이 아니다. 피할 수 없는 것도 아니다.

이미 멸망이 정해진 사람들이 교회에 다니지 않고 예수 안 믿으면 멸망하고 교회에 다니고 예수만 믿으면 구원받게 되는 것도 아니다.

교회가 없어서 멸망하고 지옥에 가게 되는 것이 아니다.

교회가 있어서 그들을 따르니 멸망하고 지옥에 가게 되는 것이다.

세상은 궁극적으로 교회도 없고 예수도 없는 것이 맞다.

이미 있는 거 말고 무언가 더 있어야만 지옥에 가지 않는데 아무 것도 없어서 지옥에 가는 것이 아니다. 섬기고 매달려야 할 예수가 있어야만 지옥에 가지 않는데 세상에 예수가 없어서 지옥에 가는 것이 아니다.

아담이 실과를 먹지 않아도 이미 죽게 되어 있었던 것이 아니라 실과를 먹었기 때문에 죽게 된 것처럼 사람들이 아무 것도 하지 않아도 아무 이유 없이 처음부터 이미 지옥에 가게 되어 있었던 것이 아니라 가만히 있었으면 지옥에 보내어지지도 않았을 텐데 천국에 가기 위해 해서는 안 될 나쁜 짓을 하니까 죽임을 당하는 것이고 지옥에 가는 것이다.

교회가 하는 말은 모두 성경에 없는 거짓말이다.

세상에 교회 다니는 사람이 없고 예수 믿는 사람이 없는 것이 잘못된 것이 아니라 그들이 많아지고 있는 것이 잘못된 것이다.

정상적인 세상은 교회와 예수가 없는 것이 맞다.

그리고 천국가기 위해 교회 다니고 예수 믿는 사람이 없는 것이 맞다.

사람이 죄인이어서 하나님과 동행해서는 안 되는 것이 아니다. 하나님과 동행해야 하는데 동행하지 않기 때문에 죄인이 되는 것이다.

사람이 죄인이어서 먹지 말아야 할 실과를 먹어야 하는 것이 아니다. 먹지 말아야 할 실과를 먹기 때문에 죄인이 되는 것이다. 사람이 죄인이어서 교회에 다니고 예수를 믿어야 하는 것이 아니다. 다니지 말아야 할 교회에 다니고 믿지 말아야 할 예수를 믿기 때문에 죄인이 되는 것이다.

지옥에 가야 할 사람들이 교회와 예수에 헌신하면 천국에 갈 수 있게 되는 것이 아니다. 그들은 단지 자기들에 헌신하는 사람들을 계속해서 붙들어두기 위해 그 안에만 있으면 멸망하지 않으며 죽은 다음에 천국에 가고 그곳을 떠나면 지옥에 간다고 겁주며 사람들을 속이는 것이다.

사람을 하나님에게 뺏기지 않고 영원히 소유하기 위해 사람은 모두 죄인이기 때문에 하나님에게 가면 안 되는 것이라 거짓말하는 것이다.

사람이 멸망하는 이유는 모두가 알지 못하는 이유가 아니다.

누구나 다 아는 이유다.

사망하는 모든 사람이 곧 멸망하는 사람이 되는 것이 아니다. 모든 사람은 다 사망한다. 하지만 모든 사망하는 사람들이 다 멸망하는 사람인 것이 아니다. 멸망하는 사람은, 지옥에 가는 사람은, 교회에 다니지 않고 예수를 믿지 않는 모든 사람이 아니라 오직 멸망할 만한 짓을 하고 지옥에 갈 만한 짓을 한 사람만이 멸망하고 지옥에 가는 것이다.

구원받기 위해서는 교회에 다니고 예수를 믿어야만 하는 것이 아니다.

교회는 먹고 싶어 하지 않는 아담에게 여자가 실과를 주어 죽게 했다 한다. 방주가 없는 노아에게 하나님이 방주를 주어 살게 했다고 한다.

하지만 아담에게 그를 죽게 만드는 실과를 가져다주는 이는 다른 사람이 아닌 바로 그 자신이고 노아에게 그를 살게 하는 방주를 가져다주는 이도 하나님이 아닌 바로 그 자신이고 사람에게 자신을 구원할 예수를 가져다주는 이도 다른 사람이 아닌 바로 그 자신이다. 각자가, 없는 것을 얻게 되는 것이 아니라 이미 있는 것을 얻게 되는 것이다.

하나님을 만나 아담이 죽는 것은 그가 이미 죽어 있었기 때문이고 하나님이 노아에게 방주를 준 것은 그에게 이미 방주가 있었기 때문이다.

똑같은 사람이 서로가 서로를 알아보고 짝이 되는 것이지 전혀 다른 두 사람이 다른 사람에 의해 억지로 짝이 지어지는 것이 아니다.

세상에 노아가 있을 수 없다고 말하는 것은 정말 노아가 있을 수 없기 때문이 아니다. 의인이 없고 천국이 없다고 말하는 것은 정말 없기 때문이 아니다. 그가 그런 것들을 싫어해서 있다고 믿고 싶지 않기 때문이다. 세상에 노아가 없다고 말하는 것은 그가 노아가 되고 싶어 하지 않고 노아를 싫어해서 혼자만 노아가 아닌 것이 아니라 세상에 노아가 있을 수 없다고 믿고 싶기 때문이다. 그리고 세상에 소돔 아닌 곳이 있을 수 없다고 말하는 것도 정말 소돔 아닌 곳이 있을 수 없기 때문이 아니다. 단지 그렇게 말하는 그가 소돔이고 소돔을 너무 많이 사랑해서 세상에 소돔 아닌 곳이 얼마든지 있는데도 불구하고 소돔을 떠나고 싶지 않기 때문에 세상에 소돔아닌 곳이 있을 수 없다고 말하는 것이다.

교회는 사람이 죽는 것이 아담의 후손이기 때문이라 한다.

아담의 후손이 아니었으면 어떤 경우라도 영원히 살았을 텐데 아담의 후손이어서 사람이 죽게 된 것이라 한다.

하지만 사람이 죽는 것은 아담의 후손이기 때문이 아니다.

잘못 살았기 때문이다.

아담의 후손이 아니었으면 방주에 타지 않아도 죽지 않았을 텐데 아담의 후손이어서 죽은 것이 아니다. 아담의 후손이 아니었으면 소돔 안에 있었어도 죽지 않았을 텐데 아담의 후손이어서 죽은 것이 아니다.

아담의 후손이 아니었으면 강도라도 죽지 않았을 거고 살인을 해도 죽지 않았을 텐데 아담의 후손이어서 죽게 된 것이 아니다.

아담이 죽은 것이 아담의 후손이어서 죽은 것이 아니라 먹지 말라는 실과를 먹었기 때문에 죽었듯이 아담의 후손만 아니라면 어떤 경우라도 죽지 않고 영원히 살았을 텐데 아담의 후손이라서 죽은 것이 아니라 아담의 후손이 아니었어도 방주에 타지 않고 소돔을 떠나지 않았다면 반드시 죽었을 거다. 강도짓을 하고 살인을 했다면 반드시 죽었을 거다.

아담의 후손이 아니었으면 먹지 말라는 실과를 먹었어도 죽지 않고 영원히 살았을 텐데 아담의 후손이어서 죽게 되는 것이 아니다.

사람이 죽는 것은 아담의 후손이기 때문이 아니다.

그가 먹지 말라는 실과를 먹어서 죽었다면 나도 마찬가지다.

그가 먹은 실과와 내가 먹은 실과는 둘이 아니라 하나다.

그는 죽지만 나는 교회 다니고 예수 믿기 때문에 사는 것이 아니다.

방주에 타지 않아도 살 수 있는 다른 방법이 있는 것이 아니다. 소돔을 떠나지 않아도 살 수 있는 다른 방법이 있는 것도 아니다. 먹지 말라는 실과를 먹었기 때문에 죽는 것이고 맞지 말라는 비를 맞고 있기 때문에 죽는 것이고 떠나라는 소돔을 떠나지 않았기 때문에 죽는 것이다.

먹지 말라는 실과를 먹지만 않으면 사는데 먹어도 사는 다른 방법을 찾았다고 믿고 실과를 먹어서 죽는 것이고 방주에 타기만 하면 사는데 방주에 타지 않아도 사는 다른 방법을 찾았다고 믿고 방주에 타지 않아서 죽는 것이고 소돔을 떠나기만 하면 사는데 소돔을 떠나지 않아도 사는 다른 방법을 찾았다고 믿고 소돔을 떠나지 않아서 죽는 것이다.

세상에 구원받는 사람들이 적은 것은 그들만 심판을 피했기 때문이 아니고 세상에 멸망하는 사람들이 많은 것 역시 그들이 심판을 피하지 못했기 때문이 아니다. 그들이 구원받는 것은 구원을 피하지 않았기 때문이고 그들이 심판받는 것은 그들이 구원을 피해 도망갔기 때문이다.

심판이 먼저가 아니라 구원이 먼저다.

지구에서 보면 해가 움직이는 것처럼 보여도 지구 밖에서 보면 사실은 지구가 움직이고 있는 것이듯이 사람의 입장에서 보면 심판을 받거나 피하거나, 둘 중에 하나인 것처럼 보이지만 그것이 하나님의 입장에서 보면 반대로 구원을 받거나 피하거나, 둘 중에 하나인 것이다.

"이로 보건대 율법도 거룩하며 계명도 거룩하며 의로우며 선하도다. 그런즉 선한 것이 내게 사망이 되었느뇨. 그럴 수 없느니라. 오직 죄가 죄로 드러나기 위하여 선한 그것으로 말미암아 나를 죽게 만들었으니 이는 계명으로 말미암아 죄로 심히 죄되게 하려함이니라."(롬7;12)

지금은 잘못된 세상이다

왕은 엄청나게 많은 옷을 가지고 있었지만 만족하지 못하고 지금까지 한 번도 본적 없는 세상에서 가장 아름다운 옷을 요구한다.

이에 가짜 재단사 두 명이 어리석은 사람의 눈에는 보이지 않는 세상에서 가장 아름답고 신기한 옷을 바치고 엄청난 황금을 상으로 받는다.

하지만 사실, 그들은 아무런 옷도 만들지 않았다.

그저 만드는 시늉만 했을 뿐이다.

만들지 않았으니 보일 리도 없다.

하지만 아무도 옷이 보이지 않는다는 말을 하지 못 한다.

지혜로운 사람에게만 보이고 어리석은 사람에게는 보이지 않는다고 하니 다른 사람에게 어리석은 사람으로 보이고 싶지 않았기 때문이다.

정작 왕이 벌거벗었다고 외친 건, 아무것도 모르는 어린아이다.

그때서야 사람들은 하나둘 왕이 벌거벗었다며 웃는다.

지금까지 한 번도 본 적이 없는 신기한 옷은 가짜다.

같은 이치다.

교회가, 지금까지 단 한 번도 본 적 없는 신기한 '진리'를 하나 들고 나와서는 믿는 사람의 눈에는 보이지만 믿지 않는 사람들의 눈에는 보이지 않는 신기한 '진리'라 하니 다들 앞다투어 '진리'가 보인다 한다.

믿지 않는 사람처럼 보이고 싶지 않기 때문이다.

그리고는 천국에 가기 위해 어마어마한 돈을 주고 '구원'을 산다.

하지만 어리석은 이에게만 보이지 않는 옷이 가짜였듯이 믿는 이에게만 보이고 믿지 않는 이의 눈에만 보이지 않는 새로운 '진리'도 가짜다.

교회가 들어서기 전까지, 세상이 생겨난 이후 어쩌면 수천 년, 아니면 그보다 더 오랜 수십억 년이 넘는 긴 세월 동안, 진리는 오직 하나였다.

하나님은 착한 사람에게 상을 악한 사람에게는 벌을 준다는 것이다.

그래서 그나마 세상이 살 만했다.

그런데 교회가 오랫동안 사람들이 보편적으로 믿어왔던 이 진리를 부정하며 지금까지 한 번도 들어본 적이 없는 새로운 진리를 하나 내어놓았는데 그것이 바로 착하게 살든 악하게 살든 사람은 다 아담의 후손이라 무조건 지옥에 가고 오로지 예수 믿는 사람만 천국에 간다는 것이다.

이 말도 안 되는 논리가 위험한 게, 이 논리가 누구를 죽이는가 하면 악하게 사는 사람들이 아니라 바로, 착하게 사는 사람들, 지금까지 착하게 살아왔던 사람들, 그리고 앞으로 착하게 살 사람들, 착하게 살려고 노력하는 모든 사람들을 모조리 단칼에 죽여 버린다는 거다.

그래서 세상에 의인을 없애고 믿는 사람들만 남기는 것이다.

착하게 살아도 아담의 후손이라 무조건 지옥이라는 그들의 논리가 잔인하게 죽이는 사람들은 나쁜 짓하던 사람들이 아니다.

정말 착하게 살려고 조심조심 노력하는 사람들이다.

그래봤자 지옥이라며 그들을 죽이는 것이다.

오랫동안 보편적으로 믿어왔던 진리대로라면 아벨과 노아와 롯과 요나와 선한 사마리아인, 그 외에 성경에 나오지 않았더라도 착하게 살았던 모든 사람들은 당연히 하나님에 의해 구원받고 천국에 간다.

의롭게 살았고 그렇게 살려고 노력했기 때문이다.

하지만 교회의 새로운 논리대로라면 아벨과 노아와 롯과 요나와 선한 사마리아인뿐만 아니라, 그가 예수인 줄 모르는 사람들에 의해 예수까지도 모두 구원받지 못하고 지옥에 갈 수밖에 없는 것이다.

그들의 논리는 하나님이 살린 사람들과 하나님의 천사들까지 죽인다.

하나님이 노아를 살린 이유는 하나다.

그가 '의인'이고 하나님과 동행했기 때문이다. 그가 아담의 후손이 아니어서 살린 건 아니다. 예수 믿고 교회 다녀서 살린 건 더더욱 아니다.

'하나님의 천사들'이 소돔에 가서 찾는 사람 역시 오로지 '의인'이다.

'하나님의 천사들'은 소돔에 가서 '의인'을 찾았고 롯이 '의인'이었기 때문에 '롯'만을 살리고 '롯'이 소돔을 떠나는 순간, 소돔 전체를 멸한다.

그들은 모두 성경 안에서, 하나님에 의해 구원받은 사람들이다.

그들이 구원받는 것은 그들이 의인이었기 때문이다.

하지만 그들 모두가 소돔을, 교회를 만나는 순간, 아담의 후손, 교회에 다니지 않는 사람, 예수 이전에 태어난 사람, 예수를 믿지 않는 사람, 예수 믿으면 천국 간다는 소돔만의 새로운 진리를 받아들이지 못하고 착하게, '의인'으로 살면 천국 간다는, 이미 오래전에 효력이 끝난, 죽은 진리를 믿는 사람, 고로 무조건 지옥에 가야할 사람들로 분류될 뿐이다.

소돔은, 모든 사람은 다 아담의 후손이니 무조건 지옥가고 자기들만 교회 다니고 하나님 믿으니 살고 천국에 갈 수 있을 것이라 생각한다. 그리고 의롭게, 착하게 살면 '천국'이라고 믿는 사람들을 비웃는다.

하지만 과연 의인이 죽임을 당하는 논리가 제대로 된 논리일까?

또 그런 세상이 제대로 된 세상일까?

절대로 그렇지가 않다.

그건 잘못된 논리고 잘못된 세상이다.

같은 상황에서 노아와 롯은 항상 구원받아야 하는데 교회의 논리대로라면 그들은 이제 그저 지옥에 갈 수밖에 없는 사람들일뿐이니 말이다.

그래서 교회의 진리는 성경과 다르며 하나님의 뜻과 다르며 '의인'을 죽이고 세상을 지옥으로 만드는 소돔의 진리일 수밖에 없는 것이다.

생각해 보자.

교회는 사람이 아담의 후손이기 때문에 무조건 지옥에 간다 한다.

하지만 노아의 시대에 노아와 같은 의인이 많았다면 하나님은 결코 세상을 멸하지 않았을 것이다. 소돔 안에, 롯과 같은 사람이 많았다면 소돔 역시 사라지지 않았을 것이다. 노아가 많고 롯이 많아도 아담의 후손이기 때문에 무조건 사라질 수밖에 없는 것이 아니다.

그게 성경의 진리다.

착하게, 의롭게 살아도 아담의 후손이기 때문에 다 지옥,이 아니다.

아무리 예수 믿어도 의롭지 않은 사람은 지옥, 아담의 후손이고 예수 안 믿어도 노아와 롯은 천국, 아주 단순한 거다.

만약 노아 시대에 살던 사람들이 악하게 살지 않고 착하게, 의롭게, 사랑하며 살았다면, 그래도 하나님이 과연 그들을 단지 아담의 후손이라는 이유만으로, 예수 믿지 않았다는 이유만으로 모두 죽였을까?

만약 소돔 안에 착하게 살려는 사람들이 많았다면, 그래도 하나님이 그들이 단지 아담의 후손이었다는 이유만으로 무조건 소돔을 없앴을까?

만약 지금, 사람들이 서로 사랑하며, 의롭게 산다 하더라도, 그래서 세상이 천국과 같은 곳이어도 하나님이 그들이 단지 아담의 후손이라는 이유만으로 앞뒤 재지 않고 무조건 그들 전체를 멸하고 지옥에 보낼까?

그래서 예수 믿고 교회 다니지 않으면 지옥에 갈 수밖에 없는 걸까? 그 당시 사람들 예수 믿지 않고 교회 다니지 않아서 죽임을 당했을까?

절대 그렇지가 않다는 거다.

노아 시대에 살던 사람들이 죽었던 이유, 구원받지 못하고 지옥에 갔던 이유는 아담의 후손이었기 때문도 아니고 교회 다니지 않았기 때문도 아니고 예수 믿지 않았기 때문도 아니고 무조건도 아니다.

오직 잘못 살았기 때문이고 제대로 살지 않았기 때문이다.

소돔 안에 살던 사람들이 죽어야 했던 이유도 마찬가지고 지금도, 그리고 앞으로도 영원히 사람이 죽는 이유는 잘못 살기 때문, 그것 하나다.

교회의 논리대로라면 교회 다니고 예수 믿는 노아 아닌 다른 사람들은 살고 노아와 롯과 요나와 선한 사마리아인은 무조건 죽는다.

왜냐하면 아무리 의인이라도 아담의 후손은 무조건 지옥, 교회 다니고 예수 믿어야만 천국, 인데 노아는 그저 고지식한 '의인'이기만 하고 한 번 소돔에 발을 들여놓은 사람은 무조건 지옥, 교회 다니고 예수 믿는 사람만 천국, 인데 롯은 그저 소돔을 떠나고만 있을 뿐이기 때문이다.

하지만 노아가, 롯이, 착하게 사는 사람이, 사마리아인이, 의인이 죽는 논리는 진리가 아니며 의인이 죽는 세상도 제대로 된 세상이 아니다.

하나님은 항상 사람들이 서로 사랑하며 착하고 의롭게 살기를 원한다.

모든 사람이 다 행복하기를, 세상이 천국과 같아지기를 원한다.

그리고 천국은 언제나 그런 사람들의 것이다.

지금은 잘못된 세상이다. 나쁜 사람들의 세상이다.

나쁜 사람이 높은 자리에 있으면서 착한 사람을 다스리는 세상이다.

나쁜 사람을 나쁜 사람이라 하면 오히려 나쁜 사람이 되는 세상이다.

한 사람이 나쁜 짓하면 그 사람은 '나쁜 놈'이 된다.

하지만 모든 사람이 너나없이 다 나쁜 짓하는 게 당연한 세상이 되면, 그래서 세상이 소돔이 되면, 아무도 그들을 '나쁜 놈'이라 하지 않는다.

오히려 그런 세상에서는 노아처럼, 롯처럼, 나쁜 짓 안하고 바르고 착하게 살려는 사람들이 더 이상한 사람이 되고 마는 것이다.

한 사람이, 많은 사람에게, 착하게 살아도 어차피 아담의 후손은 다 지옥, 예수 믿어야 천국, 이라고 말하면 그 놈은 '미친놈'이 된다.

하지만 모든 사람이 너나없이, 아무리 착하게 살아도 어차피 아담의 후손은 다 지옥, 이라고 말하는 세상이 되면, 그래서 세상이 소돔이 되면, 누구도 함부로 그 사람을 '미친놈'이라고 욕하지 못한다.

하지만 그렇다고 해서 잘못된 것이 옳은 것이 되는 것이 아니다.

노아 아닌 사람, 롯 아닌 사람이 살게 되는 것도 아니다.

보이지 않는 옷을 파는 사람들은 보이지 않는 돈은 받지 않는다.

보이지 않는 돈은 가짜라는 걸 알기 때문이다.

벌거벗은 사람들이 추운 것은 죄인이기 때문이 아니다.

옷을 입지 않았기 때문이다.

사람이 죽는 것은 아담의 후손이기 때문이 아니다.

물에 빠졌거나 칼에 맞았거나 총에 맞았거나 끔찍한 사고를 당했거나 병이 들었거나 늙었기 때문이다. 눈에 보이는 분명한 이유가 있다.

단지 실과를 따먹은 아담의 후손이기 때문이 아니다.

교회는 눈에 보이는 돈을 받고 눈에 보이지 않는 옷을 판다.

그리고 그들이 준 옷이 안 보여서 없다고 말하는 사람들을 '믿지 않는 사람'이라 말하며 욕한다. 눈에 보이지 않는 '구원'을 돈을 받고 팔고 '구원'이 안 보인다고 말하는 사람들을 '믿지 않는 사람'이라 한다.

그래서 세상은 갈수록 보이지 않는 '구원'을 팔아 돈을 버는 나쁜 사람들과 옷을 입지 않고도 옷을 입고 있다고 믿는, 돈을 주고도 옷을 구하지 못하는 벌거벗은 왕으로 넘쳐나고 보이지 않는 밥을 팔아 돈을 버는 나쁜 사람들과 밥을 먹어도 배고픈 사람들로 넘쳐나는 것이다.

하지만 그건 제대로 된 세상이 아니다. 잘못된 세상이다.

어떤 사람은 보이지도 않고 있지도 않은 옷을 팔고 어떤 이는 보이지는 않지만 분명 있는 옷을 파는 것이 아니다.

보이지 않는 모든 옷은 모두 없는 옷이다.

그렇게 믿고 옷을 사야 속는 일이 없다.

보이지 않는 옷을 파는 이가 따로 있는 것이 아니다.

교회가 바로 보이지 않는 옷을 파는 '가짜 재단사'다.

다른 점이 있다면 그들은 옷 대신 보이지 않는 '구원'을 팔 뿐이다.

보어지 않는 옷을 돈을 받고 파는 사람도 사기꾼이고 보이지 않는 '구원'을 돈을 받고 파는 사람도 사기꾼이다.

제대로 된 세상에는 보이지 않는 옷은 없다.

보이지 않는 '구원'도 없다.

보이지 않는 것을 파는 사람은 보이는 것이 전부가 아니라고 한다.

하지만 있지만 보이지 않는 옷은 없다.

그런 옷은 있을 수도 없고 있을 필요도 없다.

'구원'도 마찬가지다.

보이는 것으로 표현되지 않는 모든 보이지 않는 것은 가짜다.

옷을 입었으면 '몸'이 안 보여야 하고 밥을 먹었으면 배고픔이 없어야 한다. 옷을 입었으면 따뜻해야 하고 밥을 먹었으면 배불러야 한다.

그러라고 옷이 있는 것이고 밥이 있는 것이다.

'구원'을 받았으면 '죄'가 안 보여야 하고 따뜻해야 한다.

그러라고 '구원'이 있는 것이다.

안 보이는 옷은 가짜 옷이고 안 보이는 '구원'도 진짜 구원이 아니다.

어리석어서 옷이 안 보이는 게 아니고 '구원'이 안 보이는 게 아니다.

진리가 바뀌는 것은 아니다.

예수는 처음부터 언제 어느 곳이나 다 있어왔기 때문이다.

"예수께서 가라사대 진실로, 진실로 너희에게 이르노니 아브라함이 나기 전부터 내가 있느니라, 하시니."(요8;58)

"여호와께서 그 조화의 시작, 곧 태초에 일하시기 전에 나를 가지셨으며 만세전부터, 살고부터, 땅이 생기기 전부터 내가 세움을 입었나니 아직 바다가 생기지 아니하였고 큰 샘들이 있기 전에 내가 이미 났으며 산이 세우심을 입기 전에 언덕이 생기기 전에 내가 이미 났으니."(전8;22~25)

교회는 예수 이후로, 그 전과는 모든 것이 다 바뀌었다고 한다.

하지만 성경은 늘 같은 얘기를 한다.

어떤 때는 반드시 실과를 먹지 않은 사람만 살 수 있지만 어떤 때는 실과를 먹은 사람도 살 수 있게 되는 것이 아니고 어떤 때는 반드시 방주 안에 있는 사람만 살지만 어떤 때는 방주 밖에 있는 사람도 살 수 있게 되는 것이 아니고 어떤 때는 반드시 소돔 밖에 있는 사람만 살지만 어떤 때는 소돔 안에 있는 사람도 살 수 있게 되는 것이 아니다.

잔인한 살인자와 피해자가 같은 방에서 함께 살 수 없는 것처럼 그 둘은 결코 함께 섞여서 살 수 있는 사람들이 아니기 때문이다.

그것은 절대로 채워져서는 안 되는 살인자의 욕심이다.

사람은 날 때부터 모두 죄인이어서 실과를 먹으나 먹지 않으나 무조건 다 죽는 것이 아니다. 방주 안에 있으나 밖에 있으나 무조건 다 죽는 것도 아니고 소돔에 남아있으나 떠나나 상관없이 무조건 다 죽는 것도 아니고 착하게 사나 악하게 사나 상관없이 무조건 다 죽는 것도 아니다.

실과를 먹지 않아도 예수 안 믿는 사람은 죽고 실과를 먹은 사람이라도 예수 믿는 사람은 사는 것이 아니라 실과를 먹는 사람은 믿어도 죽고 먹지 않은 사람은 믿지 않아도 사는 것이고 방주 안에 있어도 예수 안 믿는 사람은 다 죽고 방주 밖에 있어도 예수 믿는 사람은 살 수 있게 되는 것이 아니라 방주 안에 있는 사람은 안 믿어도 살고 거기서 나오는 사람은 믿어도 죽는 것이고 소돔 밖에 살아도 예수 안 믿으면 죽고 소돔 안에 살아도 예수 믿는 사람은 사는 것이 아니라 반대로 소돔 밖에 있는 사람은 안 믿어도 살고 소돔 안으로 나오는 사람은 믿어도 죽는 것이다.

살기 위해서는 예수를 믿어야 하는 것이 아니라 무조건 실과를 먹지 말아야 하고 방주 안에 있어야 하고 소돔 밖으로 나와야 하는 것이다.

교회는 보이는 옷은 다 가짜고 보이지 않는 옷만이 진짜라 한다.

지금까지 본 적 없는 보이지 않는 옷을 입는 사람만 살 수 있다 한다.

그리고 모두들 그들의 말에 속아 지옥에 가지 않고 천국에 가기 위해 비싼 값을 치르고 앞다투어 지금까지 한 번도 본 적 없는, 세상에서 가장 아름답다는, 믿지 않는 사람에게는 보이지도 않는 옷을 산다.

하지만 보이지 않는 옷은 언제나 가짜다.

그때에는 그랬지만 이번이라고 다른 것이 아니다.

사람들은, 성공하려면 영어를 잘해야 한다고 한다.

중국어를, 일본어를 잘해야 한다고 한다.

하지만 사람들이 해야 하는 말은 영어가 아니다.

중국어가, 일본어가 아니다.

중요한 것은 어떤 나라의 말을 할 줄 아느냐, 모르느냐가 아니다.

반드시 해야 할 말을 할 줄 아느냐, 모르느냐 하는 것이다.

교회는 우리가 흔히 알고 있는 진리는 진리가 아니라고 한다.

착하게 사는 사람이 천국 가는 것이 잘못되었다고 한다.

성경은 그런 내용이 아니라고 한다.

천국 가고 지옥 가는 것이 하나님에 달려 있어서 아무리 선한 사람이라도 교회 안 다니고 예수 믿지 않는 사람은 무조건 지옥가고 아무리 악한 사람이라도 교회 다니고 예수 믿으면 천국 가는 내용이라 한다.

하지만 성경 역시 그저 그런 다른 책들과 마찬가지로 악하게 사는 사람은 지옥가고 착하게 사는 사람은 천국 가는 평범한 이야기다.

아무리 악하게 살아도 교회 다니고 예수 믿으면 천국가고 아무리 착하게 살아도 안 믿으면 지옥 가는 말도 안 되는 이야기가 아니다.

모든 사람이 다 아담의 후손이라 지옥에 갈 수밖에 없는 이야기가 아니라 착한 사람은 천국에 가는 길과 방법을 알아 천국에 가고 악한 사람은 그 길과 방법을 몰라 살아서도 죽어서도 지옥에 가는 이야기다.

세상이 행복해지면 안 되는 것이 아니다.

천국이 따로 있어서 세상은 결코 천국이 되면 안 되는 것도 아니다.

그리고 세상이 행복해지기 위해서는 세상에 살고 있는 두 사람이 서로가 서로의 옷을 주고받는, 서로의 절반의 하나님임을 알아야 한다.

그게 곧 진정한 '구원'임을 알아야 한다.

교회는 우리가 한 번도 본 적이 없는 진리를 가져와 진리라 한다.

예전의 것은 다 가짜라 한다.

하지만 진리는 우리가 지금까지 모르던 것이 아니다.

오랫동안 알고 믿어왔던 지루하고 평범하고 단순한 것이다.

"만물의 피곤함을 사람이 말로 다 할 수 없나니 눈은 보아도 족함이 없고 귀는 들어도 차지 아니하는도다. 이미 있던 것이 후에 다시 있겠고 이미 한 일을 후에 다시 할찌라, 해 아래는 새 것이 없나니 무엇을 가리켜 이르기를 보라, 이 것이 새 것이라 할 것이 있으랴. 우리 오래 전 세대에도 이미 있었느니라."(전1;8~10)

2달란트

성경에 하인들에게 달란트를 나누어 주고 자신이 없는 동안 장사하라고 시키는 주인의 이야기가 나온다. 그리고 1달란트를 받은 하인이 장사를 하지 않고 2달란트도 돌려주지 않자 주인에게서 쫓겨난다.

교회에서, 우리는 항상 하인의 위치에 있다.

하지만 우리는 주인에게서 받은 달란트를 돌려주어야 할 하인이기만 한 것이 아니라 하인에게 준 달란트를 돌려받아야 할 주인이기도 하다.

주인은 하인에게 돌려받기를 바라지 않고 달란트를 주는 것이 아니다.

반드시 준 것보다 더 많이 돌려받기 위해 주는 것이다.

하인이 주인에게 주는 것 말고 주인의 것이 따로 있는 것이 아니라 하인이 주는 것이 곧 주인의 것이 되기 때문이다.

거기서 주인이 부모고 사람이라면 하인은 자녀고 교회다.

주인은 하인에게 달란트를 거저 주는 것이 아니다.

반드시 그 이상의 것을 받기 위해 주는 것이다. 주인이 하인에게 달란트를 주는 것은 더 많은 달란트를 돌려받기 위해서이기 때문이다.

따라서 달란트를 받은 하인은 반드시 그 주인에게 자기가 받은 달란트보다 더 많은 달란트를 다시 돌려줄 수 있어야 하는 것이다.

주기만 하고 돌려받지 않는 주인이 좋은 주인이고 준 달란트보다 더 많은 달란트를 돌려받는 주인은 양심 없고 나쁜 주인인 것이 아니다.

아무 것도 없는 하인에게 달란트를 주고 다시 더 많이 돌려주는 하인에게 받은 것보다 더 많은 달란트를 돌려주는 주인이기 때문이다.

주인은 주기만 하고 하인은 받기만 하는 것이 당연한 것이 아니다.

주인은 그 하인의 주인이기 때문이다.

그 주인이 요구하지 말아야 할 것을 요구하는 것도 아니다.

주인은 주는 것만으로 천국에 가지 않는다.

돌려받아야만 천국에 간다. 그리고 하인도 받는 것만으로 천국에 가는 것이 아니다. 돌려주는 것으로 천국에 가는 것이다.

주인도 하인도 결코 거저 주거나 받지 않는다. 서로 주고받는다.

그렇게 서로가 서로에게 달란트를 주어야 하는 것이다.

사람과 교회도 마찬가지다.

주인이 하인에게 달란트를 거저 주는 것이 아니듯 사람도 교회에 달란트를 거저 주어선 안 된다. 반드시 더 많은 달란트로 돌려줄 수 있다는 확신이 있는 곳에 주어야 한다. 그리고 교회 역시 받은 헌금보다 반드시 더 많은 헌금을 그에게 헌금을 준 사람에게 돌려주어야 한다.

왜냐하면 그들은, 그들에게 헌금을 준 사람의 종이기 때문이다.

교회는 사람들에게서 헌금을 받아가면서 사람들을 종으로 부려먹는다.

자식은 부모가 가진 것을 다 가져가고는 부모를 종으로 부려먹는다.

사람은 교회에 자기가 가진 돈을 다 헌금으로 주고 자기가 그들보다 못난 사람이 아닌데 교회에 쩔쩔매면서 그들의 종으로 산다.

그리고 부모는 자식에게 자기가 가진 것을 다 넘겨주고 자기가 그들보다 못난 사람이 아닌데 자식에 쩔쩔매면서 그들의 종으로 산다.

하지만 사람은 교회의 종이 아니며 부모는 자식의 종이 아니다.

세상의 중심은 받는 사람이어서는 안 된다.

아무 것도 돌려주지 않고 헌금을 받기만 하는 교회나 아무 것도 돌려주지 않고 달란트를 받기만 하는 자식이어서는 안 된다.

준 사람이어야 한다.

그리고 준 사람에게 다시 돌려줄 수 있는 사람이어야 한다.

그래야 세상이 제대로 돌아갈 수 있는 것이다.

달란트를 주는 사람이 하인이고 받는 사람이 주인인 것이 아니다.

헌금을 주는 사람이 하인이고 받는 교회가 주인인 것이 아니다.

사랑을 주는 부모가 하인이고 받는 자식이 주인인 것이 아니다.

그것은 잘못된 세상이다.

하인 중심으로 살아선 안 된다.

교회 중심으로 살아선 안 된다.

자식 중심으로 살아선 안 된다.

사람이 지옥에 가는 것은 날 때부터 죄인이기 때문이 아니다.

그가 그런 선택을 했기 때문이다.

사람이 교회에 헌금을 주기만 하고 아무 것도 받지 못하는 것이 당연한 것이 아니다. 부모가 자식에게 가진 것을 주기만 하고 아무 것도 받지 못하는 것이도 당연한 것이 아니다.

사람이 교회에 헌금을 주기만 하고 아무 것도 돌려받지 못하는 것은 그가 죄인이기 때문이 아니다. 부모가 자식에게 가진 것을 주기만 하고 아무 것도 돌려받지 못하는 것도 그가 죄인이기 때문이 아니다. 돌려주는 교회를 못 만났기 때문이고 돌려주는 자식을 못 만났기 때문이다.

받은 것을 돌려주지 않는 교회는 절대 좋은 교회가 아니고 받은 것을 돌려주지 않는 자식도 절대 좋은 자식이 아니다.

주인이 하인에게 달란트를 주기만 하고 받지 못하는 것은 그가 죄인이기 때문이 아니다. 사람이 자기가 가진 소유를 다 주고 보화가 감추어진 밭을 받지 못하는 것은 그가 죄인이기 때문이다. 달란트를 돌려주지 않는 하인에게 자기 달란트를 주었기 때문이고 보화가 감추어진 밭으로 돌려주지 않는 사람에게 내가 가진 소유를 주었기 때문이다.

하인이 처음부터 죄인인 것이 아니고 사람도 날 때부터 죄인인 것이 아니다. 하인이 죄인이 되는 순간은 처음에 주인에게 달란트를 받은 그 순간부터가 아니고 자식이 죄인이 되는 순간은 처음에 부모에게서 태어난 그 순간부터가 아니다. 그들이 받은 것을 돌려주어야 할 순간에 더 값진 것으로 다시 그들에게 돌려주지 않고 돌아서는 그 순간부터다.

내가 아무 것도 바라지 않고 그들에게 다 주면 그들은 받기만 하고 그들 말고 내가 받아야 할 것을 주는 다른 하나님이 있는 것이 아니다.

내가 아무 것도 바라지 않고 그들에게 1달란트를 주면 그들 말고 내가 받아야 할 2달란트를 주는 하나님이 따로 있는 것이 아니다.

내가 아무 것도 바라지 않고 자식에게 다 주기만 하면 그들 말고 내가 받아야 할 사랑을 대신 주는 하나님이 따로 있는 것이 아니다.

내가 아무 것도 바라지 않고 교회에 내가 가진 것을 다 헌금하면 그들 말고 나를 천국에 보내줄 하나님이 따로 있는 것이 아니다.

그들이 내게 다시 돌려주어야 하는 것이다.

그런 하나님이 따로 있다는 것을 믿어야만 하나님을 믿는 것이고 믿지 않으면 하나님을 믿고 있지 않은 것이 아니다.

준 사람과 주지 않은 사람은 분명 돌려받는 것이 달라야 한다.

자식이 있는 사람과 없는 사람도 그 돌려받는 것이 달라야 한다.

그래야 헌금한 보람이 있고 자식을 낳고 기른 보람이 있는 것이다.

교회에 헌금을 안 낸 사람과 낸 사람은 나중에 그 돌려받는 것이 달라야 하고 자식이 없는 사람과 있는 사람도 나중에 그 돌려받는 것이 달라야 한다. 그래야 헌금을 안 낸 다른 사람에 비해 헌금을 낸 보람이 있는 것이고 그래야 자식을 낳아 키우는 보람이 있는 것이다.

주었으면 돌려받아야 한다. 주는 것은 돌려받기 위해서다,

돈을 다시 돌려받으라는 이야기가 아니다.

자식의 의무를 다 하라는 것도 아니고 효도를 다 하라는 것도 아니다.

부모가 자식을 사랑한 것처럼 자식도 부모를 사랑해야 한다는 것이다.

사랑을 돌려주는 일은 돌려받는 사람에게만 좋은 일이 아니라 돌려주는 사람에게도 좋은 일이다. 좋은 대물림이 반복되기 때문이다.

내가 1달란트를 준 자식이 내게 2달란트를 주지 않는다면 내게 2달란트를 줄 다른 사람은 없다. 내가 1달란트를 준 교회가 내게 2달란트를 돌려주지 않는다면 내게 2달란트를 돌려줄 다른 하나님도 없다.

내게서 1달란트를 가져간 사람 말고 내게 2달란트를 돌려줄 하나님이 따로 있는 것이 아니라 오직 내게서 1달란트를 가져간 그가 바로 내게 2달란트를 돌려줄 하나님인 것이다.

하나님이 애초에 내게 주기로 한 2달란트를 안 줘서 내가 가지기로 되어 있던 2달란트를 가질 수 없게 된 것이 아니다.

내게서 1달란트를 가져간 내게 2달란트를 주어야 하는데 그가 내게 2달란트를 주지 않아서 내가 2달란트가 없는 것이다.

하나님이 애초에 내게 주기로 한 보화가 감추어진 밭을 안 주어서 내가 보화가 감추어진 밭을 가질 수 없게 된 것이 아니다.

내게서 내가 가진 모든 소유를 가져간 그가 내게 보화가 감추어진 밭을 주어야 하는데 주지 않아서 내가 보화가 감추어진 밭이 없는 것이다.

하나님이 장난을 치는 것이 아니라 그들이 장난을 치는 것이다.

그래서 준 사람이 끝에 행복하려면 주기만 하고 끝낼 것이 아니라 반드시 돌려주는 사람을 만들어야 하는 것이다.

자식이 돌아오게 하기 위해서는 부모가 자식이 돌아오기 싫은 곳에 있으면 안 되고 자식이 돌아오고 싶은 곳에 있는 것도 중요하다.

자식에게 다 주고 황무지가 돼서 아무 것도 없는 채로 무조건 자식이 돌아오기만을 바라면 자식은 돌아오지 않는다.

자식이 돌아오게 하려면 나를 위해서뿐만 아니라 자식을 위해서라도 반드시 끝까지 나는 빈털터리가 되지 말아야 한다.

내 것을 다 주고 빈털터리가 되는 것은 천국을 사는 길이 아니다.

하나님은 두 번 주지 않는다. 한 번 준다.

한 번 준 것을 내 것으로 만들어야 한다.

2달란트는 지금 주어진 1달란트를 아무 것도 아니라 생각하고 버리는 사람에게 주어지는 것이 아니라 지금 내게 주어진 1달란트의 가치와 소중함을 알고 1달란트를 잘 활용해 2달란트를 만드는 사람의 것이고 천국은 지금 주어진 한 번 뿐인 삶을 아무 것도 아니라 생각하고 버리는 사람에게 주어지는 것이 아니라 지금 내게 주어진 삶의 가치와 소중함을 알고 그 삶을 잘 활용해 천국을 만드는 사람에게 주어지는 것이다.

하나님이 한 번 준 것은 가짜고 다시 주는 것만 진짜인 것이 아니다.

지금 하나님이 내게 준 달란트는 가짜고 그것을 포기하면 다음에 진짜 달란트를 주는 것이 아니다. 지금 내게 준 교회와 자식은 가짜고 거기에 충성하고 헌신하면 다음에 진짜 교회와 자식을 주는 것이 아니다.

두 번째는 하나님이 주는 것이 아니다. 내가 만들어야 한다.

내가 그에게 2달란트를 받지 않아도 그곳에 가면 지금 못 받은 2달란트를 주기 위해 내가 모르는 하나님이 기다리는 것이 아니다.

하나님이 사람이 죄인이라서 지금은 2달란트가 아니라 아무 짝에도 쓸모없는 1달란트만 주고 다음에 2달란트를 또 주는 것이 아니다.

사람이 죄인이라서 지금은 주기는 않고 받기만 하는 교회를 주고 사는 동안 그 교회에 오로지 바치기만 하면 살아서는 주지 않지만 그 상으로 죽은 다음에 주기만 하는 교회를 또 주는 것이 아니다.

지금은 받기만 하는 자식을 주고 지금 있는 그 자식에게 주기만 하고 받지 않으면 죽은 다음에 주기만 하는 자식을 또 주는 것이 아니다.

지금은 지옥을 주고 다음에 죽어서는 천국을 주는 것이 아니다.

지금이 지옥이면 죽어서도 지옥이고 지금이 천국이면 죽어서도 천국이다. 이곳은 지옥이기만 하고 그곳은 천국이기만 한 것이 아니다.

지옥과 천국이 정해져 있는 것이 아니다.

내가 지옥에서 살지, 천국에서 살지를 결정하는 건 하나님이 아니다.

바로 나다.

삶은 두 번이 아니다. 단 한 번이다.

그리고 그 삶 속에 이미 천국과 지옥에 다 주어진 후다.

지금의 삶이 아무 의미 없는 것이 아니다. 지금이 진짜다.

하나님이 사람이 원치 않는데도 사람이 죄인이라 사람에게 지옥을 준 것이 아니라 사람이 지옥을 선택했기 때문에 지옥에 사는 것이다.

준 것이 지금이라면 받는 것도 죽은 다음이 아니라 지금이어야 한다.

그 사람에게 주었다면 다른 사람이 아니라 그 사람에게 받아야 한다.

다음에 따로 받는 것도 아니고 하나님에게 따로 받는 것도 아니다.

사랑 없이 사는 쪽을 선택하지 말자. 짝사랑을 강요당하지 말자.

천국 없이 사는 쪽을 선택하지 말자. 짝사랑을 강요당하지 말자.

사람은 사랑 없이는 절대로 살 수 없기 때문이다.

사람은 천국 아닌 곳에서는 절대로 살 수 없기 때문이다.

힘들게 낳아 키운 자식이 있어도 아무 것도 없이 늙어서 비참하게 홀로 죽어갈 거라면 뭐 하러 자식을 낳아 기르겠는가.

내가 가진 소유를 다 주고도 죽기 전에 보화가 감추어진 밭을 받지 못할 거라면 뭐 하러 가진 소유를 다 밭주인에게 주겠는가.

부모가 자식에게 사랑으로 베풀기만 하고 아무 것도 돌려받을 수 없는 세상은 당연한 게 아니라 잘못된 세상이다.

사람이 교회에 가진 것을 다 바치기만 하고 죽기 전에 천국으로 돌려받을 수 없는 세상 역시 당연한 게 아니라 잘못된 거다.

자식이 있는 사람이나 없는 사람이나 교회가 있는 사람이나 없는 사람이나 똑같은 받는 것이 없는 세상은 잘못된 세상인 거다.

죽어서 받는 것은 진짜 받는 것이 아니다.

오직 살아서 받는 것이 진짜 받는 것이다.

살아서는 주기만 하고 죽어서 하나님에게 가서 내놓으라 하면 그가 준 사람에게 살아서 받지 못한 것을 하나님이 주는 것이 아니다.

주기만 하는 사람이 많아져야 천국이 되는 것이 아니다.

받기만 하는 사람이 더 많이 받아야 천국이 되는 것이 아니다.

준 사람이 더 많이 돌려받을 수 있어야 천국이 되는 것이다.

받은 사람이 더 많이 돌려줄 수 있어야 천국이 되는 것이다.

자식에게 베풀기만 하고 돌려받기를 바라지 말아야 좋은 부모고 조금이라도 돌려받기를 바라면 나쁜 부모인 것이 아니다. 교회에 헌금을 주기만 하고 돌려받기를 바라지 말아야 좋은 사람인 것이 아니다.

막 태어난 아기가 부모의 사랑 없이는 죽을 수밖에 없듯이 부모도 사랑 없이는 죽을 수밖에 없다.

자식을 괜히 낳는 게 아니고 헌금을 괜히 내는 게 아니다.

힘들게 자식을 낳아 키워낸 부모로서 늙어서 자식이 있는 사람이나 없는 사람이나 똑같다면 누가 자식을 낳겠는가. 힘들게 교회에 헌금을 낸 사람이나 안 낸 사람이나 똑같다면 누가 헌금을 하겠는가.

사람은 심은 것이 아니라 거둔 것으로 사는 것이다.

심은 것이 아니라 거둔 것으로 천국에 가는 것이다.

그래서 심는 것보다 거두는 것이 더 중요한 것이다.

사람은 교회에 헌금을 하고 돌려받겠다는 생각을 하지 않는다.

그리고 그것을 당연하게 생각한다.

그래야 좋은 사람이라고 교회가 가르치기 때문이다.

사람들은 교회에 헌금을 하고 하나님이 천국으로 돌려주기를 바란다.

하지만 교회에 준 것은 교회에서 돌려받아야 한다.

자식에 사랑을 줬다면 돌려받는 것도 자식이 해야 한다.

교회에 헌금을 했다면 돌려주는 것도 교회가 해야 한다.

내게서 받은 사람 말고 내가 준 것을 다시 내게 돌려주는 하나님이 따로 있어 죽은 다음에 내게 다시 천국을 돌려주는 것이 아니다.

내게서 받은 사람이 내게 천국을 돌려주어야 할 하나님이다.

하인에게 달란트를 준 주인을 천국에 살게 해 줄 하나님이 따로 있는 것이 아니라 주인에게서 달란트를 받은 하인이 주인을 천국에 살게 해 줄 하나님이고 주인에게서 달란트를 받은 하인을 천국에 살게 해 줄 하나님이 따로 있는 것이 아니라 그에게 달란트를 주는 주인이 곧 그를 천국에 살게 해 줄 하나님이다. 그 둘은 각자 하나님이 있어야만 사는 사람이 아니고 그 둘을 천국에서 살게 해 줄 하나님이 따로 있는 것이 아니라 서로가 서로를 천국에서 살게 해 줄 하나님이 되어야 하는 것이다.

이 세상에는 천국에서 살게 해줄 하나님이 없고 서로를 천국에 살게 할 하나님이 따로 있는 것이 아니라 서로가 곧 하나님이 되는 것이다.

저축을 했으면 저축한 그곳이 아닌 다른 곳에서 이자를 받는 것이 아니라 저축을 한 그 은행에서 돈을 찾아야 하고 주인이 달란트를 하인에게 주었으면 다른 사람에게 이자를 돌려받는 것이 아니라 달란트를 준 하인에게 돌려받는 것처럼 심은 것은 다른 곳이 아니라 그 심은 곳에서 돌려받아야 한다. 마찬가지로 교회에 헌금을 했으면 그 결실을 엉뚱한 하나님에게서 찾을 것이 아니라 교회에서 찾아야 하는 것이다.

그리고 올해 뿌린 씨앗은 올해가 가기 전에 거두어야 하는 것처럼 살아서 뿌린 씨앗은 죽은 다음이 아니라 죽기 전에 거두어야 하는 것이다.

받은 사람이 준 사람의 주인이 되는 것이 아니다.

하인이 되는 것이다.

주는 사람은 그에게 주어야 할 것만 있어서 주기만 해야 하는 것이 아니고 받은 사람은 받아야 할 것만 있어서 받기만 하는 것이 아니다.

달란트는 자기가 받아놓고 자기에게 달란트를 준 주인에게 결실은 자기가 아니라 하나님이 돌려줄 것이라고 말하는 교회는 나쁜 교회다.

달란트는 그냥 주기만 해서도 안 되고 그냥 받기만 해서도 안 된다.

줄 때는 반드시 이자와 결실을 돌려받을 것을 생각을 하고 주고, 받을 때도 반드시 이자와 결실을 돌려줄 것을 생각하고 받아야 한다.

내가 받아서 행복했으면 나만 그것으로 행복할 것이 아니라 내게 준 사람도 나로 인해 더 행복할 수 있게 해 주어야 한다.

그게 받은 사람의 도리다.

그 사람을 사랑한다고 해서 받기만 하는 사람을 만들어서는 안 된다.

받기만 하는 사람은 주는 사람의 눈물겨움을 모르기 때문이다.

돌려받지 못할 곳에 달란트를 쓰는 사람은 착한 사람이 아니다.

현명한 사람도 아니다.

그런 사람을 천국에 보내줄 하나님은 세상에 없다.

내가 준 돈을 돌려주지 않는 야바위꾼에게 돈을 쓰는 사람을 보고 착하고 현명하다고 하는 사람은 야바위꾼 외에는 아무도 없을 것이다.

그건 야바위꾼만 좋아할 일이기 때문이다.

심은 것을 거두는 것은 죄가 아니다. 당연한 권리다.

교회에 바치기만 하고 말년에 빈털터리가 되면 하나님이 잘했다, 칭찬하고 천국에 보내주는 것이 아니다.

자식에게 바치기만 하고 아무 것도 돌려받지 못한 채 말년에 혼자 병든 몸으로 쓸쓸하게 늙어 가면 하나님이 대신 와서 똑똑하다, 하고 따뜻하게 자식 노릇해주는 것이 아니다.

하나님이 내게 준 것은 천국과 아무 상관이 없는 것이 아니다.

천국을 주려다 지옥을 준 게 아니다.

1달란트는 지옥이고 2달란트만 천국인 것이 아니다.

내가 가진 것은 지옥이고 보화가 감추어진 밭만 천국인 것이 아니다.

하나님이 2달란트를 안 줘서 사람이 2달란트를 못 갖는 것이 아니다.

하나님이 보화가 감추어진 밭을 안 줘서 사람이 못 갖는 것이 아니다.

이 세상에 2달란트가 없어서 못 가지는 것도 아니고 이 세상에 보화가 감추어진 밭이 없어서 못 가지는 것도 아니다.

사람이 2달란트를 받을 자격이 없어서 하나님이 사람에게 2달란트가 아니라 1달란트만 준 것이 아니다.

사람이 보화가 감추어진 밭을 가질 자격이 없어서 하나님이 사람에게 보화가 감추어진 밭을 주지 않은 게 아니다.

원래는 하나님이 사람에게 2달란트를 주려다가 사람이 죄를 지어 그 벌로 주어야 할 2달란트가 아니라 1달란트만 준 것이 아니다. 그래서 사람이 2달란트가 아닌 1달란트만 갖게 된 것이 아니다.

원래는 하나님이 사람에게 어마어마한 보화가 감추어진 밭을 주려다가 사람이 아담의 후손이고 죄인의 후손이라 그 벌로 보화가 감추어진 밭을 안 주고 대신 약간의 소유만 준 것이 아니다. 그래서 사람이 보화가 감추어진 밭은 가질 수 없고 약간의 소유만 갖게 된 것이 아니다.

내게 주어진 1달란트와 내가 받아야 할 2달란트가 아주 다른 것이 아니고 내가 가진 소유와 내가 받아야 할 보화가 감추어진 밭이 아주 다른 것이 아니고 내게 주어진 것과 천국이 아주 다른 것이 아니다.

내게 주어진 1달란트를 조금만 잘 활용하면 내가 가져야 할 2달란트를 만들 수 있는 것이고 내가 가진 소유를 조금만 잘 활용하면 내가 가지고 싶은 보화가 감추어진 밭을 살 수 있는 것이고 내게 주어진 것을 조금만 더 잘 활용하면 내가 가고 싶은 천국을 살 수 있는 것이다.

우리는 지금 벌을 받고 있는 것이 아니다.

내가 2달란트를 가질 수 있는 길을 하나님이 막고 있는 것이 아니다.

보화가 감추어진 밭을 가질 수 있는 길을 막고 있는 것도 아니다.

내가 가져야 할 천국은 내게서 만들어지는 것이다.

그리고 그것은 조금만 노력하면 충분히 가능한 일이다.

우리가 아담의 후손이라 못하게 되어 있는 것이 아니다.

천국이 따로 있는 것이 아니라 1달란트는 2달란트가 되기는 조금 부족하지만 그것으로 2달란트를 만들 수 있다면 그것이 곧 천국이 되는 것이고 내가 가진 소유는 천국이 되기는 조금 부족하지만 그것으로 보화가 감추어진 밭을 살 수 있다면 그것이 곧 천국이 되는 것이다.

내가 2달란트를 갖지 못하는 건 절대 하나님 책임이 아니다. 내가 보화가 감추어진 밭을 갖지 못하는 것 역시 절대 하나님 책임이 아니다. 내가 천국에 가지 못하는 것도 절대 하나님의 책임이 아니다.

내 책임, 내가 선택을 잘못한 책임이다.

내게 2달란트로 돌려주지 않을 사람에게 1달란트를 주었기 때문에 내가 2달란트를 가지지 못하는 것이다. 내게 보화가 감추어진 밭으로 돌려주지 않을 사람에게 내 소유를 주었기 때문에 내가 보화가 감추어진 밭을 가지지 못하는 것이다. 그리고 내게 천국으로 돌려주지 않을 교회에 내가 헌금을 했기 때문에 내가 천국을 가지지 못하는 것이다.

사람의 목적은 1달란트를 주는 것에 있지 않다.

사람의 목적은 가진 소유를 누군가에게 다 주는 것에 있지 않다.

사람의 목적은 1달란트를 받는 것에 있지도 않다.

누군가가 가진 소유를 다 가져오는 것에 있지 않다.

2달란트를 받는 것에 있고 2달란트를 주는 것에 있고 보화가 감추어진 밭을 받는 것에 있고 보화가 감추어진 밭을 주는 것에 있는 것이다.

사람의 목적은 1달란트가 아니고 2달란트에 있는 것이며 자기가 가진 소유가 아니고 보화가 감추어진 밭에 있는 것이다.

내가 아닌 다른 사람이 하나님인 것이 아니다. 그가 아닌 다른 사람이 하나님인 것이 아니다. 내가 하나님이다. 그리고 그가 바로 하나님이다.

교회는 자기에게 1달란트를 주는 사람은 하나님이 아니라고 생각한다.

내가 2달란트로 돌려주어야 할 하나님은 그가 아니라고 생각한다.

그는 그저 교회에 1달란트를 주기만 해야 하는 사람이라고 생각한다.

하지만 그에게 1달란트를 주는 사람과 그에게서 2달란트를 돌려받아야 할 하나님이 따로 있는 것이 아니라 내가 곧 그다.

교회는 항상 헌금을 받기만 하고 주는 사람에게 감사하지 않는다.

헌금을 준 사람에게 천국으로 돌려주지도 않는다.

그들을 하나님이라 생각하지 않기 때문이다.

그래서 교회에는 헌금하면 안 된다.

내가 준 이에게 이자와 결실을 돌려받지 않으면 나는 결코 구원받을 수 없고 천국에 갈 수도 없는데 그들은 돌려줄 생각이 없기 때문이다.

하인에게 달란트를 많이 주는 사람이 잘 사는 사람이 아니다.

밭주인에게 가진 소유를 다 주는 사람이 잘 사는 사람이 아니다.

교회에 헌금을 많이 주는 사람이 잘 사는 사람이 아니다.

그들에게 더 많이 돌려받아야 잘 사는 사람인 것이다.

달란트를 주기만 하고 돌려받지 못하는 사람은 인생 헛산 사람이다. 자기가 가진 소유를 누군가에게 주기만 하고 보화가 감추어진 밭으로 돌려받지 못한 사람도 인생 헛산 사람이다.

교회에 헌금을 주기만 하고 자기가 준 헌금의 값으로 천국을 돌려받지 못한 사람도 인생 헛산 사람이다.

내게서 헌금을 받지 않은 교회는 내게 아무 것도 주지 않아도 된다.

내가 낳지 않은 남의 자식은 내게 아무 것도 주지 않아도 된다.

하지만 내게서 헌금을 받은 교회는 내게서 헌금을 받지 않은 다른 교회와는 달리 내게 반드시 내게서 받은 것에 대한 이자와 결실을 주어야 한다. 그리고 내게서 나고 자란 내 자식은 내가 낳지 않은 사람과는 달리 내게 반드시 내게 받은 사랑에 대한 이자와 결실을 주어야 한다.

나를 죄인이라 하며 쓸쓸하고 외롭고 서럽게 해서는 안 된다.

그렇지 않으면 그 교회는 교회가 아니고 그 자식도 자식이 아니다.

내가 헌금을 준 교회의 하나님이 나 말고 따로 있는 것이 아니다.

내가 낳고 기른 자식의 하나님이 나 말고 따로 있는 것이 아니다.

나는 하나님이 아니고 그들의 하나님이 따로 있는 것이 아니다.

그리고 하나님에게 천국을 가져다 줄 하인이 따로 있는 것도 아니다.

주기만 하고 받지 않아도 되는 달란트는 없다.

우리는 좋은 주인, 현명한 주인이 되어야 한다.

좋은 하인, 충성스러운 하인을 만나야 한다.

좋은 주인은 주기만 하고 돌려받기를 바라지 않는 사람이 아니다.

좋은 하인은 달란트를 받기만 하고 돌려주지 않는 사람이 아니다.

달란트를 주고받는 일이 천국과 아무 상관없는 일이 아니다.

어차피 주고도 아담의 후손이라 천국에 못 가고 지옥에 가고, 주지 않아도 교회 다니고 예수 믿으면 천국에 갈 수 있는 것이 아니다.

세상은 달란트를 주는 주인과 주지 않는 주인으로 나뉘는 것이 아니다. 자기 소유를 주는 사람과 주지 않는 사람으로 나뉘는 것이 아니다.

달란트를 주고 그 보답을 돌려받는 사람과 돌려받지 못하는 사람으로 나뉘는 것이다. 자기가 가진 소유를 다 주고 그 보답으로 보화가 감추어진 밭을 돌려받는 사람과 돌려받지 못하는 사람으로 나뉘는 것이다.

삶의 끝에서 성공한 사람은 주기만 하고 아무 것도 돌려받지 못하는 사람이 아니라 준 것보다 더 많이 돌려받는 사람이고 받을 때는 돌려줄 거 생각 안 하고 악착같이 받아내고 돌려줄 때는 조금도 돌려주지 않는 사람이 아니라 자기가 받은 것보다 더 많이 돌려줄 수 있는 사람이다.

나는 그들의 하나님이 아니니 그들에게 주기만 하고 그들에게서 내가 준 것을 돌려받기를 바라서는 안 되는 것이 아니다. 그들은 나의 하인이 아니라 하나님의 하인이니 내게서 받기만 하고 받은 것을 돌려주지 않아도 되고 내가 준 것을 돌려줄 하인이 따로 있는 것이 아니다.

그들에게 달란트를 주는 사람 말고 다른 주인이 있는 것이 아니고 그들에게 헌금을 주는 나 말고 그들의 하나님이 따로 있는 것이 아니다.

나 말고 그들의 하나님이 따로 있는 것이 아니라 내가 바로 그들에게 헌금을 준 하나님이고 그들에게서 천국을 돌려받아야 할 하나님이다.

천국은 나는 결코 거둘 수 없는 것을 하나님이 주는 것이 아니다.

내게 주어진 달란트는 결코 돌려받을 수 없는 나쁜 것이 아니다.

내가 가진 달란트가 원래 그들의 것이어서 내가 그들에게 달란트를 다 주고 빈털터리가 돼서 그들에게 가서 살아야 하는 것이 아니다.

내가 가진 소유가 원래 내 것이 아니어서 내가 그들에게 내가 가진 소유를 다 주고 거지가 돼서 그들에게 가서 살아야 하는 것이 아니다.

내가 그들에게 1달란트를 주는 것은 내가 죄인이어서가 아니다.

내가 가진 소유를 그들에게 주는 것은 내가 죄인이어서가 아니다.

내가 교회에 헌금을 주는 것도 내가 죄인이어서가 아니다.

이자와 결실로, 천국으로 돌려받기 위해서 주는 것이다.

내가 그들이 당연히 받아야 할 몫을 아무 대가 없이 주는 것이 아니라 그들이 내게 돌려주어야 할 것을 돌려받기 위해 주는 것이다.

그래서 나는 그대로 있고 그들이 내게 돌아와야지 그들에게 내가 가진 것을 다 주고 내가 그들에게 가서 기대서 살아야 하는 것이 아니다.

그들 중심이 아니라 내 중심으로 살아야 하는 것이다.

그들만 행복하고 나는 불행해도 되는 사람이 아니다.

내가 죄인이라 그들에게 주기만 해야 하는 것이 아니다.

나는 영원히 그들에게 받지는 못하고 주기만 해야 할 죄인이고 하인이기만 한 것이 아니라 준 것을 당당히 받아야만 하는 주인이기도 하다.

내 것을 가져간 그들에게서 내가 돌려받는 것은 당연한 것이다.

내가 구원받기 위해서는 그들이 행복하고 그들이 가진 것만 많아져야 하는 것이 아니라 나도 행복해야 하고 내가 가진 것도 많아져야 한다.

나를 부자로 만들어주고 천국에 가게 해 줄 하나님이 따로 있는 것이 아니라 내 것을 받은 그들이 나를 그렇게 만들어 주어야 하는 것이다.

그들이 내게서 가져간 것은 아무 가치가 없는 것이 아니다.

세상 무엇보다 귀한 것이다.

그냥 주기만 하고 돌려받지 않아도 되는 것이 아니다.

받기만 하고 돌려주지 않아도 상관없는 것이 아니다.

그게 당연한 것이 아니다.

심은 것을 거두는 것은 결코 나쁜 것이 아니다.

거저 가져가게 해서는 안 된다.

그들이 진짜 좋은 하인이 되려면 내게서 가져간 1달란트를 2달란트로 돌려주어야 하고 그들이 진짜 보화가 감추어진 밭의 주인이라면 내게서 가져간 소유를 보화가 감추어진 밭으로 돌려주어야 하고 그들이 진짜 좋은 교회가 되려면 내게서 가져간 헌금을 천국으로 돌려주어야 한다.

그렇지 않으면 그들은 좋은 하인이 아니며 보화가 감추어진 밭의 주인이 아니며 좋은 교회가 아니다. 그런 그들에게는 절대로 내 1달란트를 주면 안 되고 내가 가진 소유를 주면 안 되고 헌금을 주면 안 된다.

아무리 예수를 믿어도 내가 1달란트를 준 하인에게서 2달란트를 받지 못하면 가지 못하는 곳이고 내가 소유를 준 밭주인에게서 보화가 감추어진 밭을 받지 못하면 가지 못하는 곳이고 내가 헌금을 준 교회로부터 천국을 받지 못하면 가지 못하는 곳이다. 그리고 내게 1달란트를 준 주인에게 2달란트로 돌려주지 않으면 가지 못하는 곳이고 내게 소유를 준 사람에게 보화가 감추어진 밭으로 돌려주지 않으면 가지 못하는 곳이고 내게 헌금을 준 사람에게 천국으로 돌려주지 않으면 가지 못하는 곳이다.

천국이 따로 있는 것이 아니라 2달란트를 돌려받으면 그게 곧 천국인 거고 보화가 감추어진 밭을 돌려받으면 그게 곧 천국인 거고 헌금을 천국으로 돌려받으면 그게 곧 천국인 거다. 살아서는 천국에 갈 수 없고 예수를 믿어서 죽은 다음에야 갈 수 있는 곳이 천국이 아니라 하나님이 내게 준 것으로 살아있는 동안 천국을 찾으면 그게 곧 천국인 거다.

세상에 1달란트만 있고 2달란트가 없는 것이 아니다. 세상에 내가 가진 소유만 있고 보화가 감추어진 밭이 없는 것이 아니다. 살아서는 2달란트를 얻을 수 없고 죽어야만 얻을 수 있는 것이 아니고 살아서는 보화가 감추어진 밭을 얻을 수 없고 죽어야만 얻을 수 있는 것이 아니다.

세상에 나발만 있고 다윗이 없는 것이 아니며 세상에 아담만 있고 예수가 없는 것이 아니며 지옥만 있고 천국이 없는 것이 아니다.

원래는 예수를 줄 거였는데 죄인이어서 사는 동안에는 아담만 준 것이 아니고 원래는 다윗만 줄 거였는데 죄인이어서 나발만 준 것이 아니고 원래는 천국을 줄 거였는데 죄인이어서 지옥만 준 것이 아니다.

그래서 사는 동안에는 아담만 만나고 나발만 만나고 지옥만 만나다가 죽게 되면 그때서야 다윗을 만나고 예수를 만나고 천국을 만나고 하나님을 만나게 되는 것이 아니다. 살아있는 동안 만나야 하는 것이다.

세상에 아담만 있어서 예수를 선택할 수 없는 것이 아니다.

세상에 나발만 있어서 다윗을 선택할 수 없는 것이 아니고 지옥만 있어서 천국을 선택할 수 없는 것이 아니다.

있는데도 내가 선택하지 않은 것이다.

교회는 사람이 죄인이 아니었으면 2달란트를 받았을 텐데 죄인이어서 절대로 받아서는 안 되는 1달란트만 받은 것이라 한다. 죄인이 아니었으면 보화가 감추어진 밭을 받았을 텐데 죄인이어서 받아서는 안 되는 작은 소유만 받은 것이라 한다. 죄인이 아니었으면 천국을 받았을 텐데 죄인이어서 절대로 받아서는 안 되는 지옥만을 받은 것이라 한다.

그리고 지금 받은 것은 나쁜 것이라 한다. 그래서 버리라 한다. 그리고 교회 다니고 예수 믿으라 한다. 그러면 죽은 다음에 부족한 1달란트가 아닌 제대로 된 2달란트를 받고 작은 소유가 아닌 보화가 감추어진 밭을 받고 지옥이 아닌 천국을 받을 수 있을 것이라 한다.

하지만 사람이 죄인이라서 2달란트를 주지 않은 것이 아니고 보화가 감추어진 밭을 주지 않은 것이 아니고 천국을 주지 않은 것이 아니다.

사람이 죄인이라서 2달란트를 가질 수 없고 1달란트만 가져야 하는 것이 아니고 사람이 죄인이라서 보화가 감추어진 밭은 가질 수 없고 보화가 감추어진 밭이 아닌 것만 가지고 있어야 하는 것이 아니다.

사람은 원치 않는데 사람이 죄인이라서 하나님이 사람에게 거두지는 못하게 하고 받기만 하는 하인을 내려 보내 죽을 때까지 오로지 그들을 섬기게 한 것이 아니고 사람이 죄인이라서 뿌린 것을 거두지는 못하게 하고 받기만 하는 교회를 내려 보내 그들을 섬기게 한 것이 아니다.

사람이 교회에 바치고 또 바쳐야 하는 것은 죄인이기 때문이 아니다.

사람이 죄인이라서 주고 또 주고 계속 주기만 해야 하는 것이 아니다.

그들이 주지는 않고 받기만 하려는 사람을 선택했기 때문이다.

사람이 죄인이라서 죽을 때까지 1달란트를 주기만 하고 2달란트를 받지 못하는 것이 아니고 죽을 때까지 자기가 가진 것을 모두 바치기만 하고 보화가 감추어진 밭을 받지 못하는 것이 아니라 그들이 주지는 않고 받기만 하려는 하인을 선택했기 때문에 주기만 하고 받지는 못하는 것이고 그들이, 보화가 감추어진 밭을 줄 수 있는 사람이 아니라 오로지 그 사람이 가진 것만을 탐내는 사기꾼을 선택했기 때문에 그들에게 자기가 가진 것을 다 주고도 보화가 감추어진 밭을 받지 못하는 것이다.

1달란트와 2달란트는 둘이 아니고 내가 가진 소유와 보화가 감추어진 밭이 둘이 아니고 내 삶과 천국이 둘이 아니다. 내가 가진 1달란트가 곧 2달란트가 될 수 있고 내가 가진 작은 소유가 곧 보화가 감추어진 밭이 될 수 있고 내게 주어진 삶이 곧 천국이 될 수 있기 때문이다.

그래서 천국에 가기 위해서는 지금 내가 가지고 있는 모든 것을 다 버리고 오로지 죽을 때까지 예수만 믿으면서 천국에 가게 되기를 바라면 되는 것이 아니라 살아있는 동안 내게 주어진 것으로 최선을 다해 천국을 만들고 내게 천국을 돌려 줄 사람들을 만들어야 하는 것이다.

사람이 죄인이 아니었으면 2달란트를 받았을 텐데 죄인이라서 2달란트를 받지 못하는 것이 아니고 보화가 감추어진 밭을 받지 못하는 것이 아니고 파지 말아야 할 끝이 없는 웅덩이를 파고 있어야 하는 것이 아니고 구원을 받지 못하는 것이 아니고 천국에 가지 못 하는 것이 아니다.

사람이 2달란트를 받지 못하고 보화가 감추어진 밭을 받지 못하고 구원을 받지 못하고 천국에 가지 못 하는 것은 죄인이기 때문도 아니고 하나님이 주지 않거나 막았기 때문도 아니다.

사람이 어리석어서 스스로 그 길을 택하기 때문이다.

"내 백성이 두가지 악을 행하였나니 곧 생수의 근원되는 나를 버린 것과 스스로 웅덩이를 판 것인데 그것은 물을 저축치 못할 터진 웅덩이니라. 이스라엘이 종이냐, 씨종이냐, 어찌하여 포로가 되었느냐."(렘2;13,14)

"스스로 속이지 말라. 하나님은 만홀히 여김을 받지 아니하시나니 사람이 무엇으로 심든지 그대로 거두리라. 자기의 육체를 위하여 심는 자는 육체로부터 썩어진 것을 거두고 성령을 위하여 심는 자는 성령으로부터 영생을 거두리라. 우리가 선을 행하되 낙심하지 말지니 피곤하지 아니하면 때가 이르매 거두리라."(갈 6:7~9)

심은 대로 거두리라

모든 사람이 다 아담의 후손이라서 2달란트를 돌려받은 사람이나 못 받은 사람이나 다 똑같이 지옥에 가는 것이 아니고 예수 믿지 않으면 보화가 감추어진 밭을 사나, 못 사나 똑같이 지옥에 가는 것도 아니다.

사람이 지옥에 가는 것은 날 때부터 죄인이기 때문이 아니다.

그가 잘못된 선택을 했기 때문이다.

사람이 죄인이라서 교회에 헌금을 주기만 해야 하는 것이 아니다.

부모가 죄인이라서 자식에게 주기만 하는 것이 당연한 것이 아니다.

사람이 교회에 헌금을 주기만 하고 아무 것도 돌려받지 못하는 것은 그가 죄인이기 때문이 아니다. 부모가 자식에게 주기만 하고 아무 것도 돌려받지 못하는 것도 그가 죄인이기 때문이 아니다. 돌려주는 교회를 못 만났기 때문이고 돌려주는 자식을 못 만났기 때문이다.

교회는 돌려받기를 바라지 말고 베풀라고 하지만 그것은 돌려주기 싫은 거짓된 사람의 말장난일 뿐이다. 세상에는 돌려받기를 바라지 않고 베풀어도 되는 것이 있고 반드시 돌려받지 않으면 안 될 것이 있다.

준 모든 것을 다 돌려받아야 되는 것도 아니지만 준 모든 것을 다 돌려받지 않아도 되는 것도 아니다. 돌려받지 않아도 되는 몇몇 사소한 깃들은 가끔 돌려받기를 바라지 않고 줄 수도 있지만 목숨이 걸린 몇몇 것들은 반드시 돌려받아야만 하고 아무에게나 함부로 주면 안 되는 것이다.

주지도 않고 받기만을 바라는 것도 욕심이고 받기만 하고 돌려주지 않는 것도 욕심이지만 준 것에 대한 결실을 다시 받고 받은 것에 대한 결실을 다시 돌려주는 것은 잘못된 것이 아니라 지극히 당연한 것이다.

교회는 사람이 죄인이어서 심어도 돌려받을 수 없다고 한다.

그저 예수 믿으면 죽은 다음에 받을 수 있게 된다 한다.

하지만 성경은 그렇게 말하지 않는다.

성경은 살아있을 때는 못 받고 죽은 다음에 받는 이야기가 아니다.

내가 심어서는 못 받고 예수가 주어야만 받는 이야기가 아니다.

살아있을 때 받는 이야기고 내가 심은 것을 내가 받는 이야기다.

성경에, 심은 대로 거둔다는 말이 있다.

"우리가 선을 행하되, 낙심하지 말찌니 피곤하지 아니하면 때가 이르매 거두리라."(갈 6;9)

심은 것을 거두는 것은 결코 나쁜 일이 아니다. 심는 것은 거두기 위해 심는 것이지 벌 받기 위해 심는 것이 아니다.

심은 것을 거두는 사람은 안 거두어도 되는데 다른 사람에게 착하게 보이기 위해서 거두는 것이 아니라 그것으로 추운 겨울에 먹고 살아야 하기 때문에, 그것이 없으면 안 되기 때문에 거두는 것이다.

그래서 반드시 거두어야만 하는 것이다.

천국도 마찬가지다. 천국은 심지 않고 거두려는 사람의 몫이 아니다.

심고 거두지 못하는 사람의 몫도 아니다.

교회에 돈만 바치고 천국에는 가지 않아도 괜찮다는 사람이 있을까?

내가 준 헌금을 교회가 천국으로 돌려주기를 바라지 않고 지옥에 가도 상관없다는 마음으로 교회에 바치기만 해도 괜찮다는 사람이 있을까?

물론, 그럴 리가 없다.

교회에 헌금을 주는 사람들은 모두, 천국에 안 가도 그만이라고 생각하는 사람들이 아니라 반드시 천국에 가고 싶은 사람들이다.

누가 지옥에 가도 상관없다고 생각하고 바치겠는가.

결국 모두 천국가기 위해 바치는 것이다.

그렇다면 그렇게 주기만 해서는 안 되는 것이다.

아무 것도 바라지 않고 무조건 주기만 해서는 안 된다.

줄 때, 확실히 따져봐야 한다.

이 사람이 과연 그것을 천국으로 돌려줄 수 있는 사람인지 말이다.

만일 돌려주지 않을 거라면 그에게는 아무 것도 주어선 안 된다.

교회는 헌금을 당연히 돌려줄 필요가 없는 것으로 알고 있다.

하지만 그것은 그냥 받아서는 안 되고 반드시 돌려주어야만 하는 것이다. 돌려줄 생각이 없다면 절대로 받아선 안 되는 것이다.

자기가 가진 소유를 주고 보화가 감추어진 밭을 사는 사람은 돌려받기를 바라지 않고 밭주인에게 소유를 주는 것이 아니다.

준 것보다 훨씬 더 가치가 있는 것으로 돌아온다는 확신이 있기 때문에 주는 것이다. 그것이 무엇인지 확실히 알기 때문에 주는 것이다.

만일 조금이라도 보화가 감추어진 밭을 얻을 수 없다는 생각이 든다면 그는 절대 자기 소유를 누구에게도 주지 않을 것이다.

천국도 그렇게 얻는 것이다.

내가 가진 소유와 내가 얻을 천국이 아무 상관이 없는 것이 아니다.

내가 가진 소유가 곧 내가 갖고 싶은 천국을 살 수 있는 자금이다.

내가 가진 소유를 아무 것도 바라지 않고 교회에 다 주고 나면 나도 모르는 하나님이 와서 내게 천국을 주는 것이 아니다.

내가 가진 소유를 다 교회에 주면 나는 본 적도 없는 하나님이 나를 착하게 생각해 공짜로 천국에 보내주는 것이 아니라 내가 가진 소유를 다 가져간 교회가 내게 천국을 주어야 하는 것이다.

그렇지 않다면 거기에 내가 가진 소유를 주어서는 안 되는 것이다.

내 천국은 남이 거두어 주는 것이 아니라 오직 내가 거두는 것이다.

그러기 위해서는 천국을 내게 줄 수 있는 사람을 만날 때까지 내 소유는 누구도 주지 않고 내가 가지고 있어야 한다.

교회에 주면 안 된다. 누구에게도 그냥 주면 안 된다.

그것으로 천국을 사야 하기 때문이다.

심은 것을 거두지 못하는 세상은 나쁜 세상이다. 잘못된 세상이다.

노력에 대한 정당한 대가를 주지 않는 사람도 나쁜 사람이다. 심은 것을 거두지 못하는 사람은 착한 사람이 아니라 멍청한 사람이다.

요즘은 자식이 있어도 노년이 쓸쓸하고 말년이 비참하다.

자식이 있으나 없으나 다를 것이 없다.

그리고 세상이 그러니 자식에게 기대면 안 된다고 한다.

하지만 있으나 없으나 똑같다면 차라리 없는 게 더 낫다.

교회는 교회에 낸 헌금을 돌려받기를 바라는 것은 나쁜 것이라 한다.

자식에게 그들을 키운 보답을 받기를 바라는 것은 욕심이라 한다.

베풀기만 하고 받기를 바라서는 안 된다고 한다.

하지만 그것은 잘못된 것이다. 잘못 돌아가는 것이다.

그렇게 말하는 사람은 절대 베풀기만 하는 사람이 아니다.

돌려주지는 않으면서 받기만 하는 사람이다.

자기는 그렇게 하지 않으면서 남이 받기 바라지 않고 베푸는 것을 받아먹기만 하기 위해 다른 사람들에게만 그렇게 말하는 것이다.

그들에게 주는 것은 결코 착한 일이 아니다. 가치 있는 일이 아니다.

그들에게 주는 것은 아무 것도 돌려받을 수 없기 때문이다.

준 것을 받는 것은 날숨이 있으면 들숨이 있는 것처럼 당연한 거다.

죄인이라서 숨을 내쉬기만 해야 하는 것이 아니다.

반드시 들이마시기도 해야 한다.

그걸 포기 하면 결국 죽을 수밖에 없기 때문이다.

나 죽고 나서 천국이 무슨 소용인가.

다시 한 번 말하지만, 2달란트 못 받아도 예수만 믿으면 천국 가고 2달란트 안 돌려줘도 예수만 믿으면 천국 가는 것이 아니다.

보화가 감추어진 밭을 못 받아도 예수만 믿으면 천국 가고 보화가 감추어진 밭을 안 돌려줘도 예수만 믿으면 천국 가는 것이 아니다.

예수 안 믿어서 가는 지옥이 따로 있는 것이 아니라 받아야 할 2달란트를 못 받고 보화가 감추어진 밭을 못 받으면 그게 곧 지옥인 거고 예수 믿어서 가는 천국이 따로 있는 것이 아니라 2달란트를 받으면 그게 곧 천국이고 보화가 감추어진 밭을 받으면 그게 곧 천국인 거다.

그리고 2달란트를 주든 말든 무조건 예수 안 믿으면 지옥 가고 믿으면 천국 가는 것이 아니라 아무리 예수 안 믿어도 1달란트를 준 주인에게 2달란트를 돌려줄 수 있으면 천국 가는 것이고 아무리 예수 믿어도 1달란트를 받기만 하고 2달란트를 안 돌려주면 지옥 가는 거다. 아무리 예수 안 믿어도 보화가 감추어진 밭을 밭 값을 치른 사람에게 돌려줄 수 있으면 천국 가는 것이고 아무리 예수 믿어도 그 사람이 주는 소유를 받기만 하고 보화가 감추어진 밭을 돌려주지 않으면 지옥 가는 거다.

세상이 좋아지기 위해서는 교회 다니고 예수 믿는 사람이 많아져야 하는 것이 아니다. 착하게 사는 사람이 많아져야 하는 것이다.

교회는 사람이 아담의 후손이 아니었으면 지옥에 안 갔겠지만 아담의 후손이기 때문에 어떻게 살아도 지옥에 갈 수밖에 없다고 한다.

아담의 후손은 절대 천국에 갈 수 없다고 한다.

예수를 믿어야만 천국에 갈 수 있는 것이라 한다.

하지만 성경은 그렇게 말하지 않는다.

주인이 아담의 후손이 아니었으면 하인에게서 2달란트를 받았을 텐데 아담의 후손이어서 받아야 할 2달란트를 못 받게 된 것이 아니다.

사람이 아담의 후손이 아니었으면 하나님이 지옥에 안 보냈을 텐데 아담의 후손이어서 어떻게 살아도 무조건 지옥에 보내는 것이 아니다.

주인이 예수를 믿었으면 하인이 2달란트를 주었을 텐데 안 믿어서 안 주는 것이 아니다. 사람이 예수를 믿었으면 하나님이 지옥에 안 보낼 텐데 예수를 안 믿어서 지옥에 보내는 것도 아니다.

주인이 2달란트를 받지 못하는 것은 아담의 후손이기 때문이 아니라 그에게 2달란트를 주지 않으려는 나쁜 하인을 만났기 때문이고 사람이 지옥에 가는 것도 아담의 후손이기 때문이 아니라 그에게 헌금을 받기만 하고 천국을 돌려주지 않으려는 나쁜 교회를 만났기 때문이다.

하나님이 세상에 2달란트를 만들어놓지 않아서 주인이 아무리 가지고 싶어도 가질 수 없는 것이 아니고 하나님이 세상에 천국을 만들어놓지 않아서 사람이 아무리 가지고 싶어도 가질 수 없는 것이 아니다.

하인이 주인에게 2달란트를 주지 않기 때문에 가질 수 없는 것이고 교회가 사람에게 천국을 주지 않기 때문에 가질 수 없는 것이다.

주인이 2달란트를 돌려받고 못 받고는 그가 아담의 후손이냐, 아니냐, 예수를 믿느냐, 안 믿느냐에 따라 결정되는 것이 아니다.

처음부터 주인의 선택이나 의지와 상관없이 2달란트를 받을 사람과 받지 못할 사람이 결정되는 것이 아니라 그가 2달란트를 돌려줄 착한 하인을 선택하면 2달란트를 받는 것이고 선택하지 않으면 못 받는 것이다.

사람도 마찬가지다.

사람이 죄인이라서 끊임없이 교회에 바치기만 해야 하는 것이 아니다.

끊임없이 가져가기만 하는 하인을 하나님이 보낸 것이 아니다.

끊임없이 가져가기만 하는 교회를 하나님이 보낸 것이 아니다.

어리석은 사람이 그런 하인을 선택하고 그런 교회에 속는 것이다.

사람이 천국에 가고 못 가고는 그가 아담의 후손이냐, 아니냐, 예수를 믿느냐, 안 믿느냐에 따라 결정되는 것이 아니다.

처음부터 사람의 선택이나 의지와 상관없이 천국에 갈 사람과 가지 못 할 사람이 결정되는 것이 아니라 그가, 그에게 천국을 돌려줄 착한 교회를 선택하면 천국에 가는 것이고 끊임없이 그에게서 가져가기만 하고 돌려주지 않는 못된 교회를 선택하면 결국 못 가는 것이다.

"내 백성이 두가지 악을 행하였나니 곧 생수의 근원되는 나를 버린 것과 스스로 웅덩이를 판 것인데 그것은 물을 저축지 못할 터진 웅덩이니라."(렘2;13)

베데스다의 38년 된 병자

베데스다연못가에 38년 된 병자가 있었다.

그는 스스로는 나을 수 없는 병에 걸렸다 생각하고 물이 솟아오를 때 첫 번째로 뛰어들면 병이 낫는다는 소문을 믿고 거기에 있었던 것이다.

그러나 아무도 그를 물에 첫 번째로 넣어주는 이가 없어 그는 단 한 번도 첫 번째로 베데스다에 뛰어들지 못했다.

그래서 병을 고칠 수 없었다.

그러다 예수가 그를 보고 일어나 네 자리를 들고 걸어가라, 하니 그가 일어나 걸어서 베데스다를 나갔다.

예수는 병으로 인해 스스로의 힘으로는 일어나서 걸을 수 없는 사람을 일어나서 걷게 한 게 아니다.

충분히 일어나서 걸을 수 있는데도 그를 주저앉히려는 사람들의 말에 속아 그럴 수 없다고 생각하는 사람을 일어나 걷게 한 것이다.

예수는 죄로 인해 스스로의 힘으로는 천국에 갈 수 없는 사람을 천국에 가게 하는 것이 아니다.

충분히 천국에 갈 수 있는데도 그를 주저앉히려는 사람들의 말에 속아 갈 수 없다고 생각하는 사람을 천국에 가게 해 주는 것이다.

죄인이기 때문에 누군가 걷게 해주지 않으면 절대로 스스로 걸을 수 없는 사람을 그가 걷게 해 준 것이 아니다.

죄인이기 때문에 누군가 천국에 보내주지 않으면 절대로 스스로 천국에 갈 수 없는 사람을 그가 천국에 갈 수 있게 해 준 것이 아니다.

충분히 스스로의 힘으로 혼자서 걸을 수 있고 천국에 갈 수 있는데도 걸으면 안 된다고 생각하는 사람, 천국에 가면 안 된다고 생각하는 사람에게, 그렇지 않다, 너는 충분히 걸을 수 있고 천국에 갈 수 있다, 그리고 반드시 그렇게 해야만 한다는 사실을 일깨워 준 것이다.

교회는 병자는 병이 깊어서 일어나서 걸을 수 없고 다른 사람의 도움 없이는 절대로 병이 나을 수 없다 한다. 사람은 죄가 있어서 지옥에 갈 수밖에 없고 다른 사람의 도움 없이는 천국에 갈 수 없다 한다.

병자는 절대로 베데스다를 떠나서는 안 된다고 강요받는다. 죄인은 절대로 교회를 떠나서는 안 된다고 강요받는다.

그러면 지옥에 간다고 세뇌 당한다.

하지만 그것은 사실이 아니다.

처음부터 스스로 일어나 걸을 수 없는 것이 아니다.

스스로 일어나 천국에 갈 수 없는 것도 아니다.

스스로 일어나 걸어서는 안 되는 것도 아니다.

스스로 일어나 천국에 가서는 안 되는 것도 아니다.

베데스다가 없어도 스스로 일어나 걸을 수 있고 일어나 걸어야만 하고 교회가 없어도 천국에 갈 수 있고 반드시 그렇게 해야만 한다.

베데스다에 첫 번째로 뛰어들지 않으면 병이 낫지 않는 것이 아니다.

그리고 예수를 믿지 않으면 천국에 가지 못하는 것도 아니다.

그 모든 것은 다 거짓말이다.

베데스다에 가장 먼저 뛰어들 수 있는 사람만이 구원을 받을 수 있고 그 외의 나머지는 아무도 구원을 받지 말아야 하는 것이 아니다.

이미 모든 사람들은 구원받아서 얼마든지 베데스다를 떠나서 살아도 되는 상태임에도 불구하고 베데스다에 가장 먼저 뛰어들지 않으면 구원받지 않은 상태라 생각하기 때문에, 이미 구원받았다는 것을 모르고 아직 구원받았다고 생각하지 않기 때문에 오래전에 떠났어야 할 구원받지 못한 그 자리를 떠나지 못하고 사는 것이다.

병이 낫지 않은 사람이 가장 먼저 뛰어들어서 병이 낫게 되는 것이 아니라 다만 알지 못하고 있었을 뿐, 뛰어들지 않아도 이미 모든 사람이 다 병이 나아 있었던 것이고 천국에 갈 수 없던 사람이 예수를 만나서 천국에 갈 수 있게 되는 것이 아니라 다만 알지 못하고 있었을 뿐, 예수를 만나기 전에도 이미 모든 사람은 다 천국에 갈 수 있었던 것이다.

교회는 예수가 38년 된 병자를 고쳐주었다 한다.

하지만 병자를 고친 것은 예수가 아니다.

지독한 병으로 베데스다 연못에 절대로 첫 번째로 뛰어드는 것이 불가능한 병자를 예수가 그의 힘으로 첫 번째로 뛰어들 수 있게 해 준 것이 아니다. 지독한 죄로 인해 절대로 천국에 들어갈 수 없는 사람을 그의 힘으로 들어갈 수 있게 해 준 것이 아니다.

그가 보여준 기적은 그런 것이 아니다.

아프지 않아도 태어날 때부터 모든 사람이 다 병자여서 베데스다에 첫 번째를 뛰어들기 전까지는 절대 병이 나을 수 없는 것이 아니다.

죄를 짓지 않아도 태어날 때부터 모든 사람이 다 죄인이어서 예수를 믿기 전까지는 모든 사람이 다 죄인으로 살아야만 하는 것이 아니다.

베데스다의 병자가 한 번만 아파도 다시는 건강한 사람이 될 수 없고 영원히 병자여야만 하는 것이 아니고 사람이 한 번만 나쁜 생각을 해도 다시는 좋은 사람이 될 수 없고 영원히 죄인이어야만 하는 것도 아니다.

그가 병자의 후손이어서 처음부터 병자였던 것이 아니고 사람이 죄인의 후손이어서 처음부터 죄인이었던 것도 아니다.

그래서 그가 베데스다에 첫 번째로 뛰어들기 전까지는 꼼짝없이 병자로만 살아야만 하는 것이 아니고 사람이 예수를 믿어 구원을 받기 전까지는 꼼짝없이 죄인으로만 살아야만 하는 것이 아니다.

베데스다에 첫 번째로 뛰어들어야만 병에 낫는 것이 아니라 베데스다에 첫 번째로 뛰어들지 않아도 그는 이미 병자가 아니며 예수를 믿어야만 죄인이 아닌 것이 아니라 믿지 않아도 사람은 이미 죄인이 아니다.

예수는 그걸 가르쳐주고자 하는 것이다.

예수는 베데스다의 물이 솟구칠 때 첫 번째로 뛰어들 생각뿐이던 38년 된 병자에게 베데스다 안에서 그가 앉아 있던 자리를 들고 가라 한다.

병자가 베데스다 안에 지정되어 있는 자리를 중심으로 살아야만 병이 나을 수 있는 것이 아니듯 사람도 교회 안에 지정되어 있는 예수를 중심으로 살아야만 병이 나을 수 있는 것이 아니다.

나보다 내 자리가 더 중요해서 움직이지 않는 자리를 중심으로 나도 움직이지 말아야 하고 나보다 예수가 더 중요해서 움직이지 않는 예수를 중심으로 나도 움직이지 말아야 하는 것이 아니라 나를 중심으로 내 자리가 움직이고 나를 중심으로 예수도 움직여야 하는 것이다.

자리가 나를 구원해주는 것이 아니고 예수가 나를 구원해주는 것이 아니다. 자리가 나를 위해 있어야 하는 것이고 예수도 마찬가지다.

구원을 위해 내가 있는 자리를 활용하고 예수를 활용해야 하는 것이지 구원을 얻기 위해 영원히 그들을 섬기며 살 필요는 없는 것이다.

벌거벗었으나 부끄러워하지 않더라

사람의 보편적인 삶은 잘못된 것이 아니다.

부끄러워하지도 않고 다치지도 않고 늙지도 않고 죽지도 않고 영원히 살았을 사람이 지은 죄 때문에 부끄러워하게 되고 늙게 되고 죽게 되는 것이 아니다. 사람들이 그것을 싫어해서 없기를 바라는 것일 뿐 부끄러워하는 것도 다치는 것도 늙는 것도 죽는 것도 다 없어야 하는데 죄를 지어서 생긴 것이 아니라 필요하기 때문에 있는 것이다.

교회는 사람의 소소한 감정과 삶을 다 나쁜 것이라 한다.

서로 사랑해서 결혼하는 것도 나쁜 것이라 한다.

오로지 예수와 하나님을 위해서 살아야 하는 것이라 한다.

그래서 서로 생전 처음 보는 두 남녀를 제멋대로 부부로 엮어 한방에 몰아넣고 교회가 그런다. 아담과 여자가 벌거벗고도 부끄러워하지 않은 것처럼 너희도 그러라고. 그것은 부끄러워할 일이 전혀 아니라고. 아름다운 일이라고. 다른 사람들이 틀린 거라고. 성경에 나와 있다고.

그렇게 교회는 아담과 여자가 그랬듯 너희도 부끄러워하지 말아야 한다고 한다. 그들에게는 부끄러워하는 것은 나쁜 것이다. 잘못된 것이다.

그래서 남들은 부끄러워할 일을 전혀 부끄러워하지 않고 아무렇지도 않게 한다. 자신들이 성경처럼 살고 있다고 믿으면서 말이다.

하지만 아담과 여자가 제대로 산 사람들이 아니고 그들도 마찬가지다.

교회가 아담과 여자가 잘한 일을 그대로 본받고 있는 것이 아니라 잘못한 일을 그들이 그대로 따라하고 있는 것이다.

교회는 아담과 여자가 먹어서는 안 될 실과를 먹기 전에는 제대로 살다가 실과를 먹은 이후에 잘못 살게 된 것이라 한다.

하지만 그것은 사실이 아니다. 오히려 그 반대다.

먹어서는 안 될 실과를 먹기 전에는 나쁜 짓도 많이 하면서 막 살다가 먹은 이후부터 제대로 살기 시작한 것이다. 어떤 짓을 해도 자기는 죽지 않는다고 생각할 때는 중앙선도 침범하고 역주행도 하고 속도위반도 하면서 함부로 살다가 실과를 먹고 그렇게 살면 죽게 된다는 걸 알게 되면서 그렇게 살지 않고 제대로 살아야겠다고 마음을 고쳐먹은 것이다.

선악을 알게 된다는 것은 결코 나쁜 것이 아니다.

어떤 것이 옳고 그른지를 알게 해 주는 것이기 때문이다.

그들이 부끄러워하지 않은 것은 그들이 하는 짓이 전혀 부끄러워하지 말아야 할 일이어서가 아니라 그것이 부끄러워해야 할 짓이라는 것을 모를 만큼 어리석고 뻔뻔하기 때문이다.

부끄러워할 줄 알았던 옛날 사람이 더 나쁜 사람이고 부끄러워할 줄 모르게 된 지금 사람이 더 좋은 사람이 된 것이 아니다. 똑같은 일을 하면서 처음에 부끄러워하던 사람이 더 나쁜 사람이고 나중에 부끄러워하지 않는 사람이 더 좋은 사람인 것이 아니다. 부끄러워하는 아이가 더 나쁜 사람이고 부끄러워하지 않는 어른이 더 좋은 사람인 것이 아니고 부끄러워하는 시골 사람이 더 나쁜 사람이고 부끄러워할 줄 모르는 도시 사람이 더 좋은 사람인 것도 아니다.

부끄러움은 당당함만큼이나 귀한 가치다.

부끄러워하는 것은 나쁜 것이 아니다.

모든 일에, 모든 때에 다 부끄러워하지 말아야 하는 것이 아니다.

사람이기 때문에 반드시 부끄러워해야 할 때가 있다.

그 일을 처음하거나 그래도 아직 순수한 사람이기 때문에 느끼는, 나중에 그때와 똑같은 순간에도 부끄럽지 않을 때가 되어 그때를 회상하면 그때가 정말 좋았다고 생각할 수 있는 귀한 감정이다.

사랑하는 사람을 처음 만났을 때 부끄러워하는 것은 아직 어리고 순수하다는 뜻이고 나쁜 짓을 했을 때 부끄러워하는 것은 그래도 아직 아주 나쁜 사람은 아니라는 뜻이기 때문이다.

처음부터 잘하는 사람은 아무도 없다.

좋은 일도 나쁜 일도 다 마찬가지다.

처음에는 다 서툴고 다 떨린다.

그래서 부끄러워하지 않고 잘하는 데는 시간과 연습이 필요하다.

그리고 그 과정 하나하나가 다 소중하다.

잘하게 된 그 순간만 중요한 게 아니다.

이미 완성된 그 상태만 중요한 게 아니다.

부끄럽지 않게 된 마지막 그 순간만 중요한 게 아니다.

그렇게 되기까지의 과정도 중요한 것이다.

부끄러워하는 것은 나쁘고 부끄러워하지 않는 것만 좋은 것이 아니다.

사랑하는 사람의 손을 잡는데도 처음에는 부끄럽다.

처음부터 전혀 부끄럽지 않다면 그건 사람이 아니다.

짐승이다.

처음에는 부끄러워하면서 말을 걸고 손을 잡기 시작하는 것이다.

그런데 그게 또 좋은 거다.

그렇게 시간이 흘러야 비로소 같은 순간에 부끄럽지 않을 수 있다.

그런데 부끄러워한 그때가 안 좋았던 때냐 하면 그게 아니다.

그 순간은 평생 다시 올 수 없는 귀한 순간인 것이다.

그런데 교회는 아담과 여자가 벌거벗었으나 부끄러워하지 않더라, 하는 한 구절을 읊으면서 부끄러워하는 것을 나쁜 것으로 규정하고 그 모든 과정을 다 생략하고 가장 마지막 일을 가장 먼저 시키면서 처음부터 부끄러워하지 말아야 한다고 강요한다.

그런데 또 사람들은 그게 옳다고 믿고 그렇게 한다.

당연히 부끄러워해야 할 순간에 부끄러워하지 않으려 한다.

전혀 그럴 수가 없는데 말이다.

절대로 포기해서는 안 될 귀한 순간인데, 반드시 가져야 할 소중한 감정인데 가지면 안 되는 나쁜 것이라는 거짓말에 속아 건너뛴다.

그리고 자신이 성경대로 잘 했다고 생각한다. 그래서는 안 되고, 그럴 수도 없는 건데 교회가 그렇다니까 그런 줄 알고 말이다.

그렇게 살면 사람 아닌 삶을 사는 건데 그것도 모르고 말이다.

남보다 잘하고 있는 건 줄 알고 말이다.

태어날 때부터 더 자라지 않아도 되는 완벽한 어른이라면 그건 사람이 아니다. 처음부터 부끄럽지 않다면 그건 사람이 아니다. 로봇이다.

생명이 없는 로봇이나 그럴 수 있는 거다.

사람은 처음부터 어른으로 만들어지는 것이 아니라 조금씩 성장해가기 때문에 사람인 거다. 조금씩 부끄러워서 사람인 거다.

그런데 그게 또 좋은 거다.

부끄러워하는 것은 나쁘고 부끄러워하지 않는 것이 좋은 것이 아니다.

그리고 다치고 아프고 늙고 죽는 것은 나쁜 것이고 다치지 않고 아프지 않고 늙지 않고 죽지 않고 영원히 사는 것만이 좋은 것도 아니다.

어떤 상황에서도 죽을 일이 없다면 생명이 귀하다는 것을 어디서 확인

하겠는가. 누가 생명을 살리기 위해 그렇게 노력하고 애쓰겠는가.

방심하면 죽을 수 있기 때문에 생명에 그만큼 매달리는 것이 아닌가.

모든 것에는 다 때가 있고 이유가 있는 법이다.

다쳐야 할 때는 다쳐야 하고 늙어야 할 때는 늙어야 하고 죽어야 할 때는 죽어야 하고 부끄러워해야 할 때는 부끄러워해야 한다.

죽어야 할 상황에서 죽는 사람이 불행하고 어떤 상황에도 죽지 않는 사람이 행복한 사람인 것이 아니고 부끄러워하는 사람이 불행하고 어떤 상황에도 부끄러워하지 않는 사람이 행복한 사람인 것이 아니다.

영원히 살면 좋을 것 같지만 꼭 좋은 것만도 아니다.

사람이 죽지 않고 영원히 산다면 결국 세상이 늙어 죽을 것이고 해가 지지 않고 영원히 떠 있다면 세상이 타 죽을 것이기 때문이다.

지금, 귀한 사람은 부끄러워하지 않는 사람이 아니다.

영원히 죽지 않고 사는 사람이 아니다.

부끄러워하는 사람이고 죽는 사람이다.

부끄러워하는 사람이 나쁜 사람이고 부끄러워하지 않는 사람이 좋은 사람인 것이 아니다. 죽는 사람이 나쁜 사람이고 죽지 않는 사람이 그 좋은 사람이 아닌 것이 아니다. 오히려 그 반대다.

부끄러워해야 할 순간에 부끄러워할 줄 모르는 사람들이 너무 많다.

비리를 저지르고도 부끄러워할 줄 모르는 사람들이 너무 많다.

세상이 흉해질수록 부끄러움은 사라지고 뻔뻔함만 남는다.

순수할 때는 사람이 해서는 안 될 짓을 하다가 들키면 아주 사소한 일에도 부끄러워하지만 순수하지 않을 때는 아무리 나쁜 짓을 하다가 들켜도 부끄럽지 않고 재수 없게 걸렸다, 하며 오히려 뻔뻔해진다.

무수히 많은 사람들을 잔인하게 죽이고도 나쁜 사람은 결코 부끄러워하지 않는다. 오히려 뻔뻔하게 죽일 만 하니 죽였다 한다.

소돔에 사는 사람들이 부끄러워하지 않는 건 그것이 나쁜 짓이 아니어서가 아니다. 그 일이 부끄러운 일이라는 것을 모르기 때문이다.

교회에 다니는 사람이 부끄러워하지 않는 건 그것이 나쁜 짓이 아니어서가 아니다. 그 일이 부끄러운 일이라는 것을 아직 모르기 때문이다.

아직 선악을 알게하는 실과를 먹기 전이기 때문이다.

그게 좋은 일이 아니다.

나쁜 짓을 하면서 그것이 아직 탄로 나기 전일 뿐이기 때문이다.

반드시 죽어야 될 사람이 아직 죽기 전일 뿐이기 때문이다.

교회는 사람이 옷을 입는 것은 잘못된 것이고 벌거벗고 부끄러워하는 것도 잘못됐다고 한다. 원래 사람은 벌거벗고 살면서도 조금도 부끄러워하지 않았다고 한다. 그러다가 죄를 짓고 나서야 옷을 찾게 되고 벌거벗은 것을 부끄러워하게 되었다고 한다. 그래서 벌거벗고도 부끄러워하지 않던 때로 돌아가야 한다고 한다.

하지만 사람이 사람이기 시작할 때는 벌거벗었을 때부터가 아니라 옷을 입었을 때부터이고 벌거벗고도 부끄러워하지 않았을 때부터가 아니라 벌거벗은 것을 부끄러워하기 시작한 때부터다.

사람은 어떠한 상황에서도 하나님에게 가야지 교회에 가면 안 된다.

그들이 아무리 멋있고 잘났어도 하나님이 아니라면 가면 안 된다.

하나님이 남편이라면 교회는 남편 아닌 다른 남자이기 때문이다.

그들이 남편이 아니고 하나님이 아니라면 어떤 남자든 그들을 만나서도 안 되고 어울려서도 안 되고 그들에게 헌금을 주어서도 안 된다. 그들이 시킨다고 해서 하면 안 될 짓을 하는 것은 더더욱 안 된다.

그것은 하나님에 대한 간음이고 타락이고 우상숭배이기 때문이다.

간음이 따로 있는 것이 아니라 그게 바로 간음이고 우상숭배가 따로 있는 것이 아니라 그게 바로 우상숭배이기 때문이다.

그들은 자기들이 얼마나 나쁜 짓을 하는지 모른다.

그들이 하는 짓이 얼마나 부끄러워해야 할 일인지를 모른다.

그들은 부끄러워하는 것은 나쁜 것이라 한다.

그들은 부끄러워하는 것은 나쁜 것이니 아담과 여자가 실과를 먹기 전처럼 우리도 부끄러워하지 말자, 한다. 그러면서 나쁜 짓을 시킨다.

하지만 그들이 가장 먼저 알고 회복해야 할 감정이 있다면 그것은 바로 부끄러움이다.

부끄러움을 아는 다른 사람이 틀리고 부끄러움을 모르는 그들이 옳은 것이 아니다. 부끄러움을 아는 다른 사람은 죄인이라 지옥에 가고 모르는 그들은 죄인이 아니라 천국에 가는 것이 아니다.

그들은 부끄러워해야 한다.

정말 부끄러워해야 한다.

그들은 지금 절대로 해서는 안 될 일을 하고 있기 때문이다.

그들이 부끄러워하지 않는 이유는 그들이 죄가 없기 때문이 아니다.

죄에 무뎌졌기 때문이다.

그들은 교회에 가면서 부끄러워하지 않는다.

교회에 헌금을 하면서도 부끄러워하지 않는다.

절대로 먹지 말아야 할 실과를 먹고 절대로 믿지 말아야 할 것을 믿고 절대로 하지 말아야 할 일을 하면서도 부끄러워하지 않는다.

교회가, 내 남편이 아닌 사람 앞에서 벌거벗어라 하는 데도 부끄러운 줄을 모르고 벌거벗고, 내 의사와는 전혀 상관없이 알지도 못하고 본 적도 없고 내가 사랑하지도 않고 나를 사랑하지도 않는 사람을 데려와 남편으로 맺어주며 벌거벗어라 해도 부끄러워하지 않고 벌거벗는다.

발가벗겨져서 알몸으로 온 세상 앞에서 창피를 당하고 있는데도 그게 부끄러운 일인 줄 모르고 전혀 부끄러워하지 않는다.

다른 사람들을, 절대로 데려가서는 안 될 곳으로 끌고 가면서도 그게 전혀 부끄러운 일인 줄 모르고 조금도 부끄러워하지 않는다.

오히려 좋은 일을 하고 있다고 믿고 더욱 당당하다.

그들이 부끄러워하지 않는 것은 그것이 나쁜 일이 아니어서가 아니다.

그것이 나쁜 일이라는 것을 모르기 때문이다.

하지만 그들은 부끄러워할 수밖에 없을 것이다.

아담과 여자가 온갖 나쁜 짓을 다 하면서도 그게 부끄러운 짓인 줄 모르고 부끄러워하지 않고 살다가 선악을 알게 하는 나무의 실과를 먹고 비로소 자신들의 꼴이 어떤지 알게 되서 부끄러워 한 것처럼 만일 그들도 그들이 어떤 꼴을 하고 있는지, 어떤 일을 하고 있는지 알게 된다면 분명히 내가 왜 그런 짓을 했을까 하고 부끄러워할 수밖에 없을 것이다.

그리고 가슴을 치고 땅을 치며 울 수밖에 없을 것이다.

그들이 지금 어떤 꼴을 하고 있는지 진짜 알게 된다면 말이다.

"죄가 율법 있기 전에도 세상에 있었으나 율법이 없을 때에는 죄를 죄로 여기지 아니하노라."(롬5;13)

"너희가 그때에 무슨 열매를 얻었느뇨. 이제는 너희가 그 일을 부끄러워하나니 이는 그 마지막이 사망임이니라."(롬6;21)

제2부

예수는 한 사람이 아니다

예수가 오직 한 사람이어야 하는 것이 아니다.

좋은 것이 단 하나만 있어야 하고 좋은 일이 단 한 번만 있어야 하고 좋은 사람이 단 한 사람만 있어야 하는 것이 아닌 것처럼 말이다.

쉽지는 않겠지만 많으면 많을수록 좋은 것이다.

교회는, 과거에도 지금도 앞으로도 예수는 단 한사람뿐이라 한다.

그것도 몇 달 전이나 몇 년 전, 10년 전, 20년 전, 200년 전에 살던 사람도 아니고 2,000년도 더 지난 옛날에 왔던 사람이다. 기록만 있고 지금은 흔적도 없고 얼굴을 알고 있는 이가 아무도 없는 예수다.

그런데 그들에게는 그 전에도 그 후에도 그 말고 다른 예수가 없다.

그들에게는 오직 2,000여 년 전에 왔던 이스라엘에서 살았던 예수만이 예수고 그 이전에도, 이후에도, 앞으로 1,000년, 2,000년, 10,000년이 지나도 그가 다시 오지 않는 한 이 세상에 다른 예수는 없다.

오직 그를 믿어야만 구원을 얻고 지옥에 가지 않는다고 한다.

그 이후에는 다른 예수가 없다.

그렇게 2000년이 더 지났고 앞으로도 영원히 계속해서 그럴 것이다.

온 세상이 그렇게 한 사람의 예수에 춤을 춘다.

하지만 세상에 예수가 그 사람 한 사람뿐인 건 아니다.

지금은 예수가 없어서 그때의 예수만 믿어야 하는 것도 아니다.

예수는 언제나 있었고 세상 어디에나 있다.

그곳에만 예수가 있고 이곳에 예수가 없는 것도 아니다.

그리고 그때에만 있고 지금은 없는 것도 아니다.

그 예수가 간 이후에 다른 예수가 없었던 것도 아니다.

세상은 온통 예수로 가득차 있기 때문이다.

그는 다시 오지 않지만 그가 아닌 예수는 세상에 많다.

예수를 만나지 못하는 사람은 더 이상 그를 기다리지 않는 사람이 아니라 여전히 그를 기다리고 있는 사람이다.

오직 그가 알고 있는 예수가 다시 오기만 기다리는 사람은 영원히 예수를 만날 수 없지만 그가 이미 와 있다는 걸 알고 더 이상 기다리지 않는 사람은 얼마든지 옆에 와 있는 다른 예수를 만날 수가 있다는 것이다.

교회는, 세상에는 예수가 단 한 사람뿐이라고 한다.

하지만 세상에는 예수가 한 사람만 있는 것이 아니다.

내가 예쁜 사람이라고 해서 나 아닌 다른 사람은 예뻐선 안 되는 것이 아닌 것처럼, 하나님이 세상에 예쁜 꽃을 하나만 만든 것이 아니라 그 꽃 말고도 수없이 많은 꽃을 만든 것처럼 예수도 딱 한 사람만 만든 것이 아니라 그 말고도 수없이 많은 예수를 만들었기 때문에 그때 그곳에만이 아니라 언제 어느 곳이라도 예수는 있을 수 있는 것이다.

노아의 시대에는 노아가 예수지만 롯의 시대, 롯이 살던 곳에서는 노아가 아니라 롯이 예수고 2,000여 년 전에 이스라엘에서 살던 예수는 그때 그곳에 그와 함께 살던 사람을 구원하는 예수고 지금 이곳에 사는 사람을 구원하는 예수는 2,000여 년 전에 이스라엘에 살던 예수가 아니라 지금 이곳에 사는 사람들과 함께 사는 사람이라는 뜻이다.

그때의 예수를 안 믿는다고 해서 예수를 믿지 않는 것이 아니다.

어제의 문제가 다르고 오늘의 문제가 다르며 어제의 답이 다르고 오늘의 답도 다르듯이 어제의 예수와 오늘의 예수도 다른 것이다.

어제의 문제가 오늘의 문제가 될 수 없고 어제의 답이 오늘의 답이 될 수 없듯이 어제의 예수 역시 오늘에 와서는 예수가 될 수 없다.

따라서 언제 어디에나 있을 수 있지만 항상 그때 그곳에 왔던 그 예수만을 기다리는 사람들은 이번에 이곳에 올 예수를 알아보지 못할 것이다. 예수는 항상 같은 사람이 아니라 항상 다른 사람이기 때문이다. 그래서 그 예수가 다시 오기만을 기다리는 한, 그들은 다시는 예수를 만나지 못할 것이다. 항상 새로운 예수가 와 있기 때문이다. 예수의 시대에 노아가 다시 와서 세상을 구하고 롯이나 다윗이 다시 와서 세상을 구하는 것이 아닌 것처럼 한 번 왔던 예수는 다시 오지 않으며 그곳에 왔던 예수와 이곳에 오는 예수 또한 다른 것이다.

교회는 그때 그 예수가 다시 오기만을 기다린다.

그리고 그 예수를 예수로 인정하지 않는 사람을 어리석다 한다.

하지만 그들은 절대 오지 않는 예수를 기다리고 있는 것이다.

한 번 지나간 예수는 다시는 오지 않기 때문이다.

성경 속 세상은 지금은 없고 성경에만 있는 세상이 아니라 지금과 똑같은 세상이다. 성경 속 세상은 지금과 다른 세상이 아니라 지금과 하나도 다를 것이 없는 세상이다. 에덴이 지금과 다르고 노아의 시대가 지금과 다르고 소돔의 시대가 지금과 다르고 예수의 시대가 지금과 다른 것이 아니다. 그때가 곧 지금이고 지금이 곧 그때다.

가령 지금이 예수의 시대라고 치자.

그리고 예수가 눈앞에 있다고 치자.

그때처럼, 지금까지 한 번도 오지 않았던 예수가 있다고 치자.

하지만 그때처럼 분명 그가 진짜 예수라고 치자.

과연 2,000여 년 전과는 달리 사람들이 예수를 알아볼까?

아니, 그렇지 않을 것이다.

왜냐하면 그는 그들이 지금까지 기다려 왔던 예수가 아니기 때문이다.

그들은 한 번도 오지 않은, 그들이 모르는 예수를 기다리는 것이 아니라 이미 왔던 예수, 그들이 잘 알고 섬기는 예수, 그들이 예수라고 생각하는 모습의 예수가 다시 와서 자기들을 구원해 주기를 바란다.

그리고 그가 아닌 다른 어떤 이도 예수로 인정하지 않는다.

그가 아닌 모든 예수는 오직 그가 아니라는 이유로 다 죽인다.

2,000여 년 전에, 어떤 이는 노아를 예수라고 믿고 다른 이들은 절대 예수가 될 수 없다고 믿으며 오직 그가 다시 와서 구원해 주기를 바라고 기다리고 있었을 것이고 어떤 이는 롯을 예수라고 믿고 오직 그가 다시 와서 구원해주기를 바라고 기다리고 있었을 것이고 어떤 이는 모세를, 어떤 이는 다윗을 예수라고 믿고 오직 그가 다시 오기를 그때까지 기다리고 있었을 것이다. 오직 그가 아니면 예수가 아니라는 생각에 다른 사람은 다 죽이면서 오직 그가 다시 오기만을 기다리고 있었을 것이다.

하지만 예수는 노아도, 롯도, 모세도, 다윗도 아니고 그들이 기다리는 그 어떤 사람도 아니다. 그때까지 한 번도 온 적이 없던 사람이다.

그를 예수로 받아들이는 건 그들이 예수라고 믿고 그토록 기다렸던 다른 예수인, 노아와 롯과 모세와 다윗을 배신하는 일이 될 것이다. 그런데 누가 감히 예수를 예수라 인정할 수 있겠는가?

그래서 노아와 롯과 모세와 다윗이 다시 오기만을 기다리던 사람들은 예수를 절대로 예수로 받아들일 수 없었을 것이다.

지금도 마찬가지다.

교회는 지금은 성경 속의 예수의 시대와 전혀 다른 시대라고 한다.

하지만 지금은 예수의 시대와 전혀 다른 시대가 아니다. 같은 시대다.

지금은 지금이기만 한 것이 아니라 지금이면서 동시에 노아의 시대이기도 하고 롯의 시대이기도 하고 모세의 시대이기도 하고 다윗의 시대이기도 하고 2,000여 년 전의 예수의 시대이기도 하다.

그때와 지금이 전혀 다르지 않다.

아직 예수가 오기 전이나 이미 예수가 지나간 시대가 아니라 예수가 없는 시대가 아니라 지금이 바로 예수의 시대다.

지금 이곳에 예수가 있으면 교회가 더 이상 오지 않은 예수를 기다린다는 빌미로, 이미 지나간 예수가 다시 오기를 기다린다는 빌미로 사람들을 붙들어 둘 수가 없기 때문에 죽을 수밖에 없는 시대다.

그때 있던 사람이 지금은 없는 것도 아니고 그때 없던 사람이 지금 있는 것도 아니다.

그때 거기 살았던 사람들은 악한 사람들만 살아서 예수가 죽임을 당한 것도 아니고 지금 여기에 사는 사람들은 선한 사람들만 살아서 예수가 대접받으면서 사는 것도 아니다.

예수의 시대에 이미 예수가 왔지만 사람들은 아직 예수가 오기 전이라 생각했을 것이다.

자기를 예수라 하는 이가 그들이 생각하는 예수가 아니었기 때문이다.

지금도 마찬가지다.

사람들은 2,000여 년 전에 왔던 예수가 다시 오기를 기다린다.

하지만 지금이 2,000여 년 전이라면 지금 2,000여 년 전에 왔던 예수가 다시 오기를 기다리는 사람들도 결국 2,000여 년 전에 그 전에 왔던 예수를 기다리던 사람들과 똑같은 꼴이다.

그래서 이미 세상에 예수가 왔다 하더라도 2,000여 년 전의 사람들이 예수를 놓친 것과 같은 이유로 놓친 사람 중에 예수가 있을 수 있고 죽인 사람 중에 예수가 있을 수 있는 것이다.

예전에 왔던 예수가 다시 오고 사람들이 기다리는 예수가 다시 오는 것이 아니라 새로운 시대에는 언제나 새로운 예수가 오는 것이다.

그래서 이번에 올 예수는 2000여 년 전에 왔던 그 예수가 아니다.

이곳에 오는 예수 또한 이스라엘에 왔던 그 예수가 아니다.

사람들은 지나간 예수, 그들이 예수라 알고 있는 이가 최고라고 생각한다. 앞으로도 그 이상의 다른 예수는 없다고 생각한다.

그래서 새로운 예수를 인정하지 않으려 한다.

하지만 모든 지나간 예수는 한때는 예수였지만 동시에 새로운 예수가 오고 난 다음에는 예수의 적이 될 수밖에 없는 사람들이다.

예수는 항상 과거가 아니고 현재이기 때문에 예수다.

그래서 과거의 예수는 그 시대의 예수 앞에서 죽어야 한다. 노아는 모세의 때에는 죽어야 하고 모세는 다윗의 때에 죽어야 하고 다윗도 예수의 때에는 죽어야 하고 예수도 새로운 예수의 때에는 죽어야 한다.

그와 나의 어머니가 다르고 그의 어머니가 그에게는 어머니지만 내게 오면 어머니가 아니고 다른 어머니가 있는 것처럼 말이다.

예수가 항상 현재인 건 한 사람으로 끝나는 것이 아니라 그 사람이 가도 계속해서 새로운 예수가 태어나기 때문이다.

예수에게 중요한 것은 이름이나 생김새가 아니라 역할이다.

이름과 생김새가 항상 똑같아야 예수인 것이 아니라 이름과 생김새는 달라도 구원자의 역할이 변함이 없다면 그가 곧 예수인 것이다.

한 번 예수가 되었다고 해서 죽을 때까지 예수가 되는 것도 아니고 한 번 예수였다고 해서 영원히 그만이 예수인 것도 아니다. 잠깐 예수였다가도 마음이 바뀌면 예수가 아니고 한 번 예수였다고 해도 죽고 나면 예수가 아닌 것이다. 언제든 예수는 바뀔 수 있는 것이다.

그래서 어리석은 사람은 언제나 지나간 예수만 기다리다 바로 옆에 예수가 와 있어도 와 있는 예수도 못 보고 예수 없이 평생을 기다리다가 죽지만 현명한 사람은 언제나 지나간 예수가 아니라 지금의 자기 옆에 주어진 무수히 많은 예수를 만나 행복한 삶을 산다.

세상에 예수는 한 사람일 수도, 열 사람일 수도, 백 사람일 수도 있다.

단 한 사람만이 예수여야 하고 예수 이전에 다른 예수가 없었던 것이 아니고 예수 이후에 다른 예수가 없는 것도 아니다.

"범사에 감사하라, 이는 그리스도 안에서 너희를 향하신 하나님의 뜻이니라."(살전5;18)

딱 '한 번만 감사'인 것이 아니라 '(범사)모든 일에 감사'다.

이것 하나만 '감사'고 다른 것은 다 '감사'가 아니어서 '감사'가 아닌 것이 아니라 모든 것이 다 '감사'가 될 수 있는데 '감사'인 줄 모르기 때문에 하나만 '감사'라 생각하고 다른 '감사'는 '감사'가 아니라고 생각하게 되는 것이다. 세상에 '감사할 일'이 딱 한 가지만 있고 다른 일은 다 감사하지 않는 일인 것이 아니라 '감사'라고 생각되지 않는 모든 일이 다 '감사할 일'이 되는 것이다.

'예수'도 마찬가지다.

이 '한 사람'만 예수가 아니라 모두가 다 '예수'일 수 있다.

이 사람 말고 다른 사람은 다 '예수'가 아니어서 '예수'가 아닌 것이 아니라 이 사람 말고 다른 사람은 다 '예수'가 아니라고 생각하기 때문에 '예수'인 사람도 '예수'가 아닌 것이다.

세상에 예쁜 꽃이 한 송이만 있으란 법도 없고 어제 감사한 일이 있었다고 해서 오늘은 감사한 일이 없어야 한다는 법도 없다. 그가 예쁜 사람이라고 해서 나는 예쁜 사람이 되면 안 되는 것도 아니다.

그가 '예수'라고 해서 나는 '예수'가 되면 안 되는 것도 아니고 어제 '예수'가 있었다고 해서 오늘은 '예수'가 없어야 하는 것이 아니고 그곳에 예수가 있었다고 해서 이곳에는 예수가 없어야 하는 것도 아니다. 하나라서 한 번만 있는 것이 아니라 어제도 있고 동시에 오늘도 있고 그곳에도 있고 동시에 이곳에도 있을 수 있는 것이다.

어느 때, 어느 곳에도 예수가 없고 딱 그때, 그곳에만 예수가 있어야 하는 것이 아니라 예수는 '항상' '어디에나' 있을 수 있는 것이다.

교회는 2000여 년 전에 이스라엘에 왔던 예수만이 예수의 전부고 그 이후에 더 이상의 예수는 없다고 생각하지만 그는 그저 세상 어디에나 있는 수많은 예수 중에 한 사람일 뿐이다.

교회는 그때 그 예수가 아닌 예수는 다 예수가 아니라고 생각하고 그 예수가 아닌 다른 사람은 모두 죽이려 든다.

하지만 그들이 죽이는 수많은 사람 중에도 예수는 있을 수 있다.

예수는 계속해서 바뀐다.

처음에는 노아가 예수였지만 노아가 죽은 후에는 롯이 오며 롯이 죽은 후에는 롯이 다시 오는 것이 아니라 모세가 오며 모세가 죽은 후에는 모세가 다시 오는 것이 아니라 다윗이 오며 다윗이 죽은 후에는 다윗이 다시 오는 것이 아니라 예수가 오고 예수가 죽은 후에는 그때 죽었던 예수가 다시 오는 것이 아니라 다른 이름의 새로운 예수가 오는 것이다.

그래서 그 이상의 다른 예수가 없다고 믿으며 죽은 노아가 다시 오기만을 기다리고 롯만을 기다리고 모세만을 기다리고 다윗만을 기다리고 예수만을 기다릴 것이 아니라 새로운 시대에는 새로운 예수를 찾아야 하고 새로운 곳에서도 거기에 어울리는 새로운 예수를 찾아야 한다.

노아의 시대에는 노아가 예수지만 모세의 시대에는 노아가 없으니 예수가 없는 것이 아니라 모세가 예수고 다윗의 시대에는 모세가 없으니 예수가 없는 것이 아니라 다윗이 예수고 예수의 시대에는 다윗이 없으니 예수가 없는 것이 아니라 예수가 예수고 지금은 예수가 없으니 예수가 없는 것이 아니라 또 다른 이름의 새로운 예수가 있을 수 있는 것이다.

그런데 어리석은 사람은 예수가 왔을 때는 그가 예수라는 것을 알지 못하다가 그가 죽은 다음에야 그가 예수였다는 것을 깨닫고 예전에 왔던 예수가 다시 오기만을 기다리다 다시 새로운 진짜 예수를 놓친다.

노아가 예수란 걸 모르고 노아 이전의 다른 예수를 믿다 노아를 놓치고 그가 간 후에야 다시 노아만이 진짜 예수라고 믿으며 노아가 오기를 기다리다 모세를 놓친다. 그리고 다시 모세가 예수란 걸 모르고 모세를 놓치고 다시 모세만이 예수라고 믿으며 모세가 오기만을 기다리다 다윗을 놓치고 다시 다윗만이 예수라고 믿으며 다윗이 오기만을 기다리다 예수를 놓친다. 그리고 예수만이 예수라고 믿으며 다시 예수가 오기만을 기다리다 또 새로운 예수를 놓친다. 예수는 항상 바뀌는데 사람들은 그걸 모르고 항상 예전에 왔던 예수만을 진짜 예수라고 믿고 그가 다시 오기를 기다리다 정작 그가 아닌 다른 진짜 예수를 놓치고 마는 것이다.

지금도 마찬가지다. 교회는 그가 아닌 다른 예수를 인정하지 않는다.

그들에게 이 세상에 그가 아닌 다른 예수는 결코 있을 수도 없다.

아니, 없어야만 한다.

예수가 있으면 그들은 더 이상 장사를 할 수가 없기 때문이다.

그를 기다리지만 영원히 그가 오기 전이어야만 그들이 계속해서 권력을 쥐고 사람들을 소유할 수 있고 돈을 벌 수 있는 것이다.

그래서 예수는 항상 언젠가는 오지만 지금은 있으면 안 되고 사람들은 항상 아직 오지 않는 예수를 기다려야만 하는 것이다.

그들에게 예수는 오직 한 사람뿐이다

하지만 예수는 세상에 한 명만 있어야만 하는 것도 아니고 서로 나만 예수고 너는 예수가 아니라고 싸우지도 않는다.

노아도 예수고 롯도 예수고 다윗도 예수고 예수도 예수다.

어느 한 사람만 예수가 다른 사람은 예수면 안 되는 것이 아니다.

그리고 그들은 서로 나만 예수라고 싸우지도 않는다.

예수는 항상 바뀐다.

그래서 그 사람만이 예수라고 믿고 그 사람만을 찾는 사람이 예수를 만날 수 있는 것이 아니라 항상 어디든 예수가 있을 수 있고 누구라도 예수가 될 수 있다고 믿는 사람이 예수를 만나는 것이다,

노아의 시대에는 노아가 예수지만 모세의 시대에는 노아가 아니라 모세가 예수고 모세의 시대에는 모세가 예수지만 다윗의 시대에는 모세가 아니라 다윗의 예수고 예수의 시대에는 다윗이 아니라 예수가 예수인 것처럼 지금의 시대에는 그때 왔던 예수가 아니라 다른 이가 예수다.

> "임금이 대답하여 가라사대 내가 진실로 너희에게 이르노니 너희가 여기 내 형제 중에 지극히 작은 자 하나에게 한 것이 곧 내게 한 것이니라, 하시고, (마25;40) 저희도 이에 임금이 대답하여 가라사대 내가 진실로 너희에게 이르노니 이 지극히 작은 자 하나에게 하지 아니한 것이 곧 내게 하지 아니한 것이니라 하시리니 저희는 영벌에, 의인들은 영생에 들어가리라 하시니라."(마25;45,46)

그에게 한 것이 곧 내게 한 일이라는 것은 그가 곧 나, 라는 뜻이다.

예수가 선해서 작은 자한테 잘하면 상 주는 것이 아니다.

예수는 분명 자신은 선하지 않다(마19;17), 했다.

지극히 작은 자에게 하는 것이 곧 예수에게 하는 일이 되는 것은 그들이 예수와는 아무 상관도 없는 사람이지만 그저 예수가 착해서 사람들로

하여금 그들을 잘 보살피게 하기 위해 그냥 한 말이 아니다.

작은 자가 정말, 자기 가족이고 형제이고 자기 자신이기 때문이다.

예수가 없어서 사람들이 예수를 못 만나고 지나치는 것이 아니다.

그때도 예수가 있었지만 사람들이 몰라서 못 만나고 지나쳤듯이 지금도 예수가 없어서 사람들이 억울하게 예수를 못 만나고 지나치는 것이 아니라 예수가 있지만 몰라서 못 만나고 그냥 지나치는 것이다.

베데스다 앞에 지극히 작은 예수가 지나쳤을 때, 다른 이들의 눈에는 그는 결코 예수가 될 수 없는 지극히 작은 자에 불과했지만 사실은 그가 예수였듯이 세상에는 예수가 없어서 사람들이 예수를 못 만나는 것이 아니라 사람들이 만나는 지극히 작은 자가 사실은 예수인데도 그를 예수라 생각하지 못하기 때문에 그들이 예수를 만나지 못하는 것이다.

지금은 예수가 없는 시대가 아니다.

예수가 아직 오지 않아서 기다리고 있어야 하는 시대가 아니다.

예수가 있는 시대고 예수를 만나야 하는 시대다.

내가 곧, 예수라고 떠드는 사이비 종교 지도자에 집중하란 말이 아니다.

나와 내 주변에 있는 사람들에 집중하란 말이다.

나를 구원할 빛은 내 안에는 없고 밖에만 있는 것이 아니다.

나를 구원할 예수도 내 안에는 없고 밖에만 있는 것이 아니다.

밖에 있는 빛은 다 가짜고 밖에 있는 예수도 다 가짜다.

교회에는 그 말고 더 이상의 다른 예수는 없다.

그들에게는 오직 한 사람의 예수만 있을 뿐이다.

그래서 그가 다시 돌아오기를 2,000년이 넘게 기다리고 있고 앞으로도 죽을 때까지 그가 아닌 다른 예수도 있을 수 있다는 걸 부정한 채 그렇게 모세의 시대에 이미 오래 전에 죽은 노아가 다시 오기를 기다리고 예수의 시대에 다윗을 기다리듯이 그가 다시 오기만을 기다릴 것이다.

하지만 그는 다시 오지 않는다.

그때는 그가 예수였다 하더라도 이미 지나간 예수이기 때문이다.

그가 다시 오지 않는다고 해서 다른 예수가 없는 것이 아니다.

세상에 무수히 많은 꽃들이 있듯이 그가 아니라도 무수한 많은 다른 예수가 있기 때문이다. 그래서 38년 된 병자처럼, 눈만 돌리면 기다리지 않아도 지금 바로 그를 구원해줄 예수를 만날 수도 있을 것이다.

하지만 이미 지나간 예수만 예수라고 믿고 계속해서 그 예수가 다시 오기만을 기다리며 다른 예수를 알아보지 못한다면 그들은 그들 바로 옆에 아무리 많은 예수가 와 있어도 결코 예수를 만나지 못할 것이다.

예수가 태어났을 때, 예수 한 사람만 태어난 것이 아니다.

수백, 수천의 다른 아이들도 함께 태어난다.

그리고 당시의 왕이었던 헤롯은 그들을 모두 죽이라 한다.

그들이 모두 예수가 아니어서가 아니다.

그들 모두가 예수일 수 있기 때문이다.

남들 앞에서는 예수가 오기만을 간절히 기다리는 사람처럼 보여야 하지만 정작 자기가 살아있는 동안에는 예수가 태어나면 결코 안 되기 때문에 예수일 수 있는 모든 사람을 다 죽이라 하는 것이다.

그들이 예수가 아니어서가 아니라 예수가 오면 자기 자리를 내어주어야 하기에 예수가 될 수 있는 모든 사람은 죽이라 하는 것이다.

교회도 마찬가지다.

"이에 헤롯이 박사들에게 속은 줄을 알고 심히 노하여 사람을 보내어 베들레헴과 그 모든 지경 안에 있는 사내아이를 박사들에게 자세히 알아 본 그때를 표준하여 두 살부터 그 아래로 다 죽이니."(마2;16)

그들은 사람들에게, 너희는 태어나는 순간 이미 죄인이라 한다.

하지만 사람이 죄인이라서 그들이 죄인이라 하는 것이 아니다.

자기들이 행복하기 위해 영원히 그들을 지배하고 싶은데 그들이 죄인이 아니라는 것을 알게 되면 더 이상 자기들의 지배를 받지 않으려 할 것이기 때문에 그들을 도망갈 수 없게 하기 위해 죄인이라 하는 것이다.

모두가 다 예수일 수 있지만 그러면 안 되기 때문에 죽이는 것이고 아무도 죄인이 아니어야 하지만 그러면 안 되기 때문에 죽이는 것이다.

그때는 예수가 한 사람이라도 있어서 살아남았지만 지금은 예수가 없어서 다 죽어야 하는 것이 당연한 것이 아니고 그때는 죄인이 아닌 사람이 한 사람이라도 있어서 살아남았지만 지금은 죄인이 아닌 사람이 단 한 사람도 없어서 다 죽어야 하는 것이 당연한 것도 아니다.

예수가 아닌 사람은 날 때부터 죽임을 당하는 것이 당연하고 사람이 날 때부터 죄인이어서 죽임을 당하는 것이 당연한 것이 아니다.

예수가 아닌 사람들이 죽어나가는 것이 당연한 것이 아니고 사람들이 죄인이어서 날 때부터 죽어야만 하는 것이 당연한 것이 아니다.

죽임을 당하는 것이 그들이 예수가 아니거나 죄인이어서가 아니라 그들 모두가 예수임에도 불구하고 그들을 죽인 사람들에 의해 그들이 예수가 아니어서 그들이 죽임을 당한 것처럼 꾸며지는 것이고 그들 모두가 죄인이 아님에도 불구하고 그들을 죽이려는 사람들에 의해 그들이 죄인이어서 죽임을 당해야 하는 것이 당연한 것처럼 꾸며지게 되는 것이다.

그리고 예수가 아닌 모든 사람들이 다 죽임을 당하고 예수만 사는 것이 아니라 모두가 다 살아야 하지만 필요에 의해 대부분의 사람들이 태어나는 순간 예수가 아니라는 이유로 죽임을 당하고 그들에게서 도망쳐 죽임을 당하지 않은 한 사람만 살아서 예수가 될 수 있는 것이고 모두가 죄인이기 때문에 죽임을 당하고 죄인이 아닌 사람만 사는 것이 당연한 것이 아니라 아무도 죄인이 아니어야 하지만 그들을 죽이려는 사람들의 필요에 의해 모든 사람들이 태어나는 순간 죄인이 되고 죽임을 당하는 것이고 그들에게서 달아난 사람만이 죄인이 아니게 되는 것이다.

> "또 비유하여 이르시되 새 옷에서 한 조각을 찢어 낡은 옷에 붙이는 자가 없나니 만일 그렇게 하면 새 옷을 찢을 뿐이요, 또 새 옷에서 찢은 조각이 낡은 것에 합하지 아니하리라. 새 포도주를 낡은 가죽 부대에 넣는 자가 없나니 만일 그렇게 하면 새 포도주가 부대를 터뜨려 포도주가 쏟아지고 부대도 버리게 되리라. 새 포도주는 새 부대에 넣어야 할 것이니라. 묵은 포도주를 마시고 새 것을 원하는 자가 없나니 이는 묵은 것이 좋다 함이니라."(눅5;36~39)

교회는 오직 교회 안에만 예수가 있다고 하지만 새 옷에서 찢어낸 한 조각이 낡은 옷 안에 있을 수 없고 새 포도주가 낡은 부대 안에 있을 수 없듯이 새로 오는 예수는 결코 낡은 교회 안에 있을 수 없다.

예수가 아담 안에 있을 수 없고 강도 만난 자를 구한 사마리아인이 강도 안에 있을 수 없고 예수가 베데스다 안에 있을 수 없듯이 언제나 새롭게 주어진 예수는 낡은 교회 안에 있을 수 없고 조화를 이룰 수 없다.

교회는 언제나 새로운 예수는 모르고 낡은 예수만 알기 때문이다.

낡은 옷이 새 옷에서 한 조각 찢어낸 조각을 감당할 수 없고 낡은 부대가 새 포도주를 감당할 수 없듯이 낡은 교회가 새 예수를 감당할 수 없고 낡은 예수도 새로 주어진 사람들을 구원하는 예수가 될 수 없다.

그 이전에도 이후에도 예수가 있던 적이 없어서 그 이후에 태어난 모든 사람들도 다 그 예수만 믿고 섬겨야만 하는 것이 아니다.

그 시대에 살던 예수는 그저 그 시대에 살던 사람을 구원하는 예수일 뿐 새로운 사람에게는 또 그에 맞는 새로운 예수가 필요한 것이다.

예수는 처음부터 있어야 하고 언제나 있어야 한다.

왜냐하면 사람은 구원받지 않고는 단 한 순간도 살 수 없으며 태초부터 구원받아야 하며 언제나 구원받아야 하기 때문이다.

죄는 아담의 몫

아담은 에덴을 지키고 다스리는 사람이다.

"여호와 하나님이 그 사람을 이끌어 에덴동산에 두사 그것을 다스리며 지키게 하시고,"(창2;15)

아담은 아직 아무 것도 만들어지지 않았을 때 만들어졌고 여자는 필요한 모든 것이 다 만들어진 다음에야 비로소 만들어 졌다,

그래서 그는 결코 여자와 자기가 동등하다고 생각하지 않는다.

그에게는 아직 아무 것도 만들어지지 않은 상태에서 그의 힘으로 에덴을 만들고 다스리고 지킨 사람으로서, 자신이 아니면 에덴이 결코 만들어지지 않았으며 돌아가지도 않을 것이라는 자부심이 있다.

그것을 알지 못하는 여자는 그저 이용만 당할 뿐이다.

"열두 달이 지난 후에 내가 바벨론 궁 지붕에서 거닐 쌔 나 왕이 말하여 가로되 이 큰 바벨론은 내가 능력과 권세로 건설하여 나의 도성을 삼고 이것으로 내 위엄의 영광을 나타낸 것이 아니냐 하였더니,"(단4;29, 30)

교회는 아담이 여자에게 속아서 실과를 먹은 것이라 한다.

하지만 아담은 여자에 의해 달라지는 사람이 아니다.

그는 여자가 하지 말란다고 해서, 하고 싶은 일을 안 하는 사람이 아니고 하란다고 해서, 하기 싫은 일을 하는 사람도 아니다.

그가 하는 일은 여자가 하라는 일이 아니라 그가 하려는 일이며 하지 않는 일은 여자가 하지 말라는 일이 아니라 그가 하기 싫은 일이다.

아담은 먹기 싫은데 여자가 먹어라 해서 억지로 먹은 실과는 없다.

아담은 가기 싫은데 하나님이 가라 해서 억지로 간 곳도 없다,

아담은 하기 싫은데 여자가 하라고 해서 억지로 하고 있는 것이 아니며 아담은 교회에 가기 싫은데 여자가 가라고 해서 억지로 가 있는 것도 아니다. 아담은 목사가 되기 싫다는데 하나님이 되지 말라는 목사를 여자가 되라 해서 억지로 된 것도 아니고 아담은 헌금을 받기 싫다는데 하나님이 받지 말라는 헌금을 여자가 쥐어줘서 억지로 받고 있는 것도 아니다. 그래서 여자가 그들에게 영원히 죄인이 되어야 하는 것이 아니다.

여자의 죄는 실과를 먹게 한 죄가 아니라 아담에게 속은 죄다.

아담은 자기가 하고 싶은 일을 하고 여자는 그 일을 도와줄 뿐이다.

여자는 아담에게 항상 그를 도와주는 고마운 존재다.

여자가 죽은 건 실과를 먹었기 때문이 아니라 아담을 선택했기 때문이다. 여자가 아담을 선택했기 때문에 죽어야 할 아담이 살 수 있게 된 것이고 그로 인해 죽지 말아야 할 여자가 죽게 된 것이다.

아담은 에덴 안에 그보다 더 높은 사람이 없기 때문에, 자기가 하기 싫은 일을 누가 하란다고 해서 억지로 해야 하는 사람이 아니다.

세상에, 아담은 원치 않았는데 만들어진 것은 단 한 가지도 없다. 모든 것들은 다 아담이 원했기 때문에 만들고 만들어진 것이다.

세상에 있는 모든 자동차와 건물과 쓰레기는 다 아담이 만든 것이다.

아담이 만들지 않은 자동차와 건물과 쓰레기는 단 하나도 없다.

세상에 팔리고 있는 실과 중에 아담이 만들지 않은 실과는 단 한 개도 없고 세상에 태어난 아이들 중에 아담이 만들지 않은 아이들도 단 한 사람도 없다. 세상에 달리고 있는 자동차 중에 아담이 만들지 않은 자동차도 단 한 대도 없고 세상에 세워져 있는 수없이 많은 건물 중에도 아담이 만들지 않은 건물은 단 한 채도 없다. 세상에 굴러다니고 있는 보기 흉한 쓰레기 중에 아담은 만들지 않았는데 사단이 여자를 통해 아담의 발밑에 가져다 놓은 쓰레기 역시 단 하나도 존재하지 않는다.

남이 먹는 실과는 아담이 아니라 사단이 만들었지만 내가 먹는 실과는 아담이 아니라 하나님이 만들었고 남이 타는 자동차는 아담이 아니라 사단이 만들었지만 내가 타는 자동차는 아담이 아니라 하나님에 의해 만들어진 것이 아니다. 모든 것은 오직 아담에 의해 만들어진 것이다.

그래서 그 모든 것에 대한 책임도 아담이 져야만 하는 것이다.

세상에 아담이 심지 않고 가꾸지 않았는데 팔리고 있는 실과가 없고 세상에 아담이 원치 않고 만들지 않았는데 만들어진 교회가 없고 세상에 아담이 원치 않고 만들지 않았는데 불이 들어오고 있는 술집도 없다.

세상에 있는 모든 실과는 단 한 개도 빠짐없이 아담이 만든 거고 세상에 있는 모든 교회와 술집도 다 아담이 만든 거다.

좋은 실과는 하나님이 만들고 나쁜 실과는 사단이 만든 것이 아니다.

교회나 성당은 하나님이 만들고 술집이나 도박장은 아담이 아니라 사단이 만든 것이 아니다. 모두 아담에 의해 만들어진 것들이다.

그것을 소유한 사람과 만들도록 시킨 사람이 따로 있는 것이 아니다.

아담은 타고 다니기 싫은데 하나님이나 사단이 만들어서 아담으로 하여금 억지로 타고 다니게 하고 있는 것이 아니다. 그래서 하나님이나 사단이 만든 자동차의 매연을 억울하게도 아담이 먹고 있는 것이 아니다.

세상은 온통 쓰레기로 가득차 있고 그것들은 모두 아담에 의해 만들어진 것이다. 아담에 의해 만들어지지 않은 것도 단 한 가지도 없다.

아담은 만들지 않았는데 하나님이나 사단이 만들어서 아담에게 던져 놓고 사라져 버린 것이 아니다. 그래서 하나님이나 사단이 만든 쓰레기의 악취를 억울하게도 아담이 책임지고 치워야 하는 것이 아니다.

세상에 있는 모든 것들이 있을 수 있는 것은 여자 때문도 아니고 아이 때문도 아니고 사단 때문도 아니고 하나님 때문도 아니다.

그건 핑계고 이유는 오직 하나, 아담, 남자 때문이다.

여자는 오직 그가 원하는 일을 할 수 있도록 도와주는 게 전부고 그가 원치 않는 일을 억지로 시키는 사단이나 하나님도 세상에 없다.

그가 타고 다니는 오토바이나 자동차를 만드는 것도 다 여자나 사단이나 하나님이 아니라 그다. 그가 만들어서 그가 타는 것이다.

그는 원치 않았는데 하나님이나 사단이나 여자가 그에게 떠넘겨서 그런 것들을 매일 마주하고 어쩔 수 없이 가져야 하는 것이 아니다.

세상이 꽃과 나무와 새와 좋은 공기와 맑은 물 대신 아스팔트와 고층건물과 자동차와 비행기와 먼지와 매연과 각종 쓰레기로 가득 채워지는 건 다른 사람이 아니라 아담이 그것들을 만들고 있기 때문이다.

거기에 사단이나 하나님은 아무것도 관여하지 않았다.

만일 아담이 세상에 있는 어떤 것들에 의해 죽임을 당한다면 그 무기를 만든 건 하나님이나 사단이나 여자가 아니라 그 자신이다.

그가 자동차 사고로 죽임을 당했다면 그는 만들지 않았는데 하나님이 그를 죽이기 위해 자동차를 만들어 그에게 주어 죽지 않아도 될 그를 죽인 것이 아니라 그가 자동차를 만들어 그 자신을 죽인 것이고 그가 총에 맞아 죽었다면 그는 만들지 않았는데 하나님이 그를 죽이기 위해 총을 만들어 그에게 주어 총에 맞아 죽지 않아도 될 그를 죽인 것이 아니라 그가 칼을 만들어 자신을 찌른 것이다.

그를 죽이는 모든 무기는 다른 누구도 아닌 그가 만들고 선택한 거다.

그는 억울한 이유로 쫓겨나는 것이 아니며 죽는 것도 아니다.

그는 자신은 에덴 안에서 살고 싶었으나 하나님이 자신을 에덴 밖으로 쫓아낸 것이라 하지만 그를 에덴에서 쫓아낸 것 역시 하나님이 아니라 그 자신이다. 그는 가기 싫은데 하나님이 쫓아낸 것이 아니라 그가 가고 싶었기 때문에 가게 둔 것이기 때문이다.

그가 지금 노래방에 있다면 그가 노래를 부르고 싶어서 그의 발로 간 것이지 하나님이 쫓아내서 가기 싫은 노래방에 어쩔 수 없이 가서 부르기 싫은 노래를 억지로 부르고 있는 것이 아니고 그가 지금 술집에 있다면 그가 술을 마시고 싶어서 그의 발로 간 것이지 하나님이 쫓아내서 가기 싫은 술집에 어쩔 수 없이 가서 먹기 싫은 술을 억지로 마시고 있는 것이 아니다. 그가 지금 교회에 있다 해도 마찬가지다. 그가 지금 있는 곳, 하고 있는 일은 하나님이 강요한 것이 아니라 그가 선택한 것이다.

억지로 가게 하는 이가 있는 것도 아니고 나오고 싶은데 강제로 못 나오게 하는 이가 있는 것도 어니다. 그는 지금 하나님이나 사단 때문에 있기 싫은 곳에서 하기 싫은 일을 억지로 하고 있는 것이 아니다.

교회에 있어야만 천국에 가게 되는 것이 아니다.

하나님이 그를 교회로 쫓아낸 것이 아니다.

그는 쫓겨난 것이 아니다.

그가 거기가 좋아서 그 스스로 거기 있는 것이다.

천국에 갈 수 있기 때문에 거기 있는 것이 아니다.

그곳이 그들이 좋아하는 지옥이기 때문에 있는 것이다.

그가 어디에 있든 하나님이 그를 그곳으로 쫓아낸 것이 아니다.

그가 있고 싶은 곳에서 하고 싶은 일을 하고 있는 것이다.

그를 거기로 억지로 보낸 이도 없고 거기서 억지로 나오지 못하게 막고 있는 이도 없기 때문이다. 그건 그저 하나님을 싫어하는 그가 그곳을 나오고 싶지 않아서 만들어낸 핑계일 뿐이다.

'회개'한다는 건, 뉘우친다는 건, 살아남을 수 있는 선택을 해야 하는 것이지 고작 '예수'나 믿는 걸로 끝나는 것이 아니다.

모두가 다 행복하지 않은 지금의 이 이상한 세상은 사람들의 의지와 아무 상관없이 하나님이 사람들에게 강제로 떠넘긴 세상이 아니다.

모든 것은, 하나도 빠짐없이 다 사람에 의해 만들어진 것이다.

이곳을 만들고 선택한 건 철저히 사람이다.

사람이 아담의 후손이어서 하나님이 '비'를, 소돔을 준 것이 아니다.

다 사람이 만들고 선택한 것이다.

예전에는 비 맞아 죽었지만 이제는 고작 '비'가 아니다. '핵'이다.

내리는 비는 피할 수라도 있지만 '핵'이 터지면 피하는 건 불가능하다. 세상 어디에 어떤 식으로 있어도 결국 죽을 수밖에 없다.

그런데 그걸 누가 만들었느냐, 사람이다. 누가 쓰느냐, 그것도 사람이다. 사단이 만들고 사람이 쓰는 게 아니다.

예전에는 예수를 안 믿어서 비만 맞아도 죽었지만 지금은 사람들이 예수를 믿어서 핵이 터져도 살아남을 수 있게 된 것이 아니다.

예전에 살던 사람들보다 지금 사는 사람들이 죄를 덜 짓고 나쁜 것도 덜 만들어서 사람이 만든 것 중에 사람을 죽일 수 있는 것이 아무 것도 없는데도 단지 예수를 믿지 않기 때문에 죽게 되는 것이 아니다. 그래서 예수만 믿으면 무조건 살 길이 열리는 그런 시대가 아니다.

지금, 사람들은 그 어느 때보다도 나쁜 짓을 많이 하고 있고 사람을 죽일 수 있는 위험한 무기도 많이 만들고 있고 사용하고 있다. 그리고 사람이 죽는다면 다른 어떤 이유 때문도 아니고 바로 그 때문이다.

사람이 만든 것은 다 나쁘지만 특히, 그 중에서도 '핵'이 가장 위험하다. 그것도 누가 강제로 떠넘긴 것이 아니라 사람이 만든 것이다.

그래서 죽음의 책임이 그 누구도 아닌 사람에게 있는 것이다.

그래서 이 시대가 위험한 것이다.

이 시대는 정말 추악하다. 제대로 돌아가는 것이 하나도 없다.

당장 죽는다 해도 이상할 것이 하나도 없다.

그저 예수만 믿으면 다 구원받을 수 있는 것도 아니고 별로 잘못한 것도 없는데 단지 '예수' 안 믿는다고 해서 죽는 것도 아니다.

죽는다면 그건 분명 죽을 만한 이유가 있기 때문이다.

'예수' 믿는다고 해서 죽어야 할 사람이 사는 것이 아니다.

이렇게 자기 자신을 아무것도 아닌 사람이라 생각하고 하찮게 여기면 안 되고 이렇게 문란하게 살면 안 되고 이렇게 나 외의 다른 세상을 온통 쓰레기로 가득 채우면 안 되고 이렇게 칼로, 총으로 나 외의 다른 사람을 함부로 죽이면 안 되고 이렇게 세상을 망가뜨리면 안 되는 거다.

진짜 살기 위해서는 절대로 지금처럼 살면 안 되는 것이다.

교회 다니고 예수 믿는 것만으로 충분한 것이 아니다.

나쁜 짓 다 하며 살아도 예수만 믿으면 살게 되는 것이 아니다.

그렇게 살지 않아도 예수 안 믿으면 죽게 되는 것도 아니다.

중요한 건 예수를 믿느냐, 믿지 않느냐, 가 아니다.

살아남을 수 있는 선택을 해야 한다.

그리고 살아남을 수 있는 방법은 항상 똑같다.

정말 살아남기 위해서는 다른 것은 다 중요하게 생각하지 않고 무작정 교회에 다니고 '예수'를 믿어야 할 것이 아니라 먹으면 반드시 죽을 수밖에 없는 실과를 먹지 말아야 하고 하면 반드시 죽을 수밖에 없는 나쁜 짓을 하지 말아야 하고 떠나지 않으면 반드시 죽을 수밖에 없는 소돔과 먼 나라를 떠나야만 하고 악하게 사는 것을 포기해야 하고 무엇보다도 사람이 만든 모든 나쁜 것을 포기해야 하고 그 중에서도, 터지기만 하면 반드시 죽을 수밖에 없는 '핵'을 포기해야만 하는 것이다.

진리가 너희를 자유케 하리니

첫 번째 생각이 아니라 가장 좋은 생각을 선택해야 하고 첫 번째 남편과 영원히 살아야 하는 것이 아니라 가장 좋은 남편과 살아야 한다.

아름답고 지혜로운 여자에게는 항상 선택의 자유가 있다.

그리고 늘 자기를 위해 올바른 선택을 한다.

사무엘상 25장에 보면, 아름답고 지혜롭다고 하는 여자, 나발의 아내였다가 나중에 다윗의 아내가 되는 아비가일의 이야기가 나온다.

아비가일은 처음에, 사악하지만 재산이 많은 나발과 결혼하여 그와 살지만 나발이 다윗의 적이 된 순간; 즉시 그를 버리고 다윗에게 간다.

결국 나발은 죽고 아비가일은 다윗에게 가서 다윗의 왕비가 된다.

두 번째 결혼을 하는 여자는 나쁜 여자라는 사람들의 비난을 받는다.

사람들은 '도리', '의리',를 말하며 두 번째 결혼하는 여자를 욕한다.

하지만 그런 것은 나발과 같은 사람을 위해 존재하는 것은 아니다.

세상은 항상 여자를 자기보다 하찮다고 여기는 '나발'이어서 '나발'의 입장이 되어 '나발'을 떠난 여자를 '더럽다'고 욕하지만 성경은 다르다.

왜냐하면 여자는 '나발'과 비교도 할 수 없이 귀하고 소중한 존재, 무슨 일이 있어도 행복해져야 하고 구원받아야만 하는 사람이기 때문이다.

"마온에 한 사람이 있는데 그 업이 갈멜에 있고 심히 부하여 양이 삼천이요, 염소가 일천이므로 그가 갈멜에서 그 양털을 깎고 있었으니 그 사람의 이름은 나발이요, 그 아내의 이름은 아비가일이라 그 여자는 총명하고 용모가 아름다우나 남자는 완고하고 행사가 악하며 그는 갈멜 족속이었더라."(삼상25;2~3)

행복할 수 있음에도 불구하고 불행한 선택을 해야 하는 경우는 없다.

아비가일이 나발과 결혼했으니 당연히 불행해져야 하는 것이 아니다.

한 번 소돔에 들어갔으니 영원히 그곳에서 살아야 하는 것도 아니고 한 번 나발의 아내였으니 그는 그가 원하지 않더라도 영원히 나발의 아내로만 살아야 하고 영원히 다윗의 아내가 될 수 없는 것도 아니다.

"이에 롯이 눈을 들어 요단 들을 바라본즉 소알까지 온 땅에 물이 넉넉하니 여호와께서 소돔과 고모라를 멸하시기 전이었는고로 여호와의 송산 같고 애굽 땅과 같았더라."(창13;10)

한 번 소돔에 들어갔으면 다시는 거기서 빠져나올 수 없고 영원히 소돔 사람으로만 살아야만 하는 것이 아니라 소돔을 떠나지 않으면 죽게 되는 순간, 곧 바로 거기서 빠져나와야 하고 한 번 나발의 아내였다 하더라도 그를 떠나지 않으면 죽게 되는 순간, 곧바로 그를 떠나야 한다.

롯의 아내가 죽는 이유는 소돔에 들어갔기 때문이 아니라 소돔을 돌아봤기 때문이고 아비가일이 사는 이유도 나발의 아내가 된 적이 없기 때문이 아니라 나발이 죽는 순간, 그를 돌아보지 않고 떠났기 때문이다.

아비가일은 잠시 나발의 아내였지만 결코 나발의 소유는 아니다.

결코 나발을 위해 자기 자신의 행복을 포기하지 않는다.

나발이 그럴 만한 가치가 없기 때문이다.

아비가일이 죄인이어서 아비가일의 의지와 상관없이 나발하고만 살아야 하는 것도 아니고 다윗에게 갈 수 없는 것도 아니다.

아비가일이 죄인이어서 나발과 살아야 하는 것이 아니라 아비가일이 나발을 선택했기 때문에 나발과 산 것이고 아비가일이 교회에 다니고 예수를 믿어서 하나님이 아비가일을 다윗과 살 수 있게 한 것이 아니라 아비가일이 다시 다윗을 선택했기 때문에 다윗과 살 수 있게 된 것이다.

아비가일이 누구와 사느냐를 결정하는 것은 하나님이나 나발이 아니고 다윗도 아니다. 그녀 자신이다. 아비가일을 나발에게 보낸 것은 하나님이 아니고 다윗에게 보낸 것도 하나님이 아니다. 다 그녀 자신이다.

남편을 정하는 것은 다른 그 누구도 아닌 여자 그 자신이다.

자기를 욕하고 때리고 죽이는 남편이라도 하나님이 남편이라고 정해준 사람이니 무조건 그에게 순종하며 살아야 하는 것이 아니다.

아비가일은 세상 기준으로 보면 나쁜 여자다.

나발하고 살았으면서 다윗이 오자마자 또 그에게 가기 때문이다.

양심이 없는 여자라고 욕먹을 만하다.

하지만 좋은 남편은 여자를 세상의 기준으로 심판하지 않는다.

성경을 알기 전에는 가끔 이 생각이 흔들릴 때가 있었다.

교회를 통해, 내가 어떤 선택을 하던 아담의 후손이기 때문에 무조건 지옥에 갈 수밖에 없다는 말을 너무 많이 들었기 때문이다.

정말 내가 어떻게 살아도 나쁜 사람이어서 지옥에 갈 수밖에 없는 것인가, 아주 사소한 나쁜 생각 하나에도 불안할 때가 있었다.

하지만 성경을 보고 나서 그들의 말이 사실이 아니라는 것을 알았다.

한 번이라도 나쁜 마음을 먹으면 죄인이다?

그렇지 않다.

그런 얘기를 하는 사람은 나쁜 마음만 먹고 행동은 하지 않은 채 돌이킨 사람이 아니다. 정말 착하게 살기 위해 애쓰는 사람이 아니다.

이미 흉악한 범죄를 저지른 사람이다. 그래서 나 혼자만 나쁜 사람이 될 수 없다는 생각으로 다른 사람들도 자기처럼 만들려는 사람들이다.

그런 사람들이, 잠깐 나쁜 마음을 먹었지만 실행에는 옮기지 못하고 돌이키려는 큰 죄를 지을 엄두도 못내는 소심한 사람들을 자기들이 있는 그 자리에서 떠나지 못하고 머물게 하기 위해 너도 나쁜 마음을 먹었으니 너도 이제 나쁜 사람이라고 확정지어 버리는 것이다.

거기 넘어가선 안 된다.

나쁜 마음의 주체는 내가 아니라 그 마음이다. '죄'의 주체는 여자가 아니라 아담이고 사람이 아니라 '사단'이다.

괜히 내가 했으니 책임지겠다고 나서면 나는 죽고 그만 좋아할 일이고 도와주는 일이다.

성경에 보면 아버지가 두 아들에게 포도원에 가라고 하자 첫째 아들은 가겠다고 말만 하고 결국 가지 않았고 둘째 아들은 안 가겠다고 했지만 결국 마음을 돌이켜 포도원이 가는 이야기가 나온다.

이 이야기에서 포도원에 간 사람은 가겠다고 했지만 결국 마음을 돌이켜 안 간 사람이 아니라 안 가겠다고 했다가도 마음을 돌이켜 간 사람이다. 간 사람이 간 사람이지 가지 않았어도 가겠다고 마음먹었으면 간 사람과 똑같은 사람이 되는 것이 아니다.

아무리 마음으로 했더라도 행동으로 옮기지 않았으면 그는 결국 아무것도 하지 않은 것이다. 나쁜 마음도 마찬가지다. 돌이켰으면 그걸로 끝이다. 나쁜 마음을 먹었다 하더라도 돌이키고 행동하지 않았다면 그 마음은 내가 아니니 더 이상 책임질 필요도 없는 것이다.

단 한 순간이라도 빨리 그 놈과 의절하고 벗어나야 한다.

그 마음을 책임지라고 하는 이와도 마찬가지다.

그게 하나님이 바라는 일이지, 나쁜 마음을 먹었으니 너는 나에게 올 수 없고 그 마음에 의리를 지키기 위해 어느 만큼은 거기 머물러야 한다고 말하는 이는 결코 하나님이 아니다.

어느 어머니가 그러랴.

딸이 사창가에서 몸 팔며 한 번 들어갔으니 당장 떠나지 않고 어느 만큼은 더 머물다 가겠다, 하면 그래라, 하는 어머니가 어디 있으랴.

만약 그것이 어머니가 바라는 일이라고 믿는 이가 있다면 그는 어머니를 절대 모르는 이며 어머니의 마음을 정말 많이 아프게 하는 이다.

나쁜 이들에게 의리를 지키기 위해 자기를 망치는 사람은 착한 사람이 아니다. 지혜로운 사람도 아니다. 어리석은 사람이다.

욕먹으면서라도 떠나라.

아비가일이 부유한 남편, 나발을 떠나는 것은 그가 자기에게 잘못해서가 아니다. 원하는 것을 주지 않고 원하는 일을 못하게 해서도 아니다.

그가 나쁜 놈이기 때문에 떠나는 것이다.

그가 죽임을 당해 마땅한 놈이기 때문에 떠나는 것이다. 그래서 그와 같이 있으면 자기도 같이 죽게 될 것 같으니 떠나는 것이다.

나발이 그렇게 잘 해 줬는데 어떻게 네가 나발에게 그럴 수 있느냐, 하고 여자를 욕하는 이는 그가 착한 사람이어서가 아니다.

그는 여자 편이 아니고, 여자를 살리려는 이가 아니라 죽이려는 이다.

그가 아무리 훌륭한 사람처럼 보이고 그의 말이 아무리 그럴싸하더라도 그가 내 편이 아니라면 그의 말에 전혀 귀 기울일 필요 없다.

그때까지 여자가 그와 함께 살았다고 해서 그가 죽임을 당할 때도 그와 같이 죽어야 되는 것이 아니다.

여자는 이기적일 권리가 있다.

자기를 죽일 남편은 어느 때라도 버리고 살릴 남편을 만나야 한다.

남편을 정하는 것은 다른 그 누구도 아닌 여자 그 자신이다.

자기를 욕하고 때리고 죽이는 남편이라도 하나님이 남편이라고 정해준 사람이니 그냥 그에게 순종하며 살아야 하는 것이 아니다.

나를 살게 할 사람이 남편이지 나를 죽게 할 사람은 남편이 아니다.

결혼을 일곱 번하고 남편이 일곱이 있었어도 그들이 나쁜 남편이었다면 그들 중 누구라도 내 남편이라 할 수 없다.

거쳐 간 모든 나쁜 생각, 거쳐 간 모든 나쁜 남편들이 다 내가 받들어야 할 생각, 받들어야 할 남편이 아니라 내게 좋은 이들만 취하고 내게 나쁜 생각과 남편은 버려야 하는 거다.

생각과 남편이 아니라 내가 나의 중심이 되어야 하는 거다.

여자는 그들 모두에게서 자유다.

여자가 죄인인 것은 어쩌다 나쁜 남편을 만났기 때문이 아니라 나쁜 남편을 떠나지 못하고 남았기 때문이다.

사람이 죄인인 것도 어쩌다 나쁜 생각을 만났기 때문이 아니라 그 생각을 떠나지 않고 나쁜 선택을 했기 때문이다.

한 번 나쁜 남편을 만나면 끝까지 그 남편을 책임져야 하고 한 번 나쁜 생각을 하면 그 생각도 끝까지 버리지 않고 책임을 져야 하는 것이 아니다. 나쁜 남편이라면 바꾸고 나쁜 생각이라면 버려야 하는 것이다.

나쁜 남편은 내 것이 아니며 나쁜 생각도 내 것이 아니기 때문이다.

중요한 것은 처음도 아니고 중간도 아니고 끝이다.

나를 거쳐 간 모든 생각이 다 내 것이 되어야만 하는 것이 아니고 나를 거쳐 간 모든 남편이 다 내 남편이 되어야만 하는 것이 아니다. 한 번 나쁜 남편을 만났다고 그 남편과 끝까지 살아야 하는 것이 아니고 한 번 나쁜 마음을 먹었다고 그 마음과 끝까지 살아야 하는 것도 아니다.

여자가 죄인인 것은 만난 남편 중에 나쁜 남편이 한 사람이라도 있었기 때문이 아니라 끝까지 나쁜 남편을 떠나지 못했기 때문이고 사람이 죄인인 것은 그가 한 수많은 생각 중에 나쁜 생각이 하나라도 있었기 때문이 아니라 끝까지 그 생각을 버리지 못하고 떠나지 못했기 때문이다.

여자가 단지 나쁜 남편을 만난 적이 있기 때문에 죄인이 되는 것이 아니라 끝에 나쁜 남편을 떠나지 못하고 선택했기 때문에 죄인인 것이고 사람이 한 번이라도 나쁜 생각을 했기 때문에 죄인이 되는 것이 아니라 끝에 나쁜 생각을 떠나지 못하고 선택했기 때문에 죄인인 것이다.

교회는 나쁜 생각을 하는 것만으로도 죄인이고 나쁜 생각을 한 번이라도 안 한 사람은 없기 때문에 모든 사람이 다 죄인이라고 한다.

하지만 그게 아니다. 그런 하찮은 이유로 죄인이 되는 것이 아니다. 생각만 한 사람과 실천에 옮긴 사람은 다르다.

죄인이라 확정지으려면 눈에 보이는 결정적인 범죄가 있어야만 한다.

그래서 죄의 양쪽에는 죄를 중심으로 반드시 피해자와 가해자가 있다.

죄를 중심으로 양쪽에 있는 두 사람이 모두 가해자인 법은 없다.

한 쪽이 가해자면 다른 한 쪽은 반드시 피해자다.

가해자는 나쁜 생각만 했기 때문에 가해자가 아니다.

피해자를 만들었기 때문에 가해자인 거다. 그래서 피해자는 결코 죄인이 아니다.

뻐꾸기 새끼가 죄라 치면 뻐꾸기 새끼의 양쪽에는 뻐꾸기와 자고새가 있고 죄인은 오직 뻐꾸기뿐이다. 자고새는 죄인이 아니라 피해자다.

실과가 죄라 치면 실과의 양쪽에는 반드시 아담과 여자가 있고 죄인은 오직 아담뿐이다. 여자는 죄인이 아니라 피해자다.

뻐꾸기는 자고새가 자기에게 뻐꾸기 새끼를 주었으니 죄인이라고 한다. 아담은 여자가 자기에게 실과를 주었으니 죄인이라고 한다.

하지만 자고새와 여자는 결코 죄인이 아니다.

자고새가 자기를 죄인이라고 믿는 것은 뻐꾸기 새끼가 어떻게 해서 자기에게 오고 다시 뻐꾸기에게 가게 됐는지를 모르고 뻐꾸기에게 뻐꾸기 새끼를 준 것이 자기라고 생각하기 때문이고 여자가 자기를 죄인이라고 믿는 것은 실과가 어떻게 해서 자기에게 오고 다시 아담에게 가게 됐는지를 모르고 아담에게 실과를 준 것이 자기라고 생각하기 때문이다.

여자가 아담과 한 번이라도 같이 살았으면 절대로 그와 헤어져서는 안 되고 죽을 때까지 그와 영원히 같이 살아야 하는 것이 아니다.

그러라고 하나님이 여자를 아담에게 보낸 것이 아니다.

여자가 죄인인 건 한 번이라도 그와 함께 있었기 때문이 아니라 그를 떠나야만 하는 순간까지 그를 떠나지 못하고 그를 선택했기 때문이다.

아담에게서 떠나기만 하면 여자는 언제든 죄인이 아니다.

가해자가 피해자를 자기 옆에서 꼼짝 못하게 하기 위해 피해자에게 쥐어준 공범 명함에 속지 말자. 아담이 여자를 자기 옆에서 꼼짝 못하게 하기 위해 여자에게 쥐어준 상장 같은, 죄인 명함에 속지 말자.

달이 스스로 초승달이 되고 반달이 되고 보름달이 되는 것이 아니다.

달은 항상 그 모양 그대로다.

지구와 달의 움직임에 따라 달이 달라보이게 되는 거다.

잊지 말자. 죽어야 할 사람은 여자가 아니라 나쁜 남편, 아담이고 나발이다. 사람이 아니라 그 사람을 죽이는 나쁜 마음이다.

혼자만 죽지 않기 위해 지어낸 그들의 말에 속지 말자.

여자는 늘 남자에게서 '헌신'과 '순종'을 강요받는다.

힘이 없기 때문이다.

하지만 구원은 '헌신'으로 얻어지는 것이 아니다.

여자가 천국에 가는 것은 아름답고 지혜롭기 때문이다.

남자에게 헌신하기 때문이 아니다. 여자는 늘 아름답고 지혜로워야 한다.

아비가일은 사악하지만 부유한 나발과 결혼하지만 그로 인해 자기가 죽을 위기에 놓이자 나발을 버리고 다윗에게 가서 그의 아내가 된다.

그녀가 나발과 다윗, 두 사람 모두에게 사랑받고 그들과 결혼까지 할 수 있었던 것은 오로지 그녀가 그들에게 헌신했기 때문이 아니다.

그녀가 그들이 다 반할 만큼 매우 아름답고 지혜로웠기 때문이다.

성경 속에 나오는 아비가일은 남자에게 '헌신'하는 여자가 아니다.

아름답고 지혜로운 여자다. 자기 자신을 아끼고 사랑하는 여자다.

거기에 두 남자가 모두 다 반하는 것이다.

그녀 자신은 아무 볼품없고 어리석어서 결코 사랑받을 수 없지만 오로지 그들에게 헌신했기 때문에 그들 모두의 사랑을 받는 것이 아니다.

그녀가 남자에게 사랑받는 것은 '헌신'하기 때문이 아니라 아름다운데다 지혜롭기까지 하기 때문이다. 거기에 남자들이 반하는 것이다.

그녀가 아름답지 않고 지혜롭지 않았다면 아무리 그녀가 헌신하고 순종한다 해도 그들은 결코 그녀를 아내로 맞이하지 않았을 것이다.

세상에 아름답고 지혜로운 여자는 아무도 없어서 적게 '헌신'하는 여자는 버림받고 많이 '헌신'하는 여자만이 사랑받을 수 있는 것이 아니다.

아름답고 지혜로운 여자, 다 필요 없고 남자에게 사랑받기 위해서는 그저 여자는 '헌신'만 하면 되는데 멍청한 여자들이 그걸 몰라서 '헌신'은 하지 않고 아름답고 지혜로운 사람이 되려고 애쓰는 것이 아니다.

여자가 죄인이라서 죽을 때까지 나발하고만 살아야 하는 것이 아니고 죄인이라서 절대로 다윗을 만날 수 없는 것이 아니다.

원래는 하나님이 아비가일을 다윗하고만 살게 할 예정이었는데 죄인이라서 다윗과 살게 하지 않고 그 벌로 나발과 살게 한 것이 아니다.

아비가일이 나발과 살았던 것은 그녀가 죄인이고 하나님이 그녀를 그에게 보내서가 아니라 그녀가 잠시나마 나발을 선택했었기 때문이고 그녀가 다시 다윗과 살게 된 것도 하나님이 그녀를 그에게 보내서가 아니라 그녀가 다시 나발이 아닌 그를 선택했기 때문인 것이다.

원래는 하나님이 여자에게 다윗만 줄 예정이었는데 여자가 죄인이라서 하나님이 다윗은 주지 않고 나발만 준 것이 아니다.

그래서 여자는 나발하고 살아야만 하는 것이 아니다.

그것이 여자에게 주어진 숙명인 것이 아니다.

남자가 사랑하는 여자는 아름답고 지혜로운 여자다.

결코 '헌신'하는 여자가 아니다.

아름답고 지혜로운 여자는 어디를 가도 주인으로 살 수 있지만 아름답지 않고 지혜롭지도 않으면서 오직 '헌신'밖에 할 줄 모르는 여자는 어디를 가도 주인으로 살 수 없고 종으로밖에 살 수 없다.

그런 여자는 그저 종으로밖에 쓸모가 없기 때문이다.

여자가 예쁘지도 않고 지혜롭지도 않지만 '헌신'하기 때문에 얻을 수 있는 아내의 자리는 없다. 어떤 남자라도 그런 여자를 사랑하지는 않기 때문이다. 여자가 아내가 되는 것은 결코 헌신하기 때문이 아니다.

아름답고 지혜롭기까지 하기 때문이다.

그래서 남자가 그녀에게 반하지 않으면 안 되는 것이다.

천국도 마찬가지다.

사람이 착하지도 지혜롭지도 않지만 '헌신'하기 때문에 얻을 수 있는 천국의 자리는 없다. 만약 천국에 주인이 있다면 어떤 사람이라 할지라도 그런 사람을 자기 천국에 두고 싶어 하지는 않을 것이기 때문이다. 사람이 천국에 가는 것은 결코 헌신하기 때문이 아니다.

착하고 지혜롭기까지 하기 때문이다.

그래서 천국의 주인이 그의 모습에 반하지 않으면 안 되는 것이다.

자칫 이기적이고 문란해 보일 수도 있고 독해 보일 수도 있는 아비가일을 성경이 아름답고 지혜롭기까지 하다고 하는 이유는 오직 하나다.

세상에서 가장 귀한 사람이 다른 사람이 아니라 그녀이기 때문이다.

그리고 세상에서 가장 중요한 것이 그녀의 행복이기 때문이다.

세상에 나보다 더 귀한 존재는 없다.

성경에 마귀가 예수를 유혹하는 이야기가 나온다.

거기서 마귀는 과연 누굴까? 어떻게 생겼을까?

만일 누군가 다른 사람이 옆에 있어서 마귀에 유혹당하는 예수를 보고 있었다면 그의 눈에도 예수 옆에 있는 마귀가 보일까?

다른 사람 눈에도 예수와 마귀가 마주보고 대화 나누는 것이 보일까?

아니다. 왜냐하면 거기에는 예수 외에는 아무도 없기 때문이다.

예수를 유혹하는 마귀는 다른 곳이 아니라 예수의 마음 안에 살고 있는 것이기 때문이다. 말하자면 누군가가 옆에 있어 예수를 유혹하는 것이 아니라 예수 안에 있는 나쁜 마음이 예수를 유혹하고 있는 것이다.

천국가고 싶지? 나를 숭배해라, 그러면 천국 가게 해 줄게, 하고.

하지만 그가 결국 그의 마음속에 있는 나쁜 마귀에게 넘어가지 않고, 마귀야, 물러가라, 하고 마음을 돌이켜 선한 결정을 내린 것이다.

예수는 자기 안에 있는 마귀의 유혹을 받고 있는 것이지 예수와 상관없이 밖에 따로 있는 마귀의 유혹을 받고 있는 것이 아니다.

사람도 마찬가지 이치다.

아담의 후손은 지옥에 가고 예수를 믿으면 천국에 가는 것이 아니다.

그가 나를 지옥에 보내고 그가 나를 천국에 보내는 것이 아니다.

내가 지옥에 간다면 그건 내가 아담의 후손이기 때문이 아니고 내가 천국에 간다면 그것도 내가 예수를 믿었기 때문이 아니다.

결정권자는 다른 누구도 아니고 바로 나다.

모든 것은 내가 선택하면 되는 것이다.

여자는 언제나 자유다. 사람도 마찬가지다.

아비가일이 아름답고 지혜로운 여자인 건 한 번 '나쁜 남편', 나발과 살았다고 해서 영원히 '나발'의 소유가 되어야 한다고 생각하지 않았기 때문이고 예수가 죄인이 아닌 건 한 번 '마귀'를 만났다고 해서 영원히 '마귀'의 소유가 되어야 한다고 생각하지 않았기 때문이다.

한 번도 '나발'을 만난 적이 없기 때문에 지혜로운 여자인 것이 아니고 한 번도 '마귀'를 만난 적이 없기 때문에 죄인이 아닌 것이 아니다.

한 번이라도 '나쁜 남편'을 만났으면 다시는 '좋은 남편' 만나서는 안 되는 것이 아니고 한 번이라도 '나쁜 마음'을 가졌으면 다시는 '좋은 마음'을 가져서는 안 되는 것이 아니다. '나쁜 남편'이 곧 나인 것이 아니고 '나쁜 마음', '나쁜 생각'이 곧 '나'인 것이 아니다.

그는 내가 아니라 나를 죽이는 마귀다.

반드시 벗어나야 한다.

한 번이라도 '나쁜 남편'을 만났으면 나는 영원히 그의 소유가 되어야 하고 한 번이라도 나쁜 마음을 먹었으면 나는 영원한 죄인이니 더 이상 내 힘으로는 구원받을 수 없고 구원받기 위해서는 교회에 가서 천국 보내 달라고 누군가에게 엎드려 경배해야 하는 것이 아니다.

아비가일이 그랬듯이, 그가 그랬듯이 나도 그렇게 하면 된다.

나발을 물리치고 마귀를 물리치듯이 물리치고 다시 돌아서면 된다.

남편에 의해 내가 죽는 것이 당연한 것이 아니다.

남편은 영원히 바꿀 수 없는 존재가 아니다.

열 번 나쁜 남편을 만났더라도 그가 자신을 행복하게 해주지 못 한다면 언제든지 그 남편을 떠나서 다시 좋은 남편을 선택하면 되고 열 번 나쁜 마음을 먹었더라도 그 마음이 자신을 행복하게 해주지 못 한다면 언제든지 나쁜 마음을 떠나서 좋은 마음을 선택하면 되는 것이다.

"마온에 한 사람이 있는데 그 업이 갈멜에 있고 심히 부하여 양이 삼천이요, 염소가 일천이므로 그가 갈멜에서 그 양털을 깎고 있었으니 그 사람의 이름은 나발이요, 그 아내의 이름은 아비가일이라 그 여자는 총명하고 용모가 아름다우나 남자는 완고하고 행사가 악하며 그는 갈멜 족속이었더라."(삼상25;2,3)

"마귀가 또 그를 데리고 지극히 높은 산으로 가서 천하 만국과 그 영광을 보여 가로되 만일 내게 엎드려 경배하면 이 모든 것을 네게 주리라, 이에 예수께서 말씀하시되 사단아, 물러가 기록되었으되 주 너의 하나님께 경배하고 다만 그를 섬기라 하였느니라. 이에 마귀는 떠나고 천사가 나아와서 수종드니라." (마4;8~11)

세상의 주인은 남자

"기록된 바 첫 사람 아담은 산 영이 되었다 함과 같이."(고전15;45)

교회는 아담과 여자, 두 사람을 쌍으로 묶어 첫 사람이라 한다.

하지만 첫 사람은 오직 아담 한 사람이다.

첫 사람은 두 번째로 태어난 사람을 돕지 않으며 두 번째 사람의 아이를 낳지 않는다. 왜냐하면 해야 할 자기 일이 있고 자기 성이 있기 때문에 자기 일을 해야 하고 자기 성을 가진 아이를 낳아야 하기 때문이다.

"여호와 하나님이 가라사대 사람의 독처하는 것이 좋지 못하니 내가 그를 위하여 '돕는 배필'을 지으리라 하시니라."(창2;18)

'첫사람'은 아담과 여자 두 사람을 동시에 일컫는 말이 아니라 오직 아담 한 사람을 가리키는 말이며 그 뒤에 만들어진 여자는 남자와 동급의 첫 사람이 아니라 남자를 위하여 만들어진 '돕는 배필'일 뿐이다.

그게 여자의 이름이고 역할이다.

그게 무슨 뜻이냐 하면 여자는 결코 남자보다 먼저 시작할 수 없으며 남자를 돕는 여자의 죄는 결코 남자를 넘어설 수 없다는 뜻이다.

왜냐하면 무언가를 시작할 수 있는 사람은 오직 '첫 사람' 아담, 남자뿐이고 '돕는 배필'인 여자는 오직 그를 도울 수만 있기 때문이다.

하나님이 여자를 '돕는 배필'로 만들었다는 것은 그에게는 그의 일을 따로 주지 않았다는 뜻이고 그의 성도 따로 주지 않았다는 뜻이다.

그가 남자의 일을 도울 수 있는 것은 그의 일이 따로 없기 때문이고 그가 남자의 아이를 낳을 수 있는 것도 그의 성이 없기 때문인 것이다.

왜냐하면 그의 일이 따로 있으면 그는 자기 일을 하기 위해 남자의 일을 제대로 도울 수 없으며 그의 성이 따로 있으면 애써 낳고 기른 아이를 남자에게 주지 않으려 할 것이기 때문에 남자의 일을 돕기 위해 그에게는 그의 일이 따로 없으며 아이를 낳아 아이 아버지인 남자에게 주게 하기 위해 그에게는 남자와 상관없는 그의 성이 따로 없는 것이다.

그의 일이 있고 성이 있는 것은 여자가 아니며 오로지 남자뿐이다.

그래서 왕은 반역을 일으킨 남자만 죽이고 여자는 죽이지 않는다.

남자를 살려두면 힘이 있어서, 욕심이 있어서 언제든 다시 왕의 자리를 노릴 수 있는 위험한 사람이지만 여자는 그럴 일이 없기 때문이다.

교회는 여자 한 사람만 실과를 먹었으면 아담은 안 쫓겨나고 여자 혼자 쫓겨났을 텐데 아담과 여자, 두 사람이 다 실과를 먹어서 두 사람이 다 에덴에서 쫓겨난 것이라 하고 한 사람만 잘 해서는 안 되고 두 사람이 다 잘 해야 두 사람이 다 천국에 갈 수 있는 것이라 한다.

하지만 성경에서 잘못한 것은 두 사람이 아니라 아담 단 '한 사람'이고 잘해야 하는 것도 두 사람이 아니라 아담 단 '한 사람'이다.

두 사람이 다 잘못하여 에덴에서 두 사람이 다 쫓겨난 것이 아니라 아담 '한 사람'이 잘못하여 그를 따르던 여자도 같이 에덴에서 쫓겨난 것이고 예수와 여자, 한 사람만 잘하면 안 되고 두 사람이 다 잘해야 두 사람이 다 천국에 갈 수 있는 것이 아니라 예수 '한 사람'이 잘하면 그 뒤를 따르던 여자도 저절로 같이 천국에 갈 수 있게 되는 것이다.

교회는 아담은 평범한 남자고 예수와는 다르다 하지만 그 둘은 똑같은 높이의 반대편 위치에서 서로 마주보고 있는 쌍둥이 같은 존재다.

예수가 철저히 의로운 사람이기 때문에 그와 함께 있는 여자도 같이 살 수 있게 되는 것처럼 아담도 그냥 보통의 평범한 사람이 아니라 지극히 악한 사람이기 때문에 그와 함께 있는 여자도 같이 사망하는 것이다.

> "한 사람의 순종치 아니함으로 많은 사람이 죄인 된 것 같이 한 사람의 순종하심으로 많은 사람이 의인이 되리라."(롬5;19)

교회는 아담의 후손은 다 지옥이라 하고 여자도 아담의 후손이라 날 때부터 죄인이고 구원받기 위해서는 예수 믿어야 한다지만 여자는 아담의 후손이 아니다.

예수가 여자의 후손이지만 죄인이 아닌 것은 여자가 아담의 후손이 아니고 아담의 후손이 아니기 때문에 죄인도 아니기 때문이다.

여자에게 '성'이 없다는 것은 곧, 자기 조상이 없다는 것이기도 하다.

여자는 '성'이 없기 때문에 여자를 낳은 조상도 섬기지 않는다.

대신, 결혼과 동시에 결혼한 남자의 조상을 남자와 같이 섬긴다.

그리고 여자는 여자의 조상의 성을 아들에게 물려주지도 않는다.

결혼한 남편과 남편 조상의 성을 물려주기 때문이다.

따라서 아담에게서 태어났다고 해도 여자는 아담의 후손이 아니며 다른 남자와 결혼함과 동시에 자기를 낳아 준 조상이 아니라 그 남자의 조상의 후손이 되는 것이다.

따라서 여자에게는 조상이 없고 여자의 조상의 후손은 여자가 아니다.

여자가 죄인인 것은 아담의 후손이기 때문이 아니다.

아담의 아내이기 때문이다.

아비가일이 죄인이 되어 죽을 위기에 처했던 것이 나발의 후손이었기 때문이 아니라 나발의 아내였기 때문인 것처럼 여자가 죄인이 되는 것도 아담의 후손이기 때문이 아니라 아담의 아내이기 때문이다.

그리고 여자가 낳은 아들이 죄인이 되는 것도 여자가 죄인이기 때문이 아니라 아들의 아버지인 남자가 죄인이기 때문이다.

여자는 아담의 후손이 아니라 아담에게서 도망쳐야 할 사람이다.

다시 돌아가면 죄인이지만 돌아가지 않으면 죄인이 아니고 다시 돌아가면 죽지만 돌아가지 않으면 산다. 그의 후손이기 때문에 죄인이고 죽어야 하는 것이 아니라 그에게 다시 돌아가면 죽는 것이다.

교회는 여자도 아담에게서 태어났으니 아담의 후손이고 아담의 후손이 아닌 사람은 세상에 없으니 사람은 모두가 다 지옥이라 한다.

교회는 오직 아담의 후손만을 인정하고 결코 여자의 후손을 인정하지 않는다.

하지만 여자는 결코 아담의 후손이 아니다.

세상에 있는 모든 사람이 다 아담의 후손이라서 사람에게는 더 이상 희망이 없는 것이 아니다. 여자는 거기에 속하는 사람이 아니며 유일한 희망이고 언제나 자유로울 수 있기 때문이다.

성경에는 아담이 딸을 낳았다는 기록이 없다.

아들만 낳고 딸은 낳지 않았기 때문이 아니다.

아들과 딸을 다 낳았겠지만 아들인 남자만이 아담의 후손이고 딸인 여자는 결코 아담의 후손이 아니기 때문이다.

"그러나 성경이 무엇을 말하느뇨. 계집종과 그 아들을 내어 쫓으라. 계집종의 아들이 자유하는 여자의 아들로 더불어 유업을 얻지 못하리라 하였느니라. 그런즉 형제들아, 우리는 계집종의 자녀가 아니요. 자유하는 여자의 자녀니라. 그리스도께서 우리로 자유케 하려고 자유를 주셨으니 그러므로 굳세게 서서 다시는 종의 멍에를 메지 말라."(갈4;30~5;1)

교회는 실과를 먹는 일이 모두가 다 할 수 있는 일이고 모두가 다 하지 말았어야 할 일이었는데 여자가 했다 하지만 그건 사실이 아니다.

십자가를 지는 일이 모두가 다 할 수 있고 해야만 하는 일이 아니라 오직 예수 단 한 사람만 할 수 있고 하면 되는 일이었듯 실과를 먹는 일도 모두가 다 할 수 있고 하지 말았어야 할 일이 아니라 오직 아담 '한 사람'만 할 수 있는 일이고 아담 '한 사람'만 하지 않으면 되는 일이다.

세상의 주인은 남자고 여자는 그들을 도와주는 사람일뿐이다.

여자는 언제나 남자 뒤에 있고 남자 안에 포함되어 있는 작은 사람이라서 여자의 죄가 남자보다 큰 법은 없다. 세상에는 많은 사람이 있는 것처럼 보이지만 세상에 있는 모든 사람을 단 두 사람으로 축소시키면 결국 한 명의 남자와 한 명의 여자만 남는다. 그들이 세상의 전부다.

그리고 그 둘은 둘이 아니다. 한 쌍의 짝이다.

그리고 그 중에 왕은 남자다. 여자가 아니다.

도둑도 남자고 장군도 남자고 독재자도 남자고 살인자도 남자다.

세상에 있는 모든 실과는 다 남자가 만든 것이고 먹은 것이다.

세상에 있는 모든 무기와 자동차와 기차와 비행기와 도로와 철도와 건물은 거의 다 남자가 만든 것이다. 남자가 사용하는 것이다. 여자가 아니다. 세상에 있는 모든 여자들이 먹은 실과보다 남자 한 사람이 먹은 실과가 더 많고 세상에 있는 모든 여자들이 지은 건물보다 남자 한 사람이 지은 건물이 더 많고 세상에 있는 모든 여자들이 저지른 범죄보다 남자

한 사람이 저지른 범죄가 훨씬 더 많고 세상에 있는 모든 여자들이 죽인 사람의 수보다 남자 한 사람이 죽인 사람의 수가 훨씬 더 많다.

좋은 일을 많이 하는 것도 남자지만 나쁜 일을 하는 것도 남자다.

그것이 모두 여자의 일이 아니라 남자의 일이기 때문이다.

교회는 남자와 여자, 둘 다 같이 예수를 믿어서 둘 다 천국에서 예수와 같이 살자고 하지만 둘이 같이 예수와 살 수는 없다.

남자는 가면 무조건 죽고 여자는 남자를 데리고 가면 죽는다.

남자는 결혼하면 그 여자를 독점할 수 있지만 여자가 결혼하기 위해 다른 남자에게 가면 결코 따라가면 안 되는 존재이기 때문이다.

남자는 그런 존재고 여자도 그런 존재다.

여자가 예수에게 가려면 나발을 버려야 한다.

여자가 예수를 남편으로 맞이한다는 것은 나발을 포함해서 다윗까지, 아담을 포함해서 예수까지, 하나의 남편이 더 추가되는 것을 의미하는 것이 아니라 나발에서 다윗으로 남편이 바뀌는 것을 의미하기 때문이다.

나발을 버리지 않으면 다윗에게 갈 수 없고 아담을 버리지 않고는 예수에게 갈 수 없다. 나발과 여자, 아담과 여자, 두 사람이 같이 다른 남자에게 충성할 수 있는 방법이 없고 한 여자가 나발과 다윗, 아담과 예수, 두 남자 모두에게 동시에 충성할 수 있는 방법도 없기 때문이다.

남자와 예수가 한 여자와 같이 살 수 있는 방법도 없고 여자가 예수가 아닌 남자를 버리지 않고 예수와도 같이 살 수 있는 방법도 없다.

한 여자를 두 남자가 동시에 차지할 수 없기 때문에 셋은 서로 같이 살 수 없으며 한 남자가 물러나거나 죽을 때까지 싸울 수밖에 없다.

그래서 롯이 구원받으려면 소돔 안에 있어서는 안 되고 소돔을 떠나야만 하는 것처럼 여자가 다윗에게 가려면 나발하고 같이 열심히 다윗을 믿어서 죽은 다음에 나빌과 같이 손잡고 가야 하는 것이 아니라 나발을 버리고 여자 혼자 다윗에게 가야하고 여자가 예수에게 가려면 아담과 같이 열심히 예수 믿어서 죽은 다음에 아담과 같이 손잡고 예수에게 가야 하는 것이 아니라 아담을 버리고 여자 혼자 예수에게 가야 하는 것이다.

"그러므로 아이들 중에 남자는 다 죽이고 남자와 동침하여 사내를 안 여자는 다 죽이고 남자와 동침하지 아니하여 사내를 알지 못하는 여자들은 다 너희를 위하여 살려 둘 것이니라."(민31;17,18)

교회는 남자와 여자가 똑같은 죄인이라 한다.

하지만 그 둘은 결코 똑같다고 할 수 없다.

남자가 먹은 실과와 남자가 지은 건물과 남자가 저지른 범죄와 남자가 저지른 살인을 100이라 치면 여자가 지은 건물과 여자가 저지른 범죄와 여자가 저지른 살인은 거의 0에 가깝다. 수치화할 수 없다.

교회는 여자를 상대로 죄인이니 지옥에 갈 것이라 협박한다.

그러면 여자는 자기가 정말 큰 죄를 지었다고 생각한다.

하지만 여자는 죄인 소리 들을 만큼 큰 죄를 지은 게 없다.

그의 일과 그의 성이 없는데 그의 죄와 그의 아이가 있을 리 없다.

남자는 나만 나쁜 게 아니다, 여자도, 아이들도 마찬가지다, 한다.

하지만 남자와 여자와 아이들은 각자 따로 있는 것이 아니다.

그들이 모두 남자 안에 있기 때문이다.

모든 것은 여러 사람이 아니라 남자 단 한 사람으로부터 시작된다.

먼저 시작할 수 있는 유일한 사람이 오직 남자뿐이기 때문이다.

교회는 여자가 낳지 말아야 할 아이를 낳았다고 욕하지만 남자가 아이를 낳기 전에 여자가 먼저 아이를 낳을 수 없고 여자가 버리지 말아야 할 아이를 버렸다고 욕하지만 남자가 아이를 버리기 전에 여자가 먼저 아이를 버릴 수도 없고 여자가 실과를 따 주었다고 하지만 남자가 실과를 따 주기 전에 여자가 먼저 실과를 줄 수도 없고 교회는 여자가 타락했다고 하지만 남자가 타락하기 전에 먼저 여자가 타락할 수도 없다.

> "서기관과 바리새인들이 간음 중에 잡힌 여자를 끌고와서 가운데 세우고 예수께 말하되 선생이여, 이 여자가 간음하다가 현장에서 잡혔나이다. 모세는 율법에 이러한 여자를 돌로 치라 명하였거니와 선생은 어떻게 말하겠나이까. 저희가 이렇게 말함은 고소할 조건을 얻고자하여 예수를 시험함이러라. 예수께서 몸을 굽히사 손가락으로 땅에 쓰시니 저희가 묻기를 마지 아니하는지라. 이에 일어나 가라사대 너희 중에 죄 없는 자가 먼저 돌로 치라 하시고."
> (요8;3~7)

교회는 여자가 먼저 주었고 아담이 여자에게 속아 실과를 먹었다고 하지만 여자가 낳은 것은 남자가 먼저 낳았기 때문이고 여자가 버린 것은 남자가 먼저 버렸기 때문이고 여자가 남자에게 실과를 주는 것은 남자가 먼저 여자에게 실과를 주었기 때문이다. 왜냐하면 여자는 결코 남자와 따로 있을 수 있는 존재가 아니며 언제나 남자 뒤에, 남자와 함께 있으면서 남자가 시작한 일을 도울 수밖에 없는 존재이기 때문이다.

아담이 실과를 먹은 것은 하나님이 그에게 금했지만 그가 결코 그것을 포기할 수 없었기 때문이지 여자가 주었기 때문이 아니다.

교회는 아담으로 하여금 실과를 먹게 한 것이 여자라 말하고 여자도 그렇게 생각하지만 그것은 교회의 거짓말이고 여자의 착각이다.

여자는 단지 아담이 자기에게서 실과를 받아먹었다는 이유 하나만으로 아담이 실과를 먹은 이유가 모두 자기 때문이라고 믿는다.

하지만 그것은 정말 어리석은 착각이다. 아담은 여자를 철저히 속이고 있다.

아담은 여자가 실과를 주어 아담이 먹었고 아담이 죽은 것이라 한다.

하지만 실과를 따먹을 수 있는 유일한 사람은 아담이다.

다른 사람은 결코 실과를 따먹을 수 없다.

처음부터 실과가 어디 있는지, 어떻게 생겼는지, 아는 건 아담뿐이기 때문에, 아담이 여자를 실과가 있는 곳에 데려가서 실과가 어느 것인지 가르쳐 주지 않으면 여자는 결코 실과에 접근할 수조차 없기 때문이다.

자고새가 가장 크게 뻐꾸기에게 속고 있는 것은 뻐꾸기 새끼를 모든 새가 다 낳지 말아야 하는데 자고새가 뻐꾸기 새끼를 낳아서 뻐꾸기에게 주어 뻐꾸기를 죽게 했다고 아는 것이고 여자가 아담에게 가장 크게 속고 있는 것은, 모든 사람이 다 실과를 먹지 말아야 하는데 여자가 실과를 먹고 아담에게도 먹게 해서 아담을 죽게 했다고 아는 것이다.

교회는 선악을 알게하는 나무의 실과는 모든 사람이 다 먹지 말아야 하며 그 사실을 아담뿐만 아니라 여자도 알고 있어야 한다고 한다. 하지만 그것은 사실이 아니다.

뻐꾸기새끼를 모든 새가 다 낳지 말아야 해서 그 사실을 모든 새가 다 알아야 하는 것이 아니듯, 선악을 알게하는 나무의 실과도 모든 사람이 다 먹지 말아야 해서 모든 사람이 다 알고 있어야 하는 것이 아니다.

뻐꾸기새끼를 낳지 말아야 한다는 사실은 오직 뻐꾸기만 알고 있으면 되고 자고새는 알 필요가 없는 일이며 실과를 먹지 말아야 한다는 사실도 오직 아담만 알고 있으면 되고 여자는 알 필요도 없는 일이다.

왜냐하면 뻐꾸기새끼를 낳는 일은 다른 새는 결코 할 수 없으며 오직 뻐꾸기만 할 수 있고 선악을 알게 하는 나무의 실과를 먹는 일 역시 다른 사람은 결코 할 수 없으며 오직 아담만이 할 수 있는 일이기 때문이다.

"불의를 치부하는 자는 자고새가 낳지 아니한 알을 품음 같아서 그 중년에

그것이 떠나겠고 필경은 어리석은 자가 되리라."(렘17;11)

교회는 여자가 아담에게 실과를 먹자고 유혹한 것이라 한다.

하지만 아담에게 실과를 먹자 한 이는 결코 여자가 아니다.

예수를 유혹한 것이 여자가 아니라 뱀이듯 아담도 마찬가지다.

예수를 유혹하는 것이 여자가 아니라 뱀이듯 아담으로 하여금 하지 말아야 할 일을 하도록 유혹하는 것 역시 뱀이지 여자가 아니다.

뱀과 여자가 함께 아담에게 실과를 먹게 한 것이 아니다.

뱀은 결코 여자와 함께 일하지 않는다.

왜냐하면 뱀은 힘이 있는 자의 지배를 받는 자이고, 여자는 단지 아담을 돕기는 하는 사람이며 모든 일은 오직 남자 단 '한 사람', 아담으로부터 시작된다는 것을 뱀은 누구보다 잘 알기 때문이다.

"이스르엘 사람 나봇이 아합에게 대답하여 이르기를 내 조상의 유업을 왕께 줄 수 없다 함을 인하여 아합이 근심하고 답답하여 궁으로 돌아와서 침상에 누워 얼굴을 돌이키고 식사를 아니하니 그 아내 이세벨이 저에게 나아와 가로되 왕의 마음에 무엇을 근심하여 식사를 아니하나이까, 왕이 이르되 내가 이스르엘 사람 나봇에게 말하여 이르기를 네 포도원을 내게 주되 돈으로 바꾸거나 만일 네가 좋아하면 내가 그 대신에 포도원을 네게 주리라 한즉 저가 대답하기를 내가 내 포도원을 네게 주지 않겠노라 함을 인함이로라. 그 아내 이세벨이 저에게 이르되 왕이 이제 이스라엘 나라를 다스리시나이까. 일어나 식사를 하시고 마음을 즐겁게 하소서. 내가 이스르엘 사람 나봇의 포도원을 왕께 드리리이다, 하고."(왕상21;4~7)

> "그때에 예수께서 성령에게 이끌리어 마귀에게 시험을 받으러 광야로 가사 사십 일을 밤낮으로 금식하신 후에 주리신지라. 시험하는 자가 예수께 나아와서 가로되 네가 만일 하나님의 아들이어든 명하여 이 돌들이 떡덩이가 되게 하라."(마4;1~3)

교회는 언제나 성경에 대해 말하면서 둘을 하나로 묶어 '우리'라 하고 '두 사람'의 죄라 하지만 성경은 결코 그렇게 말하지 않는다.

언제나 복수가 아니라 단수, '우리'가 아니라 '그'이고 '너희'가 아니가 '너'이고 '두 사람'이 아니라 '한 사람'이다.

조금, 조금씩 틀리는 것이 모이고 모이면 더 무서운 법이다.

속지 말자.

교회는 여자가 더 큰 죄를 지었지만 남자도 같이 죄를 지었기 때문에 남자도 같이 벌을 받는 것이라 말하지만 그것은 사실이 아니다.

해가 끊임없이 지구 주위를 움직이는 것처럼 보이지만 진짜 움직이고 있는 쪽은 해가 아니라 지구인 것처럼 여자가 끊임없이 움직여 움직이지 않고 가만히 있는 아담에게 실과를 가져다주는 것처럼 보이지만 사실 움직이고 있는 쪽은 언제나 여자가 아니라 아담이기 때문이다.

시작은 언제나 남자가 하고 여자는 언제나 그를 돕기만 할뿐이다.

왜냐하면 실과를 따먹는 모든 일을, 아담은 아무 일도 하지 않고 여자가 다 하는 것처럼 보이지만 남자인 아담이 먼저 시작하지 않으면 여자 혼자 힘으로는 아무 것도 할 수 없고 아이를 낳는 모든 일을, 남자는 아무 일도 하지 않고 여자가 다 하는 것처럼 보여도 남자가 먼저 시작하지 않으면 여자는 아무 일도 할 수 없기 때문이다.

> "이러므로 '한 사람'으로 말미암아 죄가 세상에 들어오고 죄로 말미암아 사망이

왔나니 이와 같은 모든 사람이 죄를 지었으므로 사망이 모든 사람에게 이르렀느니라."(롬5;12)

교회는 남자만 나쁜 것이 아니라 여자와 아이들도 마찬가지라고 한다.

하지만 여자와 아이는 남자의 말과 행동을 따라하는 그림자다.

여자와 아이들이 어떤 말을 하고 어떤 행동을 할지를 결정하는 건 그들이 아니라 남자다. 모두가 다 같이 시작하는 것이 아니라 오직 남자만이 시작할 수 있고 다른 사람들은 그를 따라하는 것일 뿐이기 때문이다.

예전에 어머니들은 남자에게 헌신적이고 지극정성이었다.

정말 자기 것을 다 내어주는 착하고 순수한 사람들이었다.

그들을 억압하고 훼손하고 죽인 것은 그들 자신이 아니다. 남자다.

그들이 자기 자신에게 실과를 먹인 것이 아니라 남자가 먹인 것이고 그들이 자기 자신을 훼손시킨 것이 아니라 남자가 훼손시킨 것이다.

그들이 그들을 위해 자기를 버리고 그들에게 헌신했음에도 행복해지지 않았기 때문에, 오히려 그들이 헌신한 남자에게 버려지고 죽임을 당하는 모습을 본 여자들이 더 이상 그렇게 살지 않기로 한 것이다.

각자가 망가진 것이 아니라 남자가 그들 모두를 망가뜨린 것이다.

오죽하면 여자로 태어난 게 죄란 말이 있겠나.

여자는 보호받고 사랑받아야 할 사람들이다. 죄인이 아니다.

남자는 항상 남자는 그럴 수 있지만 여자는 그래서는 안 된다고 한다.

하지만 하면 안 되는 일은, 남자는 해도 되고 여자만 하면 안 되는 일이 아니라 그 누구보다도 먼저 남자가 하면 안 되는 일이다.

남자는 그래도 되고 여자는 그러면 안 되는 것이 아니다.

그들 중에 남자의 힘을 이길 이가 누가 있으랴.

다른 사람이 아니라고 그들이 곧 세상의 시작이고 끝이다.

여자가 처음부터 지금 같았던 것이 아니다.

여자가 예전에는 하지 않던 일, 해서는 안 될 일을 하게 된 것은 남자가 그 일을 하지 않는 여자보다 하는 여자를 더 좋아하기 때문이다.

그러니 그들이 원래의 모습을 되찾기 바란다면 여자를 바꾸려 할 것이 아니라 남자가 먼저, 회개하고 그들에게 주는 것이 결국 자기에게 돌아오는 것임을 알고 진심으로 사과하고 그들을 사랑해주어야 한다.

교회는 항상, 다 같이 회개합시다, 라고 하지만 그게 아니다.

그들은 다른 이들에게 회개하라고 하면서 내 말을 잘 들어라, 한다.

왜 바치지 않느냐고 하고 왜 사랑하지 않느냐고 한다.

하지만 여자에게 바치라고 할 것이 아니라 먼저 그가 먼저 바치고 여자에게 사랑하라고 할 것이 아니라 그가 먼저 사랑해야 하는 거다.

여자는, 여자가 아니라 남자에 의해 만들어진다.

세상에 있는 여자 중에 남자에 의해 만들어지지 않은 여자는 없다.

남자는 여자가 나쁘다고 욕한다.

여자가 너무한다고 한다.

하지만 여자는 그 스스로가 아니라 남자에 의해 만들어진다.

본래 좋은 여자와 나쁜 여자가 있는 것이 아니라 여자가 좋은 남자를 만나면 좋은 여자가 되고 나쁜 남자를 만나면 나쁜 여자가 되는 것이다.

모든 여자는 다 남자들에게 고용되어 있다.

남자에게 속해 있지 않은 여자는 단 한 사람도 없다.

남자는 여자가 자기에게 나쁜 실과를 준다고 욕하지만 그게 아니다.

남자에게 나쁜 실과를 주는 건 여자가 아니다. 자기 자신이다.

남자가 나쁜 실과를 주지 않았는데도 여자가 남자에게 나쁜 실과를 주는 것이 아니라 남자가 먼저 나쁜 실과를 주었기 때문에 여자가 남자에게서 받은 나쁜 실과를 다시 남자에게 돌려주는 것이기 때문이다.

여자가 주는 나쁜 실과를 남자가 받아먹는 게 아니라 남자가 여자에게 준 실과를 여자가 다시 남자에게 주고 그 실과를 남자가 먹는 거다.

결론은 자기가 자기에게 나쁜 실과를 주는 거다.

남자는 자기는 세상을 이렇게 만들려 한 것이 아닌데 여자에게 속아서 세상이 지옥이 된 것이라고 여자를 욕하지만 그게 아니다.

여자는 백 명이 바뀌어도 세상이 달라지지 않는다.

시작할 수 없기 때문이다. 하지만 남자는 한 명만 바뀌어도 세상이 달라진다. 남자 한 명이 잘못 바뀌면 세상이 하루아침에 망할 수도 있다. 시작할 수 있는 사람은 오직 남자뿐이기 때문이다.

세상에 여자가 단 한 사람만 있다면 그는 결코 남자에게 남이 아니다.

어머니고 할머니고 이모고 고모고 아내고 딸이고 누나고 동생이다.

남자는 그 사람들 없이는 절대 존재할 수가 없는 사람들이다.

그 사람들이 불행해야 남자가 더 행복해질 수 있는 것이 아니다.

그 사람들이 행복해지면 남자도 같이 행복해지고 그 사람들이 불행해지면 남자도 같이 불행해진다. 여자는 자기를 행복하게 만드는 남자를 절대로 불행하게 놔두지 않기 때문이다. 그래서 남자가 행복해지기 위해서는 먼저 여자를 행복하게 해줘야 하는 것이다.

여자는 남자에게 귀한 존재다. 약하다고 해서 함부로 해서는 안 된다.

남자는 여자에게 감사해야 한다. 여자를 죄인이라고 욕하는 것은 여자에게서 나서 여자 품에서 여자가 주는 것을 먹고 자란 사람이 가져야 할 자세가 아니다.

그들이 가진 것들이 다 여자에게서 받은 것들이기 때문이다.

남자는 강하고 할 줄 아는 것도 많다. 하지만 사람을 낳고 키워내기에 적합한 사람들이 아니다.

자기밖에 모르고 하고 싶은 일이 너무 많다.
그 안에 누군가를 품을 수 있는 사람들이 아니다.
그래서 그들에게는 여자가 필요한 것이다.
여자가 반드시 있어야 하는 건 그들이 장군이고 왕이어서가 아니다.
그들보다 작지만 그들을 낳고 키워내는 사람이기 때문이다.
장군이 아니고 왕이 아니면 있어야 할 가치가 없는 것이 아니다.
장군만 훌륭하고 왕만 훌륭한 것이 아니다.
장군이 아니고 왕이 아니어서 그보다 못한 사람인 것이 아니다.
그들을 낳고 키워내는 이도 그에 못지않게 훌륭한 사람인 것이다.
그래서 어떤 남자도 여자를 무시해서는 안 되는 것이다.
처음부터 좋은 여자가 있고 나쁜 여자가 있는 것이 아니라 좋은 남자가 좋은 여자를 만드는 것이고 나쁜 남자가 나쁜 여자를 만드는 것이다.
여자는 남자의 메아리 같은 존재다.
그 스스로 만들어지는 것이 아니라 남자에 의해 만들어지는 존재다.
그래서 좋은 남자는 저절로 좋은 여자를 만들게 되고 나쁜 남자는 아무리 좋은 여자를 만들려 해도 나쁜 여자를 만들 수밖에 없는 것이다.
여자가 사단의 아들을 낳고 키우고 있는 것이 아니다. 아담의 아들을 낳고 키우는 것이다.

> "이는 아담이 먼저 지음을 받고 이와가 그 후며 아담이 꾀임을 보지 아니하고 여자가 꾀임을 보아 죄에 빠졌음이니라."(딤전2;13,14)

아담에게서 태어난 여자는 결코 아담을 속일 수 있는 사람이 아니다.
아담과 여자가 똑같이 시작해서 서로 도움을 주고받는 사이가 아니라 아담이 다 만들어놓은 아담의 왕국에 여자가 태어나는 것이기 때문이다.

에덴은 철저히 아담에 의해 만들어진 아담의 왕국이다.

그리고 여자가 알고 지켜야 할 모든 규칙은 다 아담이 가르쳐 준다.

모든 것이 다 아담의 뜻대로 만들어진 아담의 왕국이기 때문이다.

여자는 그가 시키는 일만 하고 그가 가르쳐 준대로 말하는 사람이다. 여자는 아담과 같이 만들어진 사람이 아니다. 아담과 모든 것이 다 만들어진 다음, 한참 후에야 만들어진 사람이다. 아담의 왕국은 여자가 만들어진 다음에 시작된 것이 아니다. 여자가 만들어지기 전에 이미 다 완성되어져 있었던 것이다. 거기서 여자가 아담을 속일 여지는 조금도 없다.

오직 아담만이 여자를 속일 수 있을 뿐이다.

아담은 구원을 미끼로 여자에게, 절대로 하면 안 될 나쁜 짓을 한다.

여자에게, 자기 말을 잘 들어야 구원받을 수 있다 한다.

여자도 구원 받기 위해 그가 시키는 일이라면 뭐든 다 한다.

하지만 아담 밑에 있는 여자에게 구원은 없다.

여자가 일을 못해서가 아니고 그의 말에 순종하지 않아서가 아니다.

아담이 여자에게 시키는 일이, 여자가 아담 밑에서 하는 일이 옳지 않은 일이기 때문이고 절대로 해서는 안 되는 일이기 때문이기도 하다.

여자가 구원을 받기 위해서는 아담에게 비굴해져야 하는 것이 아니다

아비가일이 죽게 된 것이 뭘 잘못해서가 아니라 나발 밑에 있었기 때문이듯 아담 밑에 있는 여자가 죽는 것도 여자가 뭘 잘못해서가 아니다.

다른 이유 때문이 아니라 아담이 곧 사망이기 때문이다.

"이러므로 한 사람으로 말미암아 죄가 세상에 들어오고 죄로 말미암아 사망이 왔나니 이와 같이 모든 사람이 죄를 지었으므로 사망이 모든 사람에게 이르렀느니라."(롬5;12)

죄와 사망이 세상에 들어온 것은 뱀이나 여자 때문이 아니다.

아담 '한 사람' 때문이다.

여자가 구원받기 위해서는 나발에게 순종해야 하는 것이 아니라 떠나야 하고 아담에게 순종해야 하는 것이 아니라 아담을 떠나야 한다.

여자는 결코 아담보다 나쁜 사람이 아니며 그를 죽게 한 것도 아니다.

만일 여자가 아담을 죽인 것이라면 아담보다 더 큰 벌을 받아야 한다.

하지만 여자는 아담을 죽인 벌을 받지 않는다.

왜냐하면 아담이 죽은 것은 결코 여자 때문이 아니기 때문이다.

"내가 너로 여자와 원수가 되게 하고 너의 후손도 여자의 후손과 원수가 되게 하리니 여자의 후손은 네 머리를 상하게 할 것이요, 너는 그의 발꿈치를 상하게 할 것이니라 하시고."(창3;15)

여자와 여자의 후손은 뱀의 적이 되고 뱀의 머리를 치는 귀한 존재다.

뱀의 원수가 되고 뱀의 후손과도 원수가 되는 것은 벌이 아니라 상이다. 여자가 아담에게 실과를 먹이는 잘못을 했음에도 불구하고 벌이 아니라 상을 받는 것은 그녀가 단지 속은 것일 뿐 나쁜 사람이 아니라는 뜻이고 그리 크게 나쁜 짓을 한 것도 아니라는 뜻이다.

아담과 아담의 후손이 아니라 여자와 여자의 후손이 뱀의 적이 되고 뱀의 머리를 치는 것은 여자가 나쁜 사람이 아니기 때문이다.

아담은 뱀의 적이 아니고 오직 여자만 뱀의 적인 것은 아담이 여자보다 더 나쁜 사람이기 때문이며 뱀이 오직 여자만을 속였기 때문이다.

뱀이 속일 수 있고 죽일 수 있는 건 오로지 여자뿐이다.

그리고 뱀과 적이 되고 뱀을 죽일 수 있는 것도 역시 여자뿐이다.

여자만이 뱀의 적이었고 아담은 아니기 때문이다

뱀이 아담을 속이지 못하는 건 아담이 착한 사람이기 때문이 아니다.

그 둘이 같은 편이기 때문이다.

뱀은 언제나 여자를 속이고 뱀과 여자는 언제나 싸워야 한다.

둘은 같은 편이 아니고 언제나 서로 적이 될 수밖에 없기 때문이다.

여자가 뱀에게 지는 건 여자가 늘 뱀의 꼬리만 잡고 있기 때문이다.

뱀을 잡고 싶지만 머리가 어디에 있는지 모르기 때문에 늘 꼬리만 잡고 있다가 결국 어디 있는지 모르는 머리에 물려 죽는 것이다.

여자가 뱀에게 속는 건 뱀의 머리가 어디인지 모르기 때문이다.

교회는 사단이 뱀의 머리라 하지만 그는 뱀의 머리가 아니다.

뱀의 머리는 바로 뱀이 실과를 먹이는 자이기 때문이다.

그리고 뱀이 수고해서 가져다준 실과를 먹는 건 사단이 아니다.

아담이다.

아담이 아무 일도 하지 않고도 뱀이 수고해서 가져다 준 실과를 먹는 건 그가 뱀의 적이기 때문이 아니라 그가 바로 뱀의 머리이기 때문이다.

교회는 뱀이 여자를 통해 아담에게 실과를 먹여 아담을 죽였다 한다.

하지만 뱀으로 인해 죽은 이는 아담이 아니고 여자다.

만일 아담이 나쁜 사람이 아니고 스스로 실과를 먹은 자가 아니라 여자와 뱀에 의해 속아서 먹은 것이라면 여자가 아니라 아담이 뱀의 적이 되어야만 한다.

아담이 실과를 먹고 죽게 된 것이 뱀 때문이라면 아담은 결코 뱀을 가만 두지 않았을 것이며 여자보다 똑똑하고 힘도 세고 능력도 많고 가진 것도 많은 아담이 뱀의 적이 되면 뱀에게 속지도 않을 것이며 여자보다 훨씬 더 쉽고 빠르게, 뱀을 물리칠 수 있었을 것이기 때문이다.

하지만 그는 결코 뱀의 적이 되지 않으며 뱀의 머리를 치지 않는다.

아니, 칠 수가 없다.

왜냐하면 아담은 에덴을 다스리는 왕이고 뱀은 그의 지배를 받는 자이며 아담과 뱀은 서로 모르는 사이가 아니라 같은 편이기 때문이다.

"여호와 하나님이 그 사람(아담)을 이끌어 에덴 동산에 두사 그것을 다스리며 지키게 하시고."(창2;15)

좋은 여자는 좋은 일을 한 여자가 아니라 좋은 남자를 도와준 여자고 나쁜 여자는 나쁜 일을 한 여자가 아니라 나쁜 남자를 도와준 여자다.

여자가 죄인인 것은 여자가 나쁜 짓을 했기 때문이 아니다.

나쁜 짓을 한 아담을 도와주었기 때문이다.

교회는 여자로 인해 아담이 죽었다 한다.

그래서 여자는 자기가 아담을 죽게 했다고 믿는다.

하지만 여자는 아담을 죽일 수 있을 만큼 대단한 존재가 아니다.

아담이 죽임을 당하는 건 여자 때문이 아니다.

아담이 적으로 삼아서는 안 될 하나님을 적으로 삼았기 때문이다.

여자의 죄는 아담을 죽인 죄가 아니다.

아담이 먹기 싫다는 실과를 억지로 먹게 해 죽인 죄가 아니라 간절히 먹고 싶어 하는 실과를 먹을 수 있도록 도와준 죄다.

여자의 죄는 가만히 있는 아담을 칼로 찔러 죽인 죄가 아니다.

아담을 살린 죄다. 아담을 먹이고 입히고 기른 죄다.

그리고 아담에게 아들을 낳아준 죄다.

아담이 싫어할 만한 일을 한 죄가 아니라 좋아할 만한 일을 한 죄다.

여자가 좋은 여자인 것은 그녀가 좋은 일을 했기 때문이 아니라 좋은 남자를 만났기 때문이고 여자가 나쁜 여자인 것은 그녀가 나쁜 일을 했기 때문이 아니라 나쁜 남자를 만났기 때문이다 여자가 나쁜 사람이어서 남자 앞에 무릎 꿇어야 하는 것이 아니다.

여자의 더 죄가 커서 남자 앞에 무릎을 꿇어야 하는 것도 아니다.

어리석어서, 그래서는 안 되는 줄도 모르고 나쁜 남자 앞에 끌려와 자기가 더 큰 죄인인 줄 알고 옷이 찢겨진 채로 무릎 꿇고 있는 거다.

그렇게 당해도 싸서 그렇게 당하고 있는 것이 아니다.

당하지 말아야 하는데 멍청해서 그렇게 당하고 있는 것이다.

진짜 나쁜 사람은 아담이고 그의 후손인 남자다. 여자가 아니다.

여자는 모든 남자에게 속해 있으면서 동시에 모든 남자로부터 자유다.

어느 남자에게라도 갈 수 있고 어느 남자에게서라도 떠날 수 있다.

'김 씨'인 남자는 오직 '김 씨' 아이 밖에 못 낳지만 여자는 다르다.

어떤 성을 가진 아이라도 낳을 수 있다.

아담은 여자를 나쁜 여자라 욕한다. 여자로 인해 자기가 죽었다 하고 천국에서 쫓겨났다 한다. 아담의 후손인 남자도 마찬가지다.

여자를 자기를 죽인 사람으로 자기 밑에 무릎 꿇리고 단죄한다.

하지만 여자를 욕할 수 있는 건 하나님뿐이다.

아담이나 그의 후손이 아니다.

왜냐하면 여자는 그들을 죽인 사람이 아니라 살린 사람이기 때문이다.

여자가 죄인인 건, 주지 않았기 때문이 아니라 주었기 때문이고 살리지 않았기 때문이 아니라 살렸기 때문이고 낳지 않았기 때문이 아니라 낳았기 때문이고 사랑하지 않았기 때문이 아니라 사랑했기 때문이다.

여자가 벌을 받는 것은 아담은 절대로 먹고 싶어 하지 않는 실과를 억지로 먹여 아담을 죽게 했기 때문이 아니라 아담이 욕심내고 간절히 먹고 싶어 하는 실과를 목숨 걸고 먹을 수 있게 도와주었기 때문이다.

태어나기 싫은 사람을 태어나게 했기 때문이 아니라 간절히 태어나고 싶어 하는 사람을 태어날 수 있도록 도와주고 사랑했기 때문이다.

그게 여자가 지은 죄인 거다.

그래서 여자가 불쌍한 거다.

자기가 살라주고 사랑한 남자에 의해 죽임을 당하니 불쌍한 거다.

여자가 하나님과 적이 되었다는 것은 아담과도 적이 되었다는 뜻이 아니다. 하나님과 적이 되었다는 뜻은 아담의 동료가 되었다는 뜻이다.

여자가 나쁜 여자인 것은 아담을 죽였기 때문이 아니다.

아담을 죽이는 나쁜 짓을 했기 때문이 아니다.

먹이고 살렸기 때문이고 아담이 원하는 일을 해 줬기 때문이고 그를 행복하게 해 줬기 때문이다. 기쁘게 해 줬기 때문이다.

나쁜 여자는 아담에게 적이 아니라 동료다.

여자가 죄인인 것은 그가 나쁜 여자이기 때문이 아니다.

그가 살린 아담과 그 아들이 나쁜 남자이기 때문이다.

여자는 자기가 죽인 남자에 의해 죽임을 당하는 것이 아니다.

나쁜 남자를 살린 여자는 자기가 살린 남자에 의해 죽는다.

죽였기 때문에 죽임을 당하는 것이 아니다.

자기가 실과를 주지 않은 남자로 인해 죽는 것이 아니다.

실과를 준 남자로 인해 죽는 것이다.

자기가 실과를 주지 않은 남자가 아니라 실과를 준 남자로 인해 죽는 것이고 헌신하지 않은 남자가 아니라 헌신한 남자에 의해 죽는 것이다.

그리고 죽인 남자에 의해 위험해지는 것이 아니라 살린 남자에 의해 위험해지고 사랑하고 헌신한 남자에 의해 죽임을 당하는 것이다.

여자가 남자에게 잔인하게 죽임을 당하는 것은 여자가 죄인이기 때문이 아니라 그저 여자가 자기를 죽이는 남자를 만났기 때문이고 여자가 남자에게 다이아몬드를 선물로 받는 것은 여자가 죄인이 아니기 때문이 아니라 그저 여자가 다이아몬드를 선물로 주는 남자를 만났기 때문이다.

어떤 여자는 날 때부터 죄인이라서 남자에게 짓밟히다가 죽임을 당하고 어떤 여자는 날 때부터 죄인이 아니라서 남자로부터 예쁜 꽃과 빛나는 보석을 선물로 받는 것이 당연한 것이 아니라 똑같은 여자라도 나쁜 남자를 만나면 맞아죽고 좋은 남자를 만나면 사랑받으며 사는 거다.

불행은 끝나야 하는 것이지 당연히 받아들여야 하는 것이 아니다.

여자가 아담에게 약점이 잡혀서 아담을 떠나지 못하는 것은 그에게 그가 원하는 실과를 주지 않았기 때문이 아니다.

아담이 여자에게 무려하게, 함부로 행동할 수 있는 것도 여자가 그에게 주지 않았기 때문이 아니다.

주었기 때문이다. 교회는 여자가 아담에게 순종하지 않고 속인 것이 죄라한다. 하지만 여자의 죄는 주지 않은 죄가 아니라 준 죄고 먹이지 않은 죄가 아니라 먹인 죄다. 여자가 주는 실과가 나쁜 것이기만 해서 악한 것이어서 그것을 아담에게 주는 것이 죄가 되는 것이 아니다. 아담이 나쁜 사람이기 때문에 그에게 주는 모든 것이, 먹이는 모든 것이 다 나쁜 것이 되고 죄가 되는 것이다. 여자가 그에게 주는 실과가 악한 것이어서 선한 그를 죽게 만드는 것이 아니라 그가 악하기 때문에 그가 먹는 모든 것이 그를 죽게 만드는 것이다.

> "그런 즉 선한 것이 내게 사망이 되었느뇨, 그럴 수 없느니라. 오직 죄가 죄로 드러나기 위하여 선한 그것으로 말미암아 나를 죽게 만들었으니 이는 계명으로 말미암아 죄로 심히 죄되게 하려 함이니라."(롬7:13)

아담이 여자를 소유할 수 있는 것은 여자가 아담에게 실과를 주지 않았기 때문이 아니라 주었기 때문이고 헌금을 주지 않았기 때문이 아니라 주었기 때문이고 그와 결혼하지 않았기 때문이 아니라 결혼했기 때문이고 그를 낳지 않았기 때문이 아니라 낳았기 때문이고 그를 사랑하지 않았기 때문이 아니라 사랑했기 때문이다.

그가 아닌 사단에게 실과를 주었기 때문에 그에게 약점이 잡히는 것이 아니라 그에게 실과를 주었기 때문에 그에게 약점이 잡히는 것이고 그가 아닌 사단에게 헌금을 주었기 때문에 그에게 약점이 잡히는 것이 아니라 그에게 헌금을 주었기 때문에 그에게 약점이 잡히는 것이고 그의 아들이 아닌 사단의 아들을 낳았기 때문에 그에게 약점이 잡히는 것이 아니라 그의 아들을 낳았기 때문에 그에게 약점이 잡히는 것이고 그가 아닌 사단을 사랑했기 때문에 그에게 약점이 잡히는 것이 아니라 그를 사랑했기 때문에 떠나지 못하고 그에게 영원히 약점이 잡히는 것이다.

그리고 그가 원치 않는 실과를 억지로 주었기 때문이 아니라 그가 원하는 실과를 주었기 때문에 그 둘이 같이 살 수 있게 되는 것이다.

아담과 아담의 후손이 있는 것은 순전히 여자가 있었기 때문이다.

그들은 여자를 자기보다 서열이 낮은 사람이라고 생각한다.

하지만 그들 모두는 여자에 의해 태어나고 자란다.

여자가 없었다면 그들은 결코 존재할 수조차 없었을 것이다.

여자의 헌신과 희생이 있었기 때문에 그들이 있는 것이다.

그러니 그들은 당연히 여자에게 고마워해야 한다.

그들에게 다 준 여자는 당연히 그들에게 사랑받고 보호받아야 한다.

그런데 여자는 자기의 전부를 주고 헌신한 그들에게 욕을 먹는다.

고마움과 감사함은 사라지고 욕만 남는 것이다.

그리고 그것이 여자가 죄인이기 때문이라 한다.

하지만 그것은 여자가 죄인이기 때문이 아니다.

그들이 나쁜 남자이기 때문이다.

에덴이 잘못되어 아담을 잘못된 에덴에서 쫓아낸 것이 아니라 아담이 잘못되어 잘못된 아담이 에덴에서 쫓겨난 것이고 여자가 잘못되어 잘못된 여자가 벌을 받아 남자에게 죽임을 당하는 것이 아니라 남자가 잘못되어 잘못된 남자에게 죽지 말아야 할 여자가 죽임을 당하는 것이다.

아담에게 힘을 주고 능력을 준 것이 에덴을 보호하고 지키게 하기 위해서이듯 남자에게 힘을 주고 능력을 준 것은 그들이 죄인이 아니기 때문이 아니라 사랑받아 마땅한 여자를 보호하고 지키게 하기 위해서다.

그런데 그들이 나쁜 사람이기 때문에 하나님의 뜻을 어기고 그 힘과 권력을 자기들이 보호하고 사랑해야 할 여자를 죽이는 데 쓰는 것이다.

여자가 죄인이라서 그런 취급을 받는 것이 아니라 그런 취급을 받아서는 안 되는데 남자가 나쁜 사람이어서 그런 취급을 받는 것이다.

여자가 죄인이라서 사랑받지 못하고 구원받지 못하고 행복하지 못한 것이 아니라 사랑받아야 하고 구원받아야 하고 행복해야 하는데 나쁜 남자를 만나서 사랑받지 못하고 구원받지 못하고 행복하지 못하는 것이다.

남자가 여자를 죽이면 여자는 자기가 죄인이기 때문이라 생각한다.

원인을 남자가 아니라 자기에게서 찾는다.

그리고 남자도 그렇게 말한다.

하지만 남자가 여자를 죽이는 이유는 단 하나다.

순전히 그가 나쁜 놈이기 때문이다. 다른 이유 없다.

여자가 나쁜 여자이기 때문이 아니다.

남자가 착하고 여자가 나쁜 여자이기 때문에 남자가 여자를 죽이는 것이 아니라 남자가 나쁜 남자이기 때문에 여자를 죽이는 것이다.

여자가 죄인이라서 죄인이라는 말을 들어야 하는 것이 아니라 죄인이 필요한 그들 앞에 있으니 그들에게서 죄인이라는 말을 듣는 거다.

그리고 죽임을 당해야 해서 어쩔 수 없이 죽임을 당하는 것이 아니라 여자를 죽이고 싶어 하는 나쁜 남자 앞에 있으니 죽임을 당하는 거다.

남자가 여자를 때려잡지 않아서 구원을 받지 못하는 것이 아니다.

여자가 '사단'에게 넘어가서 구원을 받지 못하는 것도 아니다.

남자가 구원을 받지 못하는 것은 여자를 잘못 만났기 때문이 아니다.

여자가 구원을 받지 못하는 것은 '헌신'하지 않았기 때문이 아니다.

교회는 아담이 여자에 이용당해서 죽었다고 한다.

그리고 자기들은 그런 실수를 하지 않으면 살 수 있다고 생각한다.

하지만 남자가 구원을 받지 못하는 그가 나쁜 사람이기 때문이고 여자가 구원을 받지 못하는 것은 '헌신'할 대상을 잘못 골랐기 때문이다.

아담이 구원받기 위해서는 자기는 바뀌지 않은 채, 다른 사람을 바꾸어야 하는 것이 아니라 먼저 그 자신이 달라져야 한다.

남자는 아담이 나쁜 사람이라는 사실을 인정하고 싶어 하지 않는다.

아담이 곧 그들 자신이기 때문이다.

그래서 여자를 나쁜 사람으로, 아담을 죽이는 뱀으로 꾸민다.

하지만 아담이 다른 사람에 의해 죽임을 당하는 것이 아니다.

착한 그가 다른 사람으로 인해 죽임을 당하는 것이 아니다.

악한 그가 죽임을 당하고 다른 사람도 죽게 하는 것이다.

왜냐하면 그가 바로 세상에 사망을 들여온 '사단'이기 때문이다.

뱀이나 여자에게 속아서 착한 그가 죽게 되는 것이 아니다.

그가 죽는 것은 그가 악한 사람이기 때문이다.

그가 죽고 사는 것은 그 어떤 이유도 아니고 바로 그 자신 때문이다.

아담은 여자더러 아담을 떠나면 에덴에서 쫓겨난다 하고 교회는 여자더러 교회를 떠나면 천국에 갈 수 없고 지옥에 간다 한다.

하지만 사실은 그 반대다.

여자가 에덴에서 쫓겨난 것은 그를 떠나서가 아니라 떠나지 않아서이고 여자가 지옥에 가는 것은 교회를 떠나서가 아니라 떠나지 않아서다.

그를 떠났기 때문에 에덴에서 쫓겨나는 것이 아니라 떠나지 않아서 에덴에서 쫓겨나게 되는 것이고 교회를 떠나서 지옥으로 쫓겨나게 되는 것이 아니라 교회를 떠나지 않아서 쫓겨나게 되는 것이다.

순종하지 않은 것에 대한 책임이 여자에게 있는 것이 아니다.

죄에 대한 책임 또한 여자에게 있는 것이 아니다.

순종하지 않은 사람은 두 사람이 아니다. 오로지 한 사람이다.

그리고 순종하지 않은 한 사람은 여자가 아니다. 남자다.

여자로 인해 죄가 들어온 것이 아니고 남자로 인해 죄가 들어왔고 여자로 인해 죄가 나가는 것이 아니라 남자로 인해 죄가 나가는 것이다.

순종한 사람도 마찬가지다.

순종한 한 사람도 여자가 아니다. 남자다.

여자가 불순종해서 남자도 같은 심판받는 게 아니라 남자가 불순종해서 여자도 같은 심판받는 거고 여자가 순종해서 남자도 같은 구원받는 게 아니라 남자가 순종해서 여자도 같이 구원받는 거다.

남자가 여자를 바꾸면 남자도 바뀌는 것이 아니다.

여자가 남자를 바꾸어서 남자가 바뀌는 것도 아니다.

여자가 남자를 바꾸는 것이 아니라 순종하지 않은, 한 남자로 인해 여자도 바뀌는 것이고 순종한 한 남자로 인해 여자도 바뀌는 것이다.

남자가 바꾸려고 해야 할 것은 여자도 아니고 세상도 아니다.

오직 남자 자신이다.

남자가 바뀌면 다른 것은 굳이 바꾸려 하지 않아도 바뀌게 되어 있다.

여자는 남자가 허락한 범위 안에서만 움직인다.

여자도 때로 남자 앞에 있을 때가 있고 남자도 뒤에 있을 때가 있다.

하지만 여자가 남자 앞에 가고 있는 것처럼 보인다고 해서 정말 여자가 남자 앞에 있는 것이 아니고 남자가 여자 뒤에 따라가고 있는 것처럼 보인다고 해서 정말 남자가 여자 뒤에 있는 것이 아니다.

아담이 절대로 먹어서는 안 되는 실과를 따먹는 일에 여자를 자기보다 앞에 세운다고 해서 여자가 아담보다 더 큰 죄를 지은 것이 아니고 바리새인과 서기관들이 간음 중에 잡힌 여자를 예수 앞에 세운다고 해서 여자가 자기 뒤에 있는 그들보다 더 큰 죄를 지은 것도 아니다.

여자는 자기 능력으로 앞에 가고 뒤에 가는 것이 아니다.

언제나 여자의 자리는 남자 뒤다.

다만 남자가 허락하는 범위 안에서 남자의 필요에 의해 남자가 여자를 앞에 세우면 앞에 있고 뒤에 세우면 뒤에 있게 되는 것뿐이다.

교회는 모두가 다 잘못하여 모두가 다 심판을 받는 것이고 모두가 다 달려져야 모두가 구원을 받을 수 있다고 하지만 사실은 그게 아니다.

많은 사람이 아니라 오로지 처음 시작인 남자 단 '한 사람'이 잘못하여 그 뒤에 있는 모든 사람이 다 그를 따라 심판을 받는 것이고 반대로 모두가 다 달라져서 구원을 받게 되는 것이 아니라 남자 단 '한 사람'만 달라지면 그 뒤에 있는 모든 사람들도 다 그를 따라 같이 구원을 받을 수 있게 된다. 그러니 남자 단 '한 사람'만 달라지면 되는 것이다.

여자는 결코 그들 앞에 죄인일 이유가 없다는 얘기다.

"한 사람의 순종치 아니함으로 많은 사람이 죄인 된 것 같이 한 사람의 순종하심으로 많은 사람이 의인이 되리라."(롬5;19)

여자가 죄인인 것은 실과를 훔쳤기 때문이 아니고 사람을 죽였기 때문도 아니다. 아담을 만났기 때문도 아니다. 떠나지 못했기 때문이다.

여자는 에덴에 살던 여자와 자기는 다르다 생각한다.

에덴에 살던 여자는 아담에 순종하지 않고 아담을 속이고 위대롭게 만들었기 때문에 에덴에서 쫓겨났지만 자기는 교회와 목사에 절대적으로 순종하고 그를 부유하게 만들었기 때문에 천국에 갈 것이라 생각한다.

하지만 에덴에 살던 여자가 죄인인 것은 아담에게 순종하지 않았기 때문이 아니라 순종하고 따랐기 때문이고 아담을 위태롭게 만들었기 때문이 아니라 성공하게 만들고 더 부유하게 만들었기 때문이다.

여자가 죽는 것은 사단을 따랐기 때문이 아니라 아담을 따랐기 때문이다. 아담이 곧, 사람에게 사망을 가져온 오직 '한 사람'이기 때문이다.

"너희는 너희 아비 마귀에게서 났으니 너희 아비의 욕심을 너희도 행하고자 하느니라. 저는 처음부터 살인한 자요, 진리가 그 속에 없으므로 진리에 서지 못하고 거짓을 말할 때마다 제 것으로 말하나니 이는 저가 거짓말쟁이요, 거짓의 아비가 되었음이니라."(요8;44)

교회는 여기서 말하는 아비가 사단이라 하지만 우리의 아비는 사단이 아니다. 누구나 다 알다시피 우리의 아비는 사단이 아니라 아담이다.

아담은 믿을만한 사람이 아니고 사실을 말하는 사람이 아니다.

언제나 거짓을 말하면서 사실처럼 말하는 사람이다.

"가라사대 누가 너의 벗었음을 네게 고하였느냐, 내가 너더러 먹지 말라 명한 그 나무 실과를 네가 먹었느냐?"(창3;11)

하나님이 아담에게 실과를 먹었느냐, 물으면 아담의 대답은 무조건 네, 아니면 아니요, 둘 중에 하나다. 다른 대답이 있을 수 없다. 왜냐하면 그만이 그 일을 할 수 있는 '첫 사람'이고 '한 사람'이기 때문이다.

하지만 그는 그렇게 대답하지 않는다. 그는 자기는 먹기 싫었는데 여자가 그에게 주어서 어쩔 수 없이, 마지못해 먹었다고 거짓말을 한다.

"아담이 가로되, 하나님이 주셔서 나와 함께하게 하신 여자 그가 그 나무 실과를 내게 주므로 내가 먹었나이다."(창3;12)

이 말이 왜 거짓말이냐 하면 여자는 아담에게 먼저 뭘 줄 수 있는 사람이 아니라 그저 그가 시작한 일을 돕기만 하도록 만들어진 '돕는 배필'이고 따라서 여자가 남자에게 주어서 남자가 먹게 되는, 곧 여자가 시작해서 남자가 돕게 되는 그런 일은 있을 수 없기 때문이다.

언제나 속이는 쪽은 여자가 아니다. 아담이다.

아담은 언제나 여자에게 두 번째 실과를 주는 듯이 준다.

첫 번째 실과는 먹으면 안 되었지만 두 번째는 괜찮다면서 준다.

하지만 여자가 먹는 실과는 언제나 두 번째 실과가 아니다.

언제나 첫 번째 먹지 말아야 할 실과다.

이미, 한 번 먹었으니 다시 먹지 않는다고 해도 결코 먹지 않은 사람이 될 수 없는 것이 아니고 다시 먹지 않는다고 해서 한 번도 먹지 않은 사람과 같아질 수 없는 것이 아니다. 전에 먹었더라도 그 순간부터 다시 먹지 않으면 언제든 아직 한 번도 먹지 않은 사람이 될 수 있는 것이다.

이미 첫 번째 여자가 먹었으니 그가 먹은 것이 곧 내가 먹은 것이 되는 것도 아니고 내가 먹지 않았어도 이미 먹은 셈이 되는 것도 아니다.

먹지 말아야 할 실과가 그때는 먹지 말아야 할 실과였지만 지금은 똑같이 생겼어도 반드시 먹어야 하는 실과로 바뀌는 것도 아니다.

언제든, 어느 때든 다시 먹지 않을 수 있다면 먹지 말아야 한다.

그것이 어떻게든 먹이려는 아담을 이기는 길이다.

그때는 죄인이 아니었기 때문에 먹으면 반드시 죽었지만 이제는 죄인이기 때문에 먹지 않으면 지옥에 갈 수밖에 없게 된 것이 아니다.

언제나 지옥에 가는 것은 먹지 않기 때문이 아니라 먹기 때문이다.

먹어야만 하는 실과와 지어야만 하는 죄가 있는 것이 아니다.

첫 번째 여자가 속았듯이 모든 여자들이 그렇게 속고 있는 것뿐이다.

원래는 먹지 말아야 하는데 죄인의 후손이어서 먹어야 하고 원래는 나쁜 짓을 하지 말아야 하는데 죄인이 후손이어서 나쁜 짓을 해야만 하는 것이 아니다. 항상, 반드시 먹지 말아야 하고 하지 말아야 한다.

원래는 교회에 가지 않아도 구원받을 수 있게 되어 있었는데 죄인의 후손이어서 교회에 가야만 구원받을 수 있게 된 것이 아니다.

원래는 구원받게 되어있었는데 죄인의 후손이어서 교회 다니지 않으면 구원받을 수 없게 된 것이 아니고 원래는 사랑받게 되어 있었는데 죄인의 후손이어서 교회 다니지 않으면 사랑받을 수 없게 된 것이 아니다.

그래서 다시 구원받고 사랑받기 위해서는 그냥은 안 되고 무조건 교회에 다니고 교회 말을 잘 듣고 예수를 믿어야만 하는 것이 아니다.

그것은 그가 나쁜 놈이기 때문에 구원해주어야 하지만 구원해주기 싫고 사랑해주어야 하지만 사랑해주기 싫어서 지어낸 거짓말이다.

거기에 속아서는 안 된다.

그들이 말하는 교회나 예수는 진짜 교회와 예수가 아니다.

여자를 죽이는 '아담'의 다른 이름이다.

죄인이라서 구원받을 수 없게 된 사람이 그렇게 해서 다시 구원을 받을 수 있게 되는 것이 아니라 그렇게 해서 다시 죽게 되는 것이다.

여자는 항상, 무슨 일이 있어도 구원받아야 하고 사랑받아야 한다.

어떤 이유로도 구원받지 말고 사랑받지 말아야 할 경우는 없다.

무슨 일이 있어도 하지 말아야 할 일은 하지 말아야 한다.

그때는 그로 인해 죽었지만 이제는 그로 인해 사는 것이 아니다.

어떤 경우에도 예외란 있을 수 없다.

삶은 두 번이 아니다.

실과도 두 번째 실과가 아니다.

죄에 대한 첫 번째 책임은 언제나 여자에게 있는 것이 아니다.

아담에게 있는 것이다.

그리고 여자가 아담에게 주는 실과는 언제나 첫 번째 실과다.

두 번째가 아니다.

교회는 사람이 아담의 후손이기 때문에 지옥에 가는 것이라 한다.

하지만 남자가 죄인인 것은 그가 아담의 후손이기 때문이 아니다.

그가 바로 아담이기 때문이다.

그리고 여자가 죄인인 것도 그녀가 여자의 후손이기 때문이 아니다.

예전에, 아담에게 실과를 준 적이 있기 때문도 아니다.

그녀가 바로 지금 아담에게 실과를 주고 있는 그녀이기 때문이다.

아담과 여자의 이야기는 결코 과거완료형의 이야기가 아니다.

항상 현재 진행형인 이야기다.

여자가, 아담에게 주지 말았어야 할 실과를 주어 그를 죽게 한 여자의 후손이어서, 혹은 예전에 이미 아담에게 한 번 실과를 준 적이 있는 사람이라서, 그렇지 않았다면 절대로 주지 않아도 될 두 번째 실과를 주어야만 하는 것이 아니라 지금 지금 그가 먹고 있는 실과가 그가 첫 번째로 먹고 있는 절대로 먹지 말아야 할 실과고 그녀가 그에게 주고 있는 실과가 그녀가 절대로 주어서는 안 되지만 주고 있는 첫 번째 실과다.

그리고 그녀가 죄를 지은 여자의 후손이기 때문에, 그렇지 않았다면 절대로 짓지 않아도 될 두 번째 죄를 지어야만 하는 것이 아니라 다른 여자가 지은 죄는 그녀와 아무 상관없는 죄이며 지금 그녀가 짓고 있는 그 죄가 바로 그녀가 절대로 짓지 말아야 할 첫 번째 죄인 것이다.

"이미 있던 것이 후에 다시 있겠고 이미 한 일을 후에 다시 할찌라, 해 아래는 새 것이 없나니(전1;9)

"한 사람의 순종치 아니함으로 많은 사람이 죄인 된 것 같이 한 사람의 순종하심으로 많은 사람이 의인이 되리라."(롬5;19)

"서기관들과 바리새인들이 간음 중에 잡힌 여자를 끌고 와서 가운데 세우고 예수께 말하되 선생이여 이 여자가 간음하다가 현장에서 잡혔나이다. 모세는 율법에 이러한 여자를 돌로 치라 명하였거니와 선생은 어떻게 말하겠나이까. 저희가 묻기를 마지 아니하는지라. 이에 일어나 가라사대 너희 중에 죄 없는 자가 먼저 돌로 치라 하시고 다시 몸을 굽히사 손가락으로 땅에 쓰시니 저희가 이 말씀을 듣고 양심의 가책을 받아 어른으로 시작하여 젊은이까지 하나씩 하나씩 나가고 오직 예수와 그 가운데 섰는 여자만 남았더라."(요8;3~9)

하나님만 그렇게 살아야 하는 것이 아니다

교회 다니는 사람을 보면 이상한 사람들이 많다.

보기 흉한 짓 하는 사람들이 많다.

남이 보기에는 흉해도 그것이 구원받는 길이라 믿으면서 자기 죄 고백하면서 울고불고하는 사람들, 목사에게 돈 바치는 남자들, 몸 바치는 여자들, 낼모레 지구가 망할 것처럼 자기 인생은 다 포기한 채 오로지 교회에만 매달리는 사람들, 자기 힘만으로는 구원받을 자격이 없다고 생각하는 사람들이 구원받고 싶다는 욕심에 절대로 해서는 안 될 짓까지 구원받을 수 있는 비법인 줄 알고 서슴지 않고 하는 사람들이 많다.

자기만 그렇게 살면 그나마 다행이다.

가족, 친구, 아는 사람들 다 끌어들여서 다 같이 망하는 길로 간다.

그들은 그것이 구원받는 길인 줄 안다.

하지만 그렇게 살아서는 안 되는 거다.

바라는 것이 있으면 이미 이루어졌다고 믿으라는 말이 있다.

천국에서만 그렇게 살고 하나님만 그렇게 살아야 하는 것이 아니다.

천국에서 해야 할 일과 천국 아닌 곳에서 해야 할 일이, 하나님이 해야 할 일과 하나님이 아닌 사람이 해야 할 일이 따로 있는 것이 아니다.

어디서든 누구든 그렇게 살아야 하는 것이다.

초능력을 부리라는 것이 아니다.

바르고 선하게, 되도록 나쁜 짓은 안 하고 살아야 한다는 것이다.

하나님이 아니기 때문에 나쁜 짓을 해도 되는 것이 아니다.

사람이 추하게 살고 악하게 사는 것이 당연한 것이 아니다.

하나님이 하는 일과 내가 하는 일이 둘이 있는 것이 아니다.

주문하는 사람과 사용하는 사람이 따로 있는 것이 아니다.

주문한 사람이 곧 사용하는 사람이기도 한 것이다.

하나님과 구원받고 싶은 사람이 따로 있는 것이 아니다.

하나님과 나는 둘이 아니다.

내가 하나님의 일을 해야 하는 사람이기 때문이다.

하나님이 하는 일을 나는 하면 안 되는 것이 아니다.

하나님이 안 하는 일은 나도 안 할 수 있다면 안 해야 한다.

하나님처럼 초능력을 부리라는 뜻이 아니다.

적어도 지금 내가 하고 있는 일이, 누군가 하라고 하는 일이 하나님이 하지 않을 일이라면 나도 어떤 경우라도 해서는 안 된다는 뜻이다.

나와 하나님이 따로 있는 것이 아니다.

내가 하나님이 세상에 사람의 모습으로 내려왔다 치자.

내가 세상에 태어난 하나님이라 치자.

내가 과연 교회 다니고 예수 믿어야 천국에 갈까?

내가 하나님인데 나를 지옥에 보낼까?

하나님이 교회 안에 들어왔다 치자.

내가 아니라 하나님의 눈으로, 나를 보고 사람들을 보고 목사를 보자.

그가 과연 지금 그 안에 있는 사람들이 하고 있는 일을 같이 할까?

그가 과연 목사의 발에 순종할까? 누군가가 시킨다고 해서 다른 사람을 때리거나 죽일까? 세상에 해가 되는 나쁜 짓을 할까?

혹은, 교회에 갈까? 예배를 들을까? 헌금을 할까? 찬송가를 부를까? 구원받게 해달라고 미친 듯이 울부짖고 기도할까?

목사가 시키는 일이라면 뭐든 할까?

어떤 무식한 목사의 말처럼 팬티도 내리라면 내릴까?

전 재산 바치라면 바칠까?

과연 지금 교회에 다니는 사람들이 하는 수많은 미친 짓 중에 단 하나라도 하나님이 그 일을 좋아하고 하고 싶어 하는 일이 있을까?

할렐루야를 외치면서 천국에 보내달라고 울고불고 난리를 칠까?

교회는 사람을, 하나님과는 완전히 다른 존재로 보고 하나님에게는 결코 하지 않았을 추악한 요구를 사람에게만 한다.

하지만 하나님과 나는 결코 둘이 아니다.

나는 그들이 그렇게 아무렇게나 갖고 놀아도 되는 사람이 아니다.

나는 하나님이 그와 똑같은 형질로 만든 '작은' 하나님이기 때문이다.

지금 교회 다니는 사람들이 구원받기 위해 하는 짓은 모두 추하다.

그리고 그들은 그것이 곧 구원받을 수 있는 방법이라 생각한다.

하지만 그것은 결코 구원받을 수 있는 방법이 아니다.

여기가 천국이고 내가 하나님이면 그렇게 살지 않았을 텐데 여기가 천국이 아니고 내가 하나님이 아니어서 그런 일을 해도 되는 게 아니다.

여기가 어디든 내가 누구든 천국에서 하면 안 되는 일은 여기서도 하면 안 되고 하나님이 안 할 일은 하면 나도 하면 안 되는 거다.

여기가 천국이 아니고 내가 하나님이 아니어서 추하게, 멋없게 살아야 하는 것이 아니다. 불행하고 비굴하게 살아도 되는 것이 아니다.

이곳과 천국은 둘이 아니고 나와 하나님도 둘이 아니다.

천국에서 하지 않을 일이라면 여기서도 하면 안 되고 하나님이 하지 않을 일이라면 나도 하면 안 되는 일이다. 천국에서 할 일은 여기서는 하면 안 되는 일이 아니라 여기서도 해도 되고 하나님이 하는 일은 나는 하면 안 되는 일이 아니라 나도 해도 되는 일이다.

이곳과 천국이 따로 있는 것이 아니라 이곳에 천국이 있는 것이다.

하나님과 내가 따로 있는 것이 아니라 내 안에 하나님이 있는 것이다.

그래서 누가 무슨 일을 시킬 때나 내가 무슨 일인가를 할 때는 여기가 천국이고 내가 하나님이라면 과연 그 일을 할까, 하지 않을까, 이것이 과연 옳은 일인가, 스스로에게 물어보고 결정해야 하는 거다

이곳이 천국이 아니기 때문에 천국이 아닌 것이 아니다.

하나님이 사람을 천국에서 쫓아냈기 때문에 이곳이 천국이 아닌 것이 당연한 것이 아니다. 사람이 천국을 버렸기 때문에, 포기했기 때문에, 천국에서 사는 것처럼 살지 않기 때문에 이곳이 천국이 아닌 것이다.

그리고 사람이 하나님이 아니기 때문에 그 일을 하면 안 되는 것이 아니다. 사람이 그 일을 하지 않기 때문에 하나님이 아닌 것이다.

천국이 따로 있는 것이 아니라 내가 하나님이 아니면 이곳은 천국이라도 천국이 아니고 하나님이면 이곳은 천국이 아니라도 천국이다.

한 번쯤 발을 삐끗해도 더 이상 여기는 천국이 아니고 나는 하나님이 아닌 게 아닌 거다. 한 번 넘어지면 다시는 일어나면 안 되는 것이 아니고 한 번 잘못하면 더 이상 하나님이면 안 되는 게 아니다.

그래서 나는 더 이상 하나님으로 살면 안 되는 게 아니다.

항상 어떤 상황에서도 여기는 천국이고 나는 하나님이다.

그래야 제대로 된 삶을 사는 거다. 그래야 제대로 된 사람인 거다.

지금은 죽기 전이기만 한 것이 아니라 죽은 후이기도 하다.

지금이 곧 죽은 후로 이어지기 때문이다.

죽기 전에는 천국에 갈 수 없고 죽어야만 갈 수 있는 게 아니다.

지금과 죽은 후가 다르지 않다는 이야기다.

중요한 것은 밖에 있는 풍경이 아니다.

밖에 있는 풍경이 천국이면 그곳이 천국인 것이 아니고 밖에 있는 풍경이 지옥이면 그곳이 지옥인 것도 아니다.

이곳이 천국이 아니기 때문에 내가 천국이라고 느끼지 못하는 것이 아니다. 천국이 아니기 때문에 천국에서처럼 살 수 없는 것도 아니다.

천국은 나와 상관없이 다른 사람이 내게 줄 수 있는 것이 아니다.

내 안에 천국이 있으면 그곳이 어디든 천국이 되지만 내 안에 천국이 없으면 그곳이 아무리 천국이라도 그곳은 더 이상 천국이 아닌 것이 될 것이기 때문이다.

소돔이 지옥인 것은 밖에 있는 풍경이 지옥이기 때문이 아니라 그 안에 사는 사람이 지옥이기 때문이고 지금이 지옥인 것도 밖에 있는 풍경이 지옥이기 때문이 아니다. 그 안에 사는 사람이 지옥이기 때문이다. 다른 곳에 소돔이 있는 것이 아니고 다른 곳에 천국이 있는 것이 아니다. 사람이 소돔이면 그곳이 곧 소돔이 되는 것이고 마찬가지로 사람이 천국이면 그곳이 또 천국이 되는 것이다.

천국은 다음이 아니라 지금이다.

천국이 따로 있고 천국에서 하는 일이 따로 있는 것이 아니다.

하나님이 따로 있고 하나님이 할 일이 따로 있는 것도 아니다.

사람은 다 악하니 악하게 살아야 하는 것이 아니다.

본래 악해서 악하게 사는 게 아니라 악하게 사니 악한 거다.

하나님이 사람을 지옥에 쫓아냈으니 이곳이 지옥인 것이 당연한 것이 아니다. 그리고 사람이 지옥에서 사는 것이 당연한 것이 아니다.

사람이 아담의 후손이라서 본래 악한 것이 당연한 것도 아니다.

아담이 천국에서 쫓겨났기 때문에 그 이후에 태어난 내가 살고 있는 이곳이 천국이 아니고 지옥인 것이 당연한 것이 아니다.

내가 아담의 후손이 되어야 하는 것이 당연한 것이 아니다.

내가 하나님이 되어야 하는 것이 당연한 것이다.

아담의 후손이라 안 되는 것이 아니다.

내가 강도가 아닌데 내가 아담의 후손이어서 하나님이 내 의지와 상관없이 나를 강도 만난 자에게 데려다 줘서 불행한 것이 아니고 내가 사마리아인이 아닌데 내가 예수를 믿어서 하나님이 내 의지와 상관없이 나를 사마리아인을 만난 자에게 데려다 줘서 행복해지는 것이 아니라 내가 강도면 나를 만난 세상은 저절로 강도 만난 자가 되는 것이고 내가 사마리아인이면 나를 만난 세상은 저절로 사마리아인을 만난 자가 되는 것이다.

세상이 나와 아무 상관없이 지옥이 되고 천국이 되는 것이 아니다.

하나님과 하나님 아닌 사람도 정해져 있는 것도 아니다.

천국과 하나님이 따로 있고 이곳은 천국이 아니고 나는 하나님이 아니라 믿는 사람은 무조건 잘못 살고 있는 사람이다.

이곳이 천국이 아니라서 내가 불행하고 이곳 말고 더 이상의 다른 천국이 있을 거라 믿고 이곳에서는 막 살아도 된다고 생각지 마라.

그래서 죽은 다음에는 그곳으로 갈 수 있을 거라 생각지 마라.

처음부터 천국과 지옥이 정해져 있는 것이 아니다.

천국이 이곳과 따로 있는 것이 아니고 하나님이 나와 따로 있는 것도 아니다. 세상은 스스로는 아무것도 아니어서 내가 누구냐에 따라 내가 있는 그곳이 천국이 되기도 하고 지옥이 되기도 하는 것이다.

내가 지옥으로 쫓겨났기 때문에 어쩔 수 없이 이곳이 지옥인 것이 아니라 내가 하나님으로 살면 이곳이 천국이 되었을 텐데 내가 하나님으로 살고 싶어 하지 않으니 이곳이 천국이 되지 못하는 거다.

그러니 나 말고 세상을 천국으로 만드는 더 이상의 하나님이 따로 있다고 믿고 나는 하나님이 아니니 지옥에 사는 것이라 생각지 마라.

함부로 살아도 된다고 생각지 마라.

내가 있는 이곳이 천국이고 내가 곧 하나님임을 알아라.

그래야 제대로 된 삶을 산다 할 수 있는 거다.

"나더러 주여, 주여, 하는 자마다 천국에 다 들어갈 것이 아니요, 다만 하늘에 계신 내 아버지의 뜻대로 행하는 자라야 들어가리라."(마7;21)

"예수께서 가라사대 너희 율법에 기록한바 내가 너희를 신이라 하였노라 하지 아니하였느냐 성경은 폐하지 못하나니 하나님의 말씀을 받은 사람들을 신이라 하셨거든 하물며 아버지께서 거룩하게 하사 세상에 보내신 자가 나는 하나님의 아들이라 하는 것으로 너희가 어찌 참람하다 하느냐."(요10;34~36)

사람 말고는 없다

아담 말고 다른 존재가 있어서 여자를 죽이는 것이 아니고 가인 말고 다른 존재가 있어 아벨을 죽이는 것이 아니다.

아담 말고 여자에게 실과를 먹게 하는 사단이 따로 있는 것이 아니고 가인 말고 아벨을 죽이는 이가 따로 있는 것이 아니다.

아담 말고 다른 존재가 있어서 여자에게 실과를 먹게 하는 것이 아니라 아담이 여자에게 실과를 먹게 하는 것이고 가인 말고 다른 존재가 있어서 아벨을 죽이는 것이 아니라 가인이 힘없는 아벨을 죽이는 것이다.

세상에 다른 존재가 있어서 세상을 지옥으로 만들고 힘없는 사람을 죽이는 것이 아니라 아담이 세상을 지옥으로 만들고 가인이 힘없는 사람을 죽이는 것이다. 세상에는 사람보다 더 위험한 다른 존재가 없다.

나머지는 사람이 다 지어낸 것이다.

아담과 가인이 자기를 보호하고 변호하기 위해 만들어낸 것이다.

세상에 아담과 여자와 사단이 있는 것이 아니라 아담과 여자가 전부고 가인과 아벨과 사단이 있는 것이 아니라 가인과 아벨이 전부다.

세상에 하나님이 따로 있고 사단이 따로 있어서 사람을 살게 하고 죽게 하는 것이 아니라 오직 사람이 사람을 살게 하고 죽게 하는 것이다.

그리고 무서운 사람은 힘없는 사람이 아니다.

어떤 사람은 하나님의 편이어서 힘이 주어진 것이 아니고 어떤 사람은 하나님의 편이 아니어서 힘이 주어지지 않은 것이 아니다.

그래서 힘 있는 사람은 힘없는 사람을 죽여도 되는 것이 아니다.

여자가 무서운 것이 아니고 아벨이 무서운 것이 아니다. 그래서 아담에게 죽어야 하고 가인에게 죽어야 하는 것이 아니다.

무서운 사람은 항상, 힘을 가진 이다.

힘없고 가진 거 없고 배운 거 없는 사람이 아니다.

힘없는 사람은 죄도 작기 때문이다.

그리고 세상에 많은 사람이 있는 것이 아니다.

세상에 있는 사람은 오직 두 사람이다.

남자와 여자, 가인과 아벨, 가해자와 피해자.

그리고 지금은 가인의 세상이고 가해자의 세상이고 남자의 세상이다.

가인은 살았고 아벨은 죽었다.

가인이 아벨을 죽인 것이다.

가인은 자신은 아벨을 죽이지 않았다고 한다.

하지만 그것은 사실이 아니다.

가인은 가인이나 아벨이나 다 똑같은 죄인이라 한다.

하지만 그 둘은 결코 똑같은 죄인이 아니다.

가인과 아벨, 가해자와 피해자가 다 죄인이고 나쁜 놈인 것이 아니다.

가인만 죄인이고 아벨은 죄인이 아니다.

아벨은 죄인이 아니고 나쁜 놈도 아니다.

아벨이 죄인이라 죽임을 당한 것이 아니다.

가인 말고 아벨을 죽이는 다른 이가 없고 가해자 말고 피해자를 죽일 다른 이가 없고 남자 말고 여자를 죽일 다른 이가 없다.

가인 말고 다른 하나님이나 사단이 있어 아벨을 죽이고 가해자 말고 다른 하나님이나 사단이 있어 피해자를 죽이고 남자 말고 다른 하나님이나 사단이 있어 여자를 죽이는 것이 아니다. 그런데 그 벌을 가인이 받고 가해자가 받고 남자가 받고 있는 것이 아니다.

가인이 나쁜 놈이 아닌데도 단지 아벨을 죽이는 것이 하나님의 뜻이어서 가인이 아벨을 죽인 것도 아니다.

아벨이 착한 가인을 화나게 해서 가인이 아벨이 죽인 것이기 때문에 가인의 범죄에 그도 함께 책임이 있는 것이 아니다.

더하고 덜한 것 없이 세상에 있는 모든 사람이 다 똑같은 죄인이니 죽인 사람이나 죽임을 당한 사람이나 똑같이 나쁜 놈인 것이 아니다.

오로지 가인과 가해자만이 죄인이고 나쁜 놈이다.

항상 가인은 아벨을 죽이고 가해자는 피해자를 죽인다.

죽인 사람은 자기를 변호하고 죽은 사람은 변호할 기회조차 없다.

하지만 죽임을 당한 사람은 결코 나쁜 놈이 아니다.

죽어 마땅한 사람이기 때문에 죽임을 당한 것도 아니다.

아벨은 가인이 죽였고 피해자는 가해자가 죽였다.

아벨이, 자살하거나, 잘못해서 다른 이들에 의해 죽임을 당해 놓고 아무 잘못 없는 선량한 가인에게 그 죄를 뒤집어씌우는 게 아니고 피해자가 자기 죄로 인해 죽어 놓고 가해자에게 그 죄를 묻는 것도 아니다.

죽임을 당한 자가 선한 자고 살아남은 자가 나쁜 자다.

가인은 자기뿐만 아니라 모두가 다 아담의 후손이라 죄인이라 하고 아벨이 자기보다 더 나쁜 놈이라 한다. 그래서 죽은 것이라 한다.

하지만 가인이나 아벨이나 모두가 다 같은 죄인인 것이 아니다.

가해자나 피해자나 다 똑같이 죄인인 것이 아니다.

죽임을 당한 자나 산인하게 죽인 자나 똑같은 죄인인 것도 아니다.

가인만이 죄인이고 가해자만이 죄인이고 살인자만이 죄인이다.

사람들이 하나님의 말을 듣지 못하는 건 하나님이 아무 말도 하지 않았기 때문이 아니다. 하나님의 말을 들으려 하지 않기 때문이다.

그들은 자기들이 원하는 이야기만 듣는다.

그들을 제외한 모든 사람들이 그들이 하는 일을 반대했음에도 그들은 그 사람들이 하는 말을 듣지 않는다. 오히려 자기들의 정당한 권리를 짓밟고 있다고 화를 내고 무시한다. 그 사람들은 그들에게 결코 하나님일 수가 없기 때문이다. 그들에게는 자신들의 일을 찬성하고 지지하는 사람만이 하나님이고 반대하는 그 누구도 하나님이 아니기 때문이다.

가인이나 아벨이나 사람의 가치는 모두가 다 똑같다.

아벨이 가인보다 더 하찮고 못난 사람인 것이 아니다.

배운 것이 없고 가진 것이 없다고 해서 나쁜 사람인 것이 아니다.

아벨도 사람으로 대접받을 수 있는 세상이 되어야 한다.

가인이 세상을 지옥으로 만들지 않았는데도 하나님이 사람들을 지옥으로 쫓아내서 사람들이 어쩔 수 없이 지옥에 사는 것이 아니다.

천국이 아니기 때문에 천국이 아닌 것이 아니다.

가인이 아벨을 죽이지 않았는데도 아벨이 괜히 죽은 것이 아니다.

가인이 천국을 없앴기 때문에 이곳이 지옥이 되는 것이다.

가인이 아벨을 죽였기 때문에 아벨이 죽은 것이다.

이곳 말고 지옥이 따로 있는 것이 아니라 끊임없을 가인을 살리고 살리면 이곳은 지옥이 되는 것이고 이곳 말고 천국이 따로 있는 것이 아니라 끊임없이 아벨을 살리고 살리면 이곳이 천국이 되는 것이다.

이곳을 다시 천국으로 만들려면 아벨이 아니라 가인이 죽어야 한다.

가인이 아니라 아벨이 행복할 수 있는 세상을 만들어야 한다.

죽임을 당하는 아벨이 아니라 아벨을 죽이는 가인이 나쁜 사람이고 가인에 의해 죽임을 당한 사람이 착한 사람이라는 것을 알아야 한다.

보잘 것 없어 보여도 아벨이 천국이고 하나님임을 알아야 한다.

가인 말고, 세상을 지옥으로 만드는 사람이 따로 있는 것이 아니라 가인이 곧 세상을 지옥으로 만들고 있다는 사실을 알아야 한다.

천국이 따로 있는 것이 아니라 아벨이 곧 천국임을 알아야 한다.

지옥이 따로 있는 것이 아니라 가인이 지옥임을 알아야 한다.

여자가 죽임을 당하고 아벨이 죽임을 당하고 아비가일이 죽임을 당하고 강도 만난 자가 죽임을 당하는 것에 다른 이유가 있는 것이 아니다.

여자가 아담보다 죄가 더 많아서 아담에게 죽임을 당해야 하는 것이 아니다. 아벨이 가인보다 죄가 더 많아서 가인에게 죽임을 당하고 아비가일이 나발보다 죄가 더 많아서 나발에게 죽임을 당하고 강도 만난 자가 강도보다 죄가 더 많아서 그들에게 죽임을 당해야 하는 것이 아니다.

아담이 더 악하기 때문에 여자가 아담에게 죽임을 당하는 것이고 가인이 더 악하기 때문에 아벨이 가인에게 죽임을 당하는 것이고 나발이 더 악하기 때문에 아비가일이 나발에 의해 죽임을 당하고 강도들이 나쁜 놈들이기 때문에 강도 만난 자가 강도들에게 죽임을 당하는 것이다.

그리고 여자가 아담에게 순종하는 것이 착한 사람이 되는 길이 아니고 아벨이 가인에게 순종하는 것이 착한 사람이 되는 길이 아니고 아비가일이 나발에게 순종하는 것이 착한 사람이 되는 길이 아니고 강도 만난 자가 강도에게 순종하는 것이 착한 사람이 되는 길이 아니다.

그들을 떠날 수 있어야 하고 그들에게 저항할 수 있어야 한다.

아담이나 여자나 다 똑같은 죄인이고 가인이나 아벨이나 다 똑같은 죄인이고 나발이나 아비가일이나 다 똑같은 죄인이고 강도나 강도 만난 자나 다 똑같은 죄인이어서 그들 자신으로는 구원받을 수 없고 오로지 교회에 다니고 예수를 믿어야만 구원을 얻을 수 있는 것이 아니다.

다 똑같은 죄인이고 아담의 후손이어서 가인에게 끔찍하게 죽임을 당한 아벨이라도 예수 안 믿으면 지옥가고 아벨을 끔찍하게 죽인 가인이라도 교회 다니고 예수 믿으면 천국 가는 것이 아니고 강도만나 끔찍하게 죽임을 당한 사람이라도 예수 안 믿으면 지옥가고 사람을 끔찍하게 찢어 죽인 강도라도 예수를 믿기만 하면 천국가게 되는 것이 아니다.

성경은 그저, 지극히 평범한 진리를 담은 책이다.

누구라도 예수만 믿으면 하나님이 받고 예수 안 믿으면 안 받는다는 내용의 책이 아니라 어느 때고 여자는 받고 아담은 받지 않는다는 내용의 책이고 아벨은 받고 가인은 받지 않는다는 내용의 책이다.

아담을 떠난 여자라도 예수 안 믿으면 안 받고 아담이라도 예수 믿으면 받고 아벨이라도 예수 안 믿으면 안 받고 아벨을 죽인 가인이라도 예수 믿으면 받는다는 그런 내용의 책이 아니다.

여자는 아담보다 약하지만 감히 아담이 무시할 수 없는 소중한 사람이며 아벨은 가인보다 약하지만 감히 가인이 무시할 수 없는 소중한 사람이며 아비가일은 나발보다 약하지만 감히 나발이 무시할 수 없는 소중한 사람이며 강도 만난 자는 강도들보다 약하지만 감히 강도들이 무시할 수 없는 소중한 사람이다. 그들은 결코 그들을 죽인 사람에 속해 있는, 그리고 그들에게 무조건 순종해야할 그들보다 못한 사람이 아니다.

이 세상이 지옥인 것은 사단이 있기 때문이 아니다.

먹어서는 안 되는 실과를 먹는 아담이 있기 때문이고 죽여서는 안 되는 아벨을 죽이는 가인이 있기 때문이고 아비가일을 죽이려는 나발이 있기 때문이고 사람을 죽이려고 기다리는 강도가 있기 때문이다.

하나님이 아벨의 제물을 받은 것은 그가 교회 다니고 예수 믿었기 때문이 아니라 착하기 때문이고 가인의 제물을 받지 않은 것은 그가 교회 안 다니고 예수 안 믿었기 때문이 아니라 악하기 때문이다.

아벨은 악하지만 교회 다니고 예수 믿어서 그의 제물을 하나님이 받은 것이 아니고 가인은 착하지만 교회 안 다니고 예수 안 믿어서 안 받은 것이 아니다. 아벨이 착하기 때문에 하나님이 그의 제물을 받은 것이고 가인이 악하기 때문에 하나님이 그의 제물은 안 받은 것이다.

그가 아벨을 죽인 것이 그가 악하다는 증거다. 착한 그가 악한 아벨을 죽인 것이 아니라 악한 그가 착한 아벨을 죽인 것이다.

가인은 아벨이 죽을 만하니 죽인 것이라 한다.

그래서 아벨의 죽음은 자기 탓이 아니라 한다.

가인의 폭력이 나쁜 것이 아니며 아벨의 저항이 나쁜 것이라 한다.

자기가 죽지 않기 위해 어쩔 수 없이 아벨을 죽인 것이라 한다.

하지만 가인의 변명은 모두 거짓말이다.

가인이 많아지면 세상은 지옥이 되고 아벨이 많아지면 천국이 된다.

가인은 가인 자신 외에 다른 사람은 아무도 중요치 않다.

어느 순간 그들의 칼이 나를 향할지 모른다.

그래서 죽임당하는 사람들을 지키기 위해 싸워야 한다.

남이 아니라 나를 위해서 아벨이 보호받는 세상을 만들어야 한다.

가인과 아벨은 결코 같이 행복할 수 없다.

가인과 아벨은 똑같은 사람이 아니다.

가인이나 아벨이나 다 같이 지옥에 갈 수밖에 없는 사람이 아니다.

가인은, 아벨은 하나님이 아니기 때문에, 아담의 후손이기 때문에, 예수 믿지 않기 때문에 죽어야 한다고, 지옥에 가야 한다고 한다.

그래서 그를 잔인하게 죽이는 것이 당연한 일이라고 생각하는 것이다.

하지만 아벨과 하나님이 따로 있는 것이 아니다.

세상이 천국이 되기 위해서는 가인이 행복할 수 있는 세상이 아니라 오직 아벨이 행복할 수 있는 세상을 만들어야 한다.

그래야 선한 이들의 세상이 되는 거다.

그래야 천국이 되는 거다.

가인은 아벨과 같은 사람은 결코 하나님과 같을 수 없다 생각한다.

하지만 하나님과 아벨은 둘이 아니다.

하나님이 아벨의 제물을 받는 것은 그가 바로 하나님이기 때문이다.

가인이 아벨을 죽이지 말아야 할 이유 역시 하나님만 하나님이고 그는 하나님이 아닌 것이 아니라 그도 역시 하나님이기 때문이다.

아담이 죽는 것은 자기를 죽이는 사단을 죽였기 때문이 아니며 가인이 죽는 것도 사단을 죽였기 때문이 아니다. 하나님을 죽였기 때문이다.

절대로 죽이면 안 되는, 자기보다 못나고 별 볼일 없어 보여서 전혀 하나님처럼 보이지 않지만 하나님인 하나님을 죽였기 때문이다.

아담은 하나님이 절대 먹지 말라는 실과를 사단이라 말하며 따먹고 가인은 하나님이 절대 죽이지 말라는 아벨을 사단이라 말하며 죽인다.

그래서 사람들은 그들이 사단을 죽였다고 믿는다.

그리고 사단에 의해 그들도 죽임을 당했다고 생각한다.

하지만 사단은 실과가 아니며 아벨이 아니다.

아담이고 가인이다.

아담과 가인은 하나님과 아벨을 둘로 나눈다.

그리고 아벨을 사단이라며 죽인다.

하지만 아벨은 사단이 아니라 비록 초라하고 볼품없는 겉모습을 가졌지만 하나님이 하나님과 똑같은 형질로 만든 또 다른 하나님이다.

"하나님이 가라사대 우리의 형상을 따라 우리의 모양대로 우리가 사람을 만들고 그로 바다의 고기와 공중의 새와 육축과 온 땅과 땅에 기는 모든 것을 다스리게 하자 하시고 하나님이 자기 형상 곧 하나님의 형상대로 사람을 창조하시되 남자와 여자를 창조하시고,"(창1;26,27)

아담과 가인이 죽는 것은 사단을 죽였기 때문이 아니다.

하나님을 죽였기 때문이다.

아담이 실과를 먹고 죽는 것은 실과에 독이 있어서 죄 없는 아담을 죽이기 때문이 아니라 실과가 곧 하나님이기 때문에 죽는 것이고 가인이 아벨을 죽이고 죽는 것도 아벨이 가인을 죽이기 때문이 아니라 아벨이 곧 하나님이기 때문에 아벨을 죽인 가인도 죽는 것이다.

"여호와께서 가인에게 이르시되, 네 아우 아벨이 어디 있느냐. 그가 가로되 내가 알지 못하나이다. 내가 내 아우를 지키는 자니이까. 가라사대 네가 무엇을 하였느냐. 네 아우의 핏소리가 땅에서부터 내게 호소하느니라. 땅이 그 입을 벌려 네 손으로부터 네 아우의 피를 받았은즉 네가 땅에서 저주를 받으리니."
(창4;9~11)

제3부

열 처녀

교회는 사람은 모두 구원받을 수 없는 상태로 태어난다고 한다. 하지만 구원받을 수 없는 상태로 시작하는 사람은 단 한 사람도 없다. 신랑을 기다리는 열 사람의 처녀는 모두 신랑을 만날 수 있다. 처음에는 아무도 신랑을 만날 수 없는 상태로 태어나는 것이 아니다. 처녀가 신랑을 만나는 것이 교회에 의해 정해지는 것이 아니다. 그래서 신랑을 만나기 위해서는 교회에 비굴해져야 하는 것이 아니다.

태어난 그 상태로는 모든 여자가 다 죄인이라서 어떤 처녀도 신랑을 만날 수 없고 교회 앞에 무릎을 꿇어야만 자격이 주어지는 것이 아니다.

그리고 사람도 모두 구원받을 수 있는 위치에서 태어난다.

처음에는 아무도 구원을 받을 수 없는 상태로 태어나는 것이 아니다. 사람이 구원받고 못 받는 것이 교회에 의해 정해지는 것이 아니다. 그래서 구원받기 위해서는 교회에 비굴해져야 하는 것이 아니다. 태어난 그 상태로는 모두가 다 죄인이라서 어떤 사람도 하나님을 만날 수 없고 천국에 갈 수 없고 오직 교회 앞에 무릎을 꿇고 빌어야만 하나님을 만나고 천국에 갈 수 있는 자격을 얻게 되는 것이 아니다. 처음에는 모든 처녀가 등불 없이 섰다가 교회 믿고 예수 믿어야만 등불이 주어지는 것이 아니고 처음에는 모든 사람이 구원받지 못하고 살다가 교회 다니고 예수 믿어야만 그제야 구원이 주어지는 것이 아니다. 처음부터 등불을 들고 있어야 하고 처음부터 구원받고 있어야 한다. 그리고 항상 움직여야 하는 것은 처녀가 아니고 사람이 아니다. 신랑이고 하나님이다.

신랑을 만나기 위해 처녀가 따로 해야 할 일이 있는 것도 아니다.

처녀가 무조건 죄인이라서 신랑을 만나기 위해 신랑 아닌 다른 사람에게 비굴해져야 하는 것이 아니고 사람이 무조건 죄인이라서 하나님을 만나기 위해 하나님 아닌 교회에 비굴해져야 하는 것이 아니다.

그저 처음에 들고 있던 등불을 끝까지 들고만 있으면 된다. 사람도 처음에 들고 있던, 그 자리에서 떠나지 않고 끝까지 기다리기만 하면 무조건 구원이라는 등불을 끝까지 들고 있기만 하면 된다. 만날 수 있는 처녀가 있고 만날 수 없는 처녀가 있는 것도 아니다.

있는 그 자리에서 기다리기만 하면 신랑이, 하나님이 오는 것이다.

올 수도 있고 오지 않을 수도 있는 것도 아니다.

다섯 명에게는 오고 다섯 명에게는 오지 않는 것도 아니다.

그래서 어떤 처녀는 신랑을 기다리던 곳에서 만나지만 어떤 처녀는 아무리 기다려도 신랑이 오지 않아서 신랑을 만나기 위해서는 신부가 직접 신랑을 찾아 성까지 직접 찾아가야 하는 것도 아니다.

처음부터 신랑은 그 자리에 오게 되어 있기 때문이다. 그리고 기다리는 모든 처녀에게 오게 되어 있기 때문이다. 그 사실은 단 한 번도 변한 적이 없다. 예수 이전에는 안 오고 이후에만 오기 시작한 것이 아니다.

그리고 기회는 처녀가 성안에 들어갔을 때 오는 것이 아니다.

신랑이 성안으로 다시 돌아간 다음에 오는 것도 아니다. 처녀가 아직 성 밖에 있고 신랑도 성 밖에 나왔을 때, 단 한 번 오는 것이다.

처녀가 성 밖에서는 본 적이 없는 신랑을 성안에 가서 만나서 사는 것이 아니다. 성 밖에서 만난 신랑을 따라 성안에 가서 사는 것이다.

그리고 여기서 만난 적이 없는 하나님이 천국에서 기다리고 있는 것도 아니다. 여기서 만난 하나님을 따라 천국에 가서 사는 것이다.

교회는 하나님이 아직 오지 않았다고 하고 이 세상에는 하나님이 없다고도 한다. 이 세상에서 만나는 하나님은 가짜라고 한다. 하지만 오지 않거나 없어서 못 만나는 것이 아니다. 하나님이 없어서 못 만나는 것이 아니라 하나님은 이미 왔지만 처녀가 있어야 할 그 자리를 비웠기 때문에 못 만나는 것이다. 혹은, 이미 왔는데도 그를 알아보지를 못해서 못 만나는 것이다. 처음에 오기로 한 그곳에 하나님은 반드시 온다. 오기로 했다가 아담이 실과를 따먹는 바람에 그 이후부터는 안 오게 된 것이 아니다. 그래서 예수 믿는 사람에게만 오게 된 것이 아니다.

열 처녀, 모두에게 신랑이 오고 모든 사람에게 하나님이 온다. 세상에 신랑을 기다리는 처녀가 만 명이 있는데 교회 안 다니고 예수 안 믿는 다른 구천구백구십 명의 처녀들에게는 처음부터 신랑이 안 가고 교회 다니고 예수 믿는 열 명의 처녀에게만 신랑이 가는 것이 아니다. 열 처녀는 모두 아담의 후손이라 신랑을 만날 자격이 없이 태어나서 오직 교회 다니고 예수 믿는 처녀에게만 자격이 주어지는 것이 아니다. 세상에 열 명의 처녀가 있다면 그들 모두에게 신랑이 가는 것이다.

다만 어떤 처녀는 등불을 꺼트려 신랑이 그곳에 왔을 때 기다리기로 한 그곳이 아니라 엉뚱한 기름장수네 집에 가 있고 어떤 사람은 하나님이 그곳에 왔을 때 처음 있던 그 자리, 있기로 한 그곳이 아니라 엉뚱한 교회에 가서 하나님을 찾으니 하나님을 만나지 못 하는 것뿐이다.

"그때에 천국은 마치 등을 들고 신랑을 맞으러 나간 열 처녀와 같다 하리니 그 중에 다섯은 미련하고 다섯은 슬기있는 자라."(마25:1,2)

열 처녀가 신랑이 있는 성에 들어가기 위해서는 혼자 가서는 안 되고 반드시 성 밖에서 먼저 신랑을 만나서 신랑과 함께 가야 한다.

성문은 처녀 혼자에게만은 결코 열리지 않고 오직 신랑에게만 열리기 때문에 성 밖에서 신랑을 만나 신랑과 함께 온 처녀에게만 열리고 신랑 없이 처녀 혼자서 열려고 하면 절대로 열리지 않기 때문이다.

교회는 예수 한 사람이 모두를 다 구원하는 것이라 한다. 하지만 모든 사람이 다 한 사람의 예수에 의해 구원받는 것이 아니다. 자기를 구원할 등을 밝힐 기름은 각자가 가지고 있어야 한다. 그리고 자기를 구원할 예수도 각자 가지고 있어야 한다. 다른 사람의 예수가 나도 같이 구원하는 것이 아니다. 기름 한통만 있으면 모든 처녀가 다 구원받을 수 있는 것이 아니다.

왜냐하면 한 사람이 가지고 있는 기름은 그 사람, 한 사람이 쓰기에만 충분한 양이고 다른 사람이 나누어 쓰기에는 늘 부족하기 때문이다.

그리고 한 사람의 예수는 그의 옆에 있는 단 한 사람을 구원하기에만 충분하고 모든 사람이 같이 구원받기에는 늘 부족하기 때문이다.

"미련한 자들이 슬기 있는 자들에게 이르되 우리 등불이 꺼져가니 너희 기름을 좀 나눠 달라 하거늘 슬기 있는 자들이 대답하여 가로되 우리와 너희의 쓰기에 다 부족할까 하노니 차라리 파는 자들에게 가서 너희 쓸 것을 사라 하니 저희가 사러 간 동안에 신랑이 오므로 예비하였던 자들은 함께 혼인 잔치에 들어가고 문은 닫힌지라. 그 후에 남은 처녀들이 와서 가로되 주여, 주여, 우리에게 열어 주소서, 대답하여 가로되 진실로 너희에게 이르노니 내가 너희를 알지 못하노라 하였느니라."(마25;8~12)

노아의 방주

교회는 세상에 의인이 없다고 한다. 성경에 그렇게 나와 있다 한다.

하지만 성경에 보면 노아가 의인이었다는 이야기가 나온다.

롯도 의인이었고 예수도 의인이었다.

그들이 의인인 이유는 하나님과 동행했기 때문이다.

사람들은 죄를 용서받기 위해 교회를 찾고 성당을 찾고 절을 찾는다.

그런 것들이 자기를 구원해 줄 거라 믿는다.

하지만 죄의 양과 높이는 노아의 시대에 내린 비의 양과 높이와 같다.

땅에 있는 그 어떤 것들도 거기서 사람을 구원할 수 있는 것이 없다.

비는 그 모든 것을 다 덮을 만큼 어마어마하게 많이 내리기 때문이다.

교회나 성당에 숨으면 비가 못 들어오는 것이 아니다.

절에 숨으면 비가 못 들어오는 것이 아니다.

높은 건물, 높은 산, 어디에 숨어도 결국 죽게 되어 있다.

그것들은 땅에서 단 한 치도 벗어날 수 없기 때문이다.

그곳에 있으면 살아남을 거라고 믿는 건 아직 그곳에 비가 넘치기 전까지의, 그곳에 있는 사람들만의 착각이다.

그래서 살아남기 위해, 구원받기 위해서 필요한 것은 종교가 아니다. 방주다. 사람을 중심으로 어디든 갈 수 있는 방주다. 어떤 종교는 아괜찮고 어떤 종교는 안 괜찮은 게 아니라 다 마찬가지다.

사람을 죄로부터 구원해주기 위해서는 땅으로부터 떨어질 수 있게 해주어야 하고 죄로부터 분리시켜줄 수 있어야 하기 때문이다.

교회는 교회가 방주라 하지만 교회는 절대 방주가 아니다.

교회는 자신을 중심으로 사람을 죽이지만 방주는 사람을 중심으로 자신을 죽인다. 교회 안에서는 교회가 살고 사람이 죽지만 방주 안에서는 방주가 죽고 사람이 산다. 교회 안에서는 사람이 교회의 종이 되어야 하지만 방주 안에서는 방주가 사람의 종이 되고 사람이 왕이 되는 것이다.

그래서 사람이 구원받기 위해 필요한 것은 교회가 아니라 방주다.

교회는 사람이 구원받기 위해서는 반드시 자기가 필요하다고 한다.

하지만 사람이 교회에 묶여버리는 순간 그때부터 오히려 구원과는 멀어진다. 죄가 엄습했을 때 그곳을 떠날 수가 없기 때문이다.

사람이 구원을 받는 것은 지금 만나는 스승보다 더 고매한 스승이나 지금 다니고 있는 교회보다 더 훌륭한 교회를 만났기 때문이 아니다.

사람이 구원받는 것은 그가 한 착한 일 때문도 아니고 다니는 교회 때문도 아니고 다른 어떤 무엇 때문도 아닌 오로지 그 사람 자체가 귀하기 때문이다. 그래서 어떤 일을 하기 전에도 어떤 교회에 다니기 전에도 그 사람은 이미 충분히 구원받아 마땅한 것이다.

방주는 예수를 중심으로 있는 것도 아니고 하나님을 중심으로 있는 것이 아니다. 오직 사람을 중심으로 있는 것이다.

방주가 구하는 것은 오직 사람이다.

기독교를 믿는 사람도 아니고 불교를 믿는 사람도 아니다.

그냥 사람이다.

사람보다 더 귀한 가치가 사람 밖에 있는 것이 아니다.

천국이 사람 밖에 있는 것이 아니고 하나님이 사람 밖에 있는 것이 아니다. 사람 안에 있는 것이다.

그래서 사람을 구하는 방주는 그 어떤 것도 아닌 사람을 중심으로 있어야 하는 것이다.

"너는 잣나무로 너를 위하여 방주를 짓되 그 안에 간들을 막고 역청으로 그 안팎에 칠하라."(창14)

노아의 방주에 들어가는 모든 동물들은 다 제 짝이 있었다.

짝이 있는 동물들이 모두 방주에 들어가는 것은 아니지만 짝이 없는 동물은 아예 단 한 마리도 방주에 들어 갈 수가 없다. 방주에 들어가면 그 안에 방주 밖에서 만나지 못한 짝을 만날 수 있게 되는 것이 아니라 먼저 방주 밖에서 짝을 만난 동물만이 방주에 들어갈 수 있었던 것이다.

사람도 마찬가지다. 방주 안에 있는 사람은 모두 혼자가 아니다. 그래서 방주에 들어가기 위해서는 먼저 방주 밖에서 짝을 만나야 한다.

방주 밖에서 만나지 못한 새로운 짝을 방주 안에서 만나는 것도 아니고 방주 밖에서 만나지 못한 새로운 하나님을 방주 안에서 만나는 것도 아니다. 방주 밖에는 짝도 없고 하나님도 없지만 방주 안에 들어가기만 하면 거기에 방주 밖에서는 만나지 못한 짝이 준비되어 있는 것도 아니고 방주 밖에서는 만나지 못한 하나님이 기다리고 있는 것도 아니다.

방주 안에는 내가 데리고 간 짝 이외에는 아무도 없다.

방주는 방주 밖에서 짝을 찾지 못한 사람이 짝을 찾는 곳이 아니다.

천국도 세상에서 하나님을 만나지 못한 사람이 하나님을 죽어서 만날 수 있게 되는 곳이 아니다. 살아서 만난 하나님과 함께 사는 곳이다.

그래서 방주 안에 들어가려면 아직 방주 밖에 있을 때 짝을 찾아서 가야 한다. 방주 안에 짝이 기다리는 것이 아니기 때문이다.

그리고 아직 살아있을 때 하나님을 찾아서 함께 가야 한다.

방주 안에서 짝을 만나기 위해 방주 밖에서는 혼자 살아야 하는 것이 아니다. 방주 밖에서 짝을 만나지 못했다면 방주 안은 들어갈 수 없다.

그리고 방주는 곧 천국이다.

방주 밖에서의 짝은 가짜고 방주 안에 있는 짝만 진짜인 것이 아니라 방주 밖에서의 짝이 곧 방주 안에서의 짝이다. 그리고 사는 동안 만나는 하나님은 가짜고 죽은 다음에 천국에 가서 만나는 하나님만 진짜인 것이 아니라 사는 동안 만나는 하나님이 곧 죽은 다음에 천국에서 만나는 하나님이다. 그래서 방주에 들어가는 것이 먼저가 아니라 방주에서 함께 살 짝을 아직 방주 밖에 있을 때 찾는 것이 먼저다. 죽어서 천국에 가는 것이 먼저가 아니라 아직 살아있을 때 하나님을 찾는 것이 먼저다.

교회는 죽으면 천국에 가고 거기 가면 하나님을 만날 수 있다고 한다.

이곳에는 하나님이 없지만 그곳에 가면 있을 것이라 한다.

하지만 천국에 가서 새로이 만날 짝이나 하나님은 없다.

여기 없는 그가 거기 있어 내게 천국의 문을 열어주는 것이 아니라 그가 나와 함께 있어 같이 가야만 문이 열리는 것이기 때문이다.

방주의 문은 방주 밖에서 만난 짝과 함께 가야만 열리고 천국의 문도 아직 살아있을 때 만난 하나님과 함께 가야만 열린다.

그래서 짝은 방주에 들어간 후가 아니라 방주에 가기 전에 방주 밖에서 먼저 만나야 하고 하나님도 천국에 들어간 후가 아니라 천국에 가기 전에 아직 살아 있을 때 먼저 만나야 하는 것이다.

혼자 가면 안 열리고 반드시 자기 짝과 함께 가야만 열리기 때문이다.

"곧 그 날에 노아와 그의 아들 셈, 함, 야벳과 노아의 처와 세 자부가 다 방주로 들어갔고 그들과 모든 들짐승이 그 종류대로, 모든 육축이 그 종류대로,

땅에 기는 모든 것이 그 종류대로, 모든 새 곧 각양의 새가 그 종류대로 무릇 기식이 있는 육체가 둘씩 노아에게 나아와 방주에 들어갔으니 들어간 것들은 모든 것의 암 수라, 하나님이 그에게 명하신대로 들어가매 여호와께서 그를 닫아 넣으시니라."(창7;13~16)

두 번 살 수 없는, 한 번 뿐인 인생이다.

교회는 이곳은 지옥이고 그곳은 천국이라 한다.

하지만 이곳과 그곳은 둘이 아니다.

해야 할 일이 있다면 지금은 하지 않으면서 그곳에 가서 하려고 미루지 말고 반드시 이곳에서 해야 하고 만나야 할 하나님이 있다면 그도 그곳에 가서 만나려고 하지 말고 반드시 이곳에서 만나야 한다.

그곳은 이곳의 그림자일 뿐 다른 곳이 아니기 때문이다.

지금 완성하지 못한 일은 다시 완성할 수 있는 기회가 있는 것이 아니다. 지금 만나지 못한 하나님을 다시 만날 수 있게 되는 것도 아니다.

이곳에 있는 그 어떤 사람도 하나님이 아니며 오직 천국에만 하나님이 있는 것이 아니다. 그래서 이곳에서는 하나님 없이 살아야 하고 그곳에 가야만 하나님을 만날 수 있게 되는 것이 아니다.

이곳에서 못 만났으면 영원히 못 만나는 거다. 여기서 안 한 일을 할 수 있는 기회도 없고 여기서 못 만난 하나님을 만날 기회도 없다.

천국이 따로 있고 이 세상이 천국이 아닌 것이 당연한 것이 아니다.

천국을 만들 수 있는 세상이 따로 있는 것이 아니다. 천국이 아니면 천국을 만들어야지 이곳이 천국이 아닌 것이 당연한 것이 아니다.

천국을 만드는 사람이 따로 있는 것도 아니다.

나와 하나님이 따로 있는 것이 아니다.

세상에 빛이 없어서 어두운 것이 아니다.

소금이 없어서 썩는 것이 아니다.

나는 빛이 되면 안 되고 나는 소금이 되면 안 되는 것이 아니다.

나와 빛이, 나와 소금이 따로 있는 것이 아니다.

세상이 어두우면 내가 밝게 만들면 되는 거지 이곳이 천국이 아니고 나는 하나님이 아니니 어두운 세상에서 사는 것이 당연한 것이 아니고 소금이 없어서 썩게 생겼으면 내가 썩지 않게 만들면 되는 거지 이곳이 천국이 아니니 썩은 세상에 사는 것이 당연한 것이 아니다.

천국이 아니라서 짝 없이, 하나님 없이 살아야 하는 것이 아니다.

짝을 만나고 싶으면 이곳이 천국이 아니니 만날 수 없다 생각하고 죽어서 천국에 가면 만날 수 있을 것이라 생각하지 말고 이곳이 천국이라 생각하고 짝을 찾고 하나님을 만나고 싶으면 이곳이 천국이 아니니 만날 수 없다 생각하고 죽어서 천국에 가면 만날 수 있을 것이라 생각하지 말고 이곳이 천국이라 생각하고 하나님을 찾아야 한다.

하나님이 나를 지옥으로 쫓아냈기 때문에 사는 동안에는 천국에 갈 수 없고 지옥에서 살아야만 하는 것이 아니다. 지금은 절대로 천국이 아니니 천국에 가기 전까지 지옥에서 살아야만 하는 것이 아니다.

만나야 할 신랑이 있다면, 하나님이 있다면 그도 지금 만나야 한다.

지금은 신랑이 없고 지금은 하나님이 없는 것이 아니다.

지금은 하나님이 없으니 혼자 살다가 죽어야 하는 것이 아니다.

수녀처럼 사는 사람이 마리아가 되는 것이 아니다.

지금은 천국이 시작되기 전이고 천국이 따로 있는 것이 아니다.

지금이 천국이다. 지금이 천국이 아니면 죽어서도 천국이 아니다.

언제나 현재에 사는 거지 과거나 미래에 사는 것이 아니다.

내가 천국에서 살아야 한다면 지금은 천국의 과거가 아니라 현재가 되어야 하는 거다. 다른 곳이 아니라 이곳이 바로 천국이어야 한다.

여기 말고 다른 곳이 있는 것이 아니라 여기가 전부다.

여기가 처음이고 여기가 마지막이다.

여기에서 본 적 없는 새로운 것이 방주 안에 있는 것이 아니고 여기에서 본 적 없는 새로운 것이 거기에 있는 것도 아니다. 여기에 있는 것은 거기에도 있고 여기에 없는 것은 거기에도 없는 것이다.

거기에 여기에는 없는 특별한 것이 있는 것이 아니다.

여기와 거기가 다를 것이 하나도 없다.

거기에, 여기에서는 본 적이 없는 것들과 여기에서는 만난 적이 없는 사람들이 있는 것이 아니라 여기서 내가 선택한 것들, 여기에서 내가 만난 사람들을 거기에서도 다시 만나는 것이기 때문이다.

여기가 아직 거기가 아닌 것이 아니다.

거기에 가고 싶다면 아직 거기가 아니어서 가야 하는 것이 아니라 이미 거기에 와 있다고 생각하면 된다.

여기가 거기고 여기가 천국이다.

따라서 영원토록 함께 할 짝과 하나님이 여기에는 없고 거기에만 있는 것이 아니라 그 모든 것이 다 여기에 있고 누가 대신 주는 것이 아니라 내가 찾아서 함께 가야 하는 것이다.

교회는 오직 교회에 다녀야만 하나님을 만날 수 있다고 한다.

하지만 하나님이 교회에 다니는 사람에게만 오는 것이 아니다.

모든 사람에게 오는 것이다.

하나님을 만날 수 있는 사람이 따로 있는 것이 아니다.

세상에 있는 모든 사람이 다 합쳐서 열 사람이라 치면 어떤 사람에게는 오고 어떤 사람에게는 안 오는 것이 아니라 열 사람 모두에게 하나님이 오는 것이다. 다른 사람에게는 아예 기회가 없고 교회에 다니는 사람에게만 하나님을 만날 수 있는 기회가 주어지는 것이 아니다 그리고 처음에 하나님과 만나기로 한 약속장소는 교회가 아니다.

모든 사람이 처음에는 결코 하나님을 만날 수 없는 위치에서 태어나서 교회에 다녀야만 비로소 만날 수 있는 기회가 주어지는 것이 아니다.

모든 사람이 다 그 자체로 소중한 것이고 다 기회가 있는 것이다.

구원받을 수 있는 곳, 하나님을 만날 수 있는 곳이 오직 교회로만 한정되어 있는 것이 아니다. 어디로 따로 가야 하는 것이 아니다.

구원받을 수 있는 사람이, 하나님을 만날 수 있는 사람이 교회에 다니고 예수 믿는 사람으로만 한정된 것이 아니다. 그 외에 다른 사람은 다 구원받을 수 없고 하나님을 만날 수 없는 것이 아니다.

열 처녀가 교회에 다녀서 교회 안에서 하나님을 만나는 것이 아니다.

노아가 교회에 다녀서 교회 안에서 하나님을 만나는 것이 아니다.

어느 때부터는 기름장수네 집으로만 하나님이 가는 것이 아니다.

그리고 교회 안으로만 하나님이 가는 것이 아니다.

세상에 있는 사람이 열 명이라면 그 중에 몇 명에게는 하나님이 가고 몇 명에게는 안 가는 것이 아니라 열 명 모두에게 가는 것이고 처음에는 거기였는데 어느 때부터 다른 곳으로 약속장소가 달라진 것도 아니다.

세상에 있는 사람이 만 명인데 하나님이 다른 사람에게는 안 가고 교회 다니고 예수 믿는 열 명에게만 가는 것이 아니라 세상에 있는 사람이 모두 열 명이기 때문에 하나님이 열 명 모두에게 가는 것이다.

오직 교회로만 하나님이 가고 다른 곳은 안 가는 것이 아니고 어떤 사람에게만 가고 어떤 사람에게는 안 가는 것이 아니다.

그리고 신랑은 성 밖에서는 만날 수 없고 성에 들어가서 만나는 이가 아니고 하나님은 살아서 만나지 못하다가 죽어서 만나는 이가 아니다.

살아서는 무조건 못 만나고 죽어서야 만나는 것이 아니라 살아서 신랑을 만나면 함께 성 안에 들어가는 거고 못 만나면 못 들어가는 거다.

구원받기 위해 중요한 것은 행동이 아니라 위치다.

항상 착한 일만 하며 살아야 하는 것도 아니고 모범적으로 교회에 다녀야 하는 것도 아니고 예수를 믿어야 하는 것도 아니다.

내가 있어야 할 그 위치에 어떤 경우에라도 가 있어야 한다.

착한 일을 아무리 많이 했어도 내가 어떻게 그 위치에 가 있을 수 있나, 하고 가 있어야 할 곳에 안 가면 구원도 없다.

열 번을 나쁜 짓을 했어도 가고 싶은 곳이 천국이라면 내 마음의 위치가 천국에 갈 수 있는 그 위치에 가 있어야 한다.

막을 사람은 아무도 없다.

세 번을 갔는데 아직 천국이 아니라면 더 가면 된다. 반드시 한 번에 가야 하는 것도 아니고 세 번 갔으니 더 가면 안 되는 것도 아니다.

가려고 하는 것이 나쁜 것이 아니고 안 간다고 착한 것도 아니다.

교회에 가서 빈다고 누가 대신 보내주는 것도 아니다.

착한 일했다고 누가 대신 보내주는 것도 아니다.

세상이 혼란스러운 것은 교회 다니는 사람이 없고 예수 믿는 사람이 없기 때문이 아니다. 노아가 없고 롯이 없고 예수가 없기 때문이다.

노아와 롯과 예수가 처음부터 정해진 것이 아니다.

교회는 사람은 노아가 될 수 없고 롯이 될 수 없고 예수가 될 수 없다고 가르친다. 사람들이 노아가 되고 롯이 되고 예수가 되면 교회는 더 이상 사람들을 속여 그들의 것을 빼앗을 수가 없을 것이기 때문이다.

어떤 사람은 처음부터 죄인이 아니라서 노아가 되고 롯이 되고 예수가 될 수 있었지만 나는 그들과 달리 날 때부터 죄인이라서 결코 노아가 될 수 없고 롯이 될 수 없고 예수가 될 수 없는 것이 아니다.

그때, 노아가 구원받았다면 내가 구원받기 위해서는 나도 노아와 같은 사람이 되어야 하고 모세가 구원받았다면 나도 모세가 되어야 하고 예수가 구원받았다면 내가 구원받기 위해서는 나도 예수가 되어야 한다.

나는 살아서는 아담의 후손이라 구원받을 수 없는 사람이지만 교회 다니고 예수 믿으면 죽어서 구원받을 수 있게 되는 것이 아니다.

성경에, 그렇게 믿어서 구원받은 사람은 단 한 사람도 없다.

교회는 죽은 다음에 천국에 가기 위해 다니는 곳이다.

하지만 성경은 있을지 없을지 모르는 사후에 관한 이야기가 아니다.

있었을지 없었을지 모르는 과거에 관한 이야기가 아니다.

바로 지금 이곳에 관한 이야기다.

성경은 하인에게 1달란트를 준 주인이 살아서는 2달란트를 받을 수 없고 죽은 다음에 하나님에게 2달란트를 받게 되는 이야기가 아니다. 그리고 자기 소유를 보화가 감추어진 밭의 주인에게 준 사람이 죽은 다음에 하나님에게 보화가 감추어진 밭을 받게 되는 이야기가 아니다.

하나님만 가을에 추수하는 것이 아니다. 사람도 가을에 추수해야 한다. 살아서 거둬야 한다.

죄인이라서, 살아서는 거둘 수 없고 천국에 갈 수 없는 것이 아니다.

봄에 뿌린 씨앗은 그해 가을에 거두는 것이고 살아서 뿌린 씨앗은 죽기 전에 거둬야 하는 것이지 봄에 뿌린 씨앗은 이듬해 봄에 거두는 것이 아니고 살아서 뿌린 씨앗은 죽은 다음에 거두는 것이 아니다.

교회는 성경으로 죽은 다음에 천국 가는 이야기를 한다.

원래는 2달란트를 받아야 하지만 죄인의 후손이라 살아있는 동안에는 2달란트를 못 받고 교회 다니고 예수 믿으면 죽은 다음에 2달란트를 받을 수 있게 된다는 것과 원래는 천국에서 살 거였지만 죄인의 후손이라 살아있는 동안에는 천국에서 살 수 없고 교회 다니고 예수 믿으면 죽은 다음에 천국에서 살 수 있게 된다는 이야기를 성경을 가지고 한다.

하지만 성경은 죽은 다음에 대한 이야기가 아니다.

살아서 준 것을 살아서는 못 받고 죽은 다음에 받는 이야기가 아니고 살아서 받은 것을 살아서 안 주고 죽은 다음에 주는 이야기가 아니다.

그리고 죽은 귀신들이 구원받는 것에 대한 이야기가 아니다.

처녀가 날 때부터 죄인이어서 살아서는 신랑을 만날 수 없고 죽은 다음에 신랑을 만나는 이야기가 아니고 사람이 날 때부터 죄인이어서 살아서는 하나님을 만날 수 없고 죽은 다음에야 만나는 이야기가 아니다.

살아있을 때에 대한 이야기고 살아있는 사람들에 대한 이야기다.

노아가 죄인이어서 살아서는 방주에 못 들어가고 교회 다니고 예수 믿어서 죽어서 방주에 들어갈 수 있게 되는 이야기가 아니다.

죽은 귀신들이 하나님 만나서 잘 사는 이야기가 아니다.

받아야 할 2달란트를 살아서는 못 받는 이야기가 아니고 주어야 할 2달란트를 살아서는 안 줘도 되는 이야기가 아니고 만나야 할 신랑을 살아서는 못 만나는 이야기가 아니고 들어가야 할 방주를 살아서는 못 들어가는 이야기가 아니고 살아서는 천국에 못 가는 이야기가 아니다.

삶의 가장 중요한 순간은 죽은 다음이 아니다.

바로 지금, 살아있는 동안이다.

일어나야 할 일은 죽고 나서가 아니라 바로 지금, 살아있는 동안 모두 일어나야 하기 때문이다. 죽어서 새로 기대할 것은 아무 것도 없다.

성경은 살아서는 2달란트 못 받고 죽고 죽은 다음에 2달란트 받는 이야기가 아니라 살아서 2달란트 받는 이야기고 살아서는 비 맞아 죽을 수밖에 없고 죽은 다음에 방주에 타게 되는 이여기가 아니라 살아서 방주에 타는 이야기고 살아서는 신랑 없이 죽고 죽은 처녀가 살아서는 못 만난 신랑을 만나는 이야기가 아니라 살아있는 처녀가 신랑 만나는 이야기고 살아서는 하나님 없이 죽고 죽은 다음에 살아서는 못 만난 하나님을 만나게 되는 이야기가 아니라 산 사람이 하나님 만나는 이야기다.

살아서는 방주에 들어갈 수 없고 죽어서만 들어가는 것이 아니고 살아서는 신랑을 만날 수 없고 죽어서 신랑을 만나는 것도 아니고 살아서는 하나님을 만날 수 없고 죽어서 하나님을 만나는 것도 아니다.

들어가야 하는 방주가 있다면 죽은 다음이 아니라 지금 들어가야 하고 가야 할 천국이 있다면 죽은 다음이 아니라 지금 가야만 하고 만나야 할 신랑이 있다면 죽은 다음이 아니라 지금 만나야 하고 만나야 할 하나님이 있다면 죽은 다음이 아니라 바로 지금 만나야 하는 것이다.

똑같지 않다

어떻게 행동하든 결과가 똑같은 것이 아니다.

다르게 행동한다면 결과는 반드시 달라진다.

죄의 크기에는 엄청난 차이가 있다.

작은 잘못 하나에도 부끄러워하고 작아지는 나와 수천수만 명의 목숨을 죽이고도 부끄러워할 줄 모르는 사람의 죄가 똑같은 것이 아니다.

나나 연쇄살인범이나 전쟁범죄자들의 죄가 똑같은 것이 아니다.

내 죄는 하찮은 것이고 그들의 죄는 지옥에 가야 마땅한 죄다.

나와 그들이 똑같은 죄인인 것이 아니다.

그들은 도저히 용서받을 수 없는 끔찍한 악마의 얼굴을 하고 있으며 나는 결코 그들과 같아질 수 없는 사람이다.

교회는 모든 사람이 다 똑같은 죄인이며 모두가 다 지옥에 갈 수밖에 없고 오로지 교회에 다니고 예수를 믿어야만 구원을 얻는다고 한다.

그러나 성경에서 중요한 것은 예수를 믿고 안 믿고, 가 아니다.

어떤 선택을 하느냐, 어떻게 사느냐, 하는 것이다.

실과를 먹은 사람과 먹지 않은 사람은 결코 똑같지 않다.

소돔을 떠나지 않은 사람과 떠난 사람은 결코 똑같지 않다.

바다 속에 빠져 죽은 사람과 살아 나온 사람은 결코 똑같지 않다.

나발과 다윗은 결코 똑같지 않다.

강도들과 사마리아인도 결코 똑같지 않다,

먹어서는 안 될 실과를 먹은 사람은 아무리 예수를 믿어도 죽고 실과를 먹지 않으면 예수를 믿지 않는다 해도 산다.

소돔을 떠나지 않으면 아무리 예수를 믿는 사람이라 해도 죽고 소돔을 떠나는 사람은 예수를 믿지 않는다 해도 산다.

바다 속에서 나오지 않으면 아무리 예수를 믿는 사람이라 해도 죽고 모세를 따라 바다에 빠지지 않고 건너면 예수를 믿지 않는다 해도 산다.

강도들은 아무리 예수를 믿는 사람이라 해도 죽고 강도 만난 사람을 구한 사마리아인은 예수를 믿지 않는다 해도 산다.

교회는 교회와 예수를 만병통치약인 것처럼 선전하면서 사람들을 모으고 있지만 그들의 말은 성경과는 완전 다르다. 완전 반대다.

모든 사람이 다 똑같아서 모두가 어떤 선택을 하던 다 지옥에 갈 수밖에 없고 교회와 예수 말고는 다른 살 길이 없는 것이 아니다.

그 둘은 결코 같아질 수 없다.

세상에 실과를 먹지 않은 사람이 있을 수 없는 것이 아니다.

더 이상 아벨이 없는 것이 아니고 노아가 없는 것이 아니고 모세가 없는 것이 아니고 다윗이 없는 것이 아니고 예수가 없는 것이 아니다.

그리고 아담이나 아담이 아닌 사람이나 가인이나 가인이 아닌 사람이나 노아나 노아가 아닌 사람이나 모세나 모세가 아닌 사람이나 다윗이나 다윗이 아닌 사람이나 예수나 예수가 아닌 사람이나 다 똑같다는 사람은 결코 선한 사람이라 할 수 없으며 아담 아닌 사람이 아니고 아벨이 아니고 노아가 아니고 모세가 아니고 다윗이 아니며 예수가 아니다.

세상에 더 이상 아담 아닌 사람이 없고 아벨이 없고 가인 아닌 사람이 없고 노아가 없고 모세가 없고 다윗이 없고 예수가 없다는 말도 사실이 아니다. 그것은 자기가 아벨이 아니고 노아가 아니고 모세가 아니고 다윗이 아니고 예수가 아니면서 구원받고 싶은 사람들의 착각일 뿐이다.

그리고 그들이 아벨이 되지 못하고 노아가 되지 못하고 모세가 되지 못하고 다윗이 되지 못하고 예수가 되지 못하는 것은 그들이 한 번이라도 나쁜 마음을 먹었고 나쁜 짓을 했으며 완벽하지 않기 때문이 아니다.

실과를 먹었기 때문이고 아벨을 살리지 않았기 때문이다.

방주에 타는 선택을 하지 않기 때문이고 나발을 버리고 다윗을 선택하지 않았기 때문이고 강도 만난 자를 구하지 않았기 때문이고 악과 싸우려 하지 않기 때문이고 천국에 가고자 하지 않기 때문이다.

예수는 그런 이들을 구원하기 위해 존재하는 이가 아니다.

세상에 의인이 있을 수 없기 때문에 의인이 하나도 없는 것이 아니다.

저마다 나는 의인이 아니라고 생각하기 때문에 의인이 없는 것이다.

의인은 의인이 아닌 구석이 하나도 없는 사람이 아니다.

오직 완벽해서 흠이라고는 찾아볼 수 없는 사람만이 의인이 될 수 있고 부족하고 모자란 사람은 처음부터 의인의 자격이 없는 것이 아니다.

누구나 부족한 가운데에도 의인의 될 구석 하나쯤은 있고 그 구석을 살려내기만 하면 누구나 의인이 될 수 있는 것이다.

한 사람 안에는 단 한 사람만이 살기 있는 것이 아니다.

방주에 탈 수 있는 노아만 살고 있는 것이 아니고 방주에 탈 수 없는 노아만 살고 있는 것도 아니다. 수없이 많이 사람이 살고 있다.

수없이 많은 노아들이 살고 있다.

아무리 못난 사람이라도 방주에 탈 수 없는 노아들만 살고 있는 것이 아니라 한 사람쯤은 방주에 탈 수 있는 노아도 살고 있는 것이다.

그리고 방주에 탈 수 없는 노아가 한 사람이라도 그 안에 있으면 방주에 탈 수 있는 다른 노아도 아무 의미가 없게 되는 것이 아니다.

그 안에 방주에 탈 수 없는 노아가 단 한 사람만이 방주에 탈 수 있는 것이 아니다. 방주에 탈 수 없는 노아가 한 사람이라도 있으면 아무리 방주에 탈 수 있는 노아가 있다 하더라도 그로 인해 그 사람 전체가 방주에 탈 수 없는 노아가 되어야만 하는 것이 아니다.

그 안에 방주에 탈 수 없는 노아가 단 한 사람이라도 있으면 그 사람 전체가 방주에 탈 수 없는 사람이 되는 것이 아니라 방주에 탈 수 없는 노아들을 버리고 방주에 탈 수 있는 노아를 선택하기만 하면 그 사람은 얼마든지 방주에 탈 수 있는 사람이 되는 것이다.

그리고 태어날 때부터 방주에 탈 수 있는 노아와 없는 노아가 따로 정해져 있는 것도 아니다. 그는 노아지만 나는 노아가 아니기 때문에 방주에 타기 위해서는 교회 다니고 예수를 믿어야한 하는 것도 아니다.

노아는 노아가 아닌 구석이 단 한 가지도 없는 사람이 아니다.

노아가 아닌 구석을 버리고 노아인 구석을 선택한 사람이다.

완벽한 사람만이 방주에 탈 수 있는 것도 아니다.

노아는 노아가 아닌 구석이 단 한 가지도 없이 완벽한 노아여서 예수 안 믿어도 방주에 탈 수 있었지만 다른 사람들은 노아가 아닌 너무 구석이 많아서 예수를 믿지 않으면 방주에 탈 수 없는 것이 아니다.

방주에 탈 수 있는 자격은 타인이 정하는 것이 아니다.

누구라도 무조건 방주에 타기만 하면 노아가 될 수 있는 것이다.

다른 선택을 하면 결과도 달라진다.

사람들이 물을 선택했는데 하나님이 사람에게 콜라를 준 것이 아니다.

사람들이 물을 버리고 콜라를 선택했기 때문에 콜라를 먹는 것이다.

사람들이 항상 선한 선택을 했음에도 하나님이 사람들을 지옥에 쫓아냈기 때문에 사람들이 지금 지옥에 살 수밖에 없는 것도 아니다.

사람들이 물이 아닌 콜라를 선택했기 때문에 콜라를 먹고 있는 것이고 천국이 아닌 지옥을 선택했기 때문에 지옥에 살고 있는 것이다.

교회는 자기 것을 다 버리고 교회에 다니고 예수를 믿으라 한다.

그래야만 구원을 얻을 수 있고 천국에 갈 수 있다 한다.

하지만 성경은 그렇게 말하지 않는다.

예수 역시 그렇게 말하지 않는다.

너희는 아담의 후손이라 무조건 지옥에 갈 수밖에 없고 오로지 나를 믿고 섬겨야만 천국에 갈 수 있는 것이라 말하지 않는다.

교회는 내 안에 있는 모든 노아는 다 살려둘 가치가 없다 한다.

나는 다 악하니 나를 다 버리고 죽여야만 천국에 갈 것이라 한다.

하지만 내 것이 다 틀린 것이 아니다.

어떤 순간에도 희망은 내게서 찾아야 한다.

하나님 역시 내게서 찾아야 한다.

내가 아닌 다른 이에게서 찾는 하나님은 다 우상이다.

천국에 가고자 하는 사람은 내 것을 다 버리고 교회에 다니고 예수를 믿어야만 하는 것이 아니라 천국에 갈 수 있는 선택을 해야만 한다.

내가 방주에 타기 위해서는 내 안에 방주에 탈 수 없는 노아가 단 한 사람도 없어야 하고 방주에 탈 수 있는 노아가 아무리 많아도 방주에 탈 수 없는 노아가 단 한 사람이라도 있다면 나는 절대로 방주에 탈 수 없고 내가 방주에 타기 위해서는 오직 교회를 열심히 다니고 예수를 믿어야만 하는 것이 아니다. 내가 천국에 가기 위해서는 나쁜 일을 한 적이 단 한 번도 없어야 하고 단 한 번이라도 잘못한 적이 있다면 아무리 착하게 살아도 나는 천국에 갈 수 없고 내가 천국에 가기 위해서는 오직 교회를 열심히 다니고 예수를 믿는 수밖에 없는 것이 아니다.

어떤 경우에라도 나는 방주에 타야 한다.

무슨 일이 있어도 천국에 가야 한다.

그리고 그 조건은 다른 어떤 것에서도 아닌 내게서 찾아야 한다.

방주에 탈 수 없는 노아를 중심으로 살아야 하는 것이 아니다.

내 안에 있는 모든 노아를 다 살려야 하는 것도 아니다.

내 안에 있는 모든 노아가 다 방주에 탈 수 있는 노아일 때에만 방주에 탈 수 있고 방주에 탈 수 없는 노아가 단 한 사람이라도 있으면 아무리 방주에 탈 수 있는 노아가 있어도 방주에 탈 수 없는 것이 아니다.

방주에 탈 수 없는 노아도 다른 곳이 아니라 내 안에 있지만 방주에 탈 수 있는 노아 역시 다른 곳이 아니라 내 안에서 찾아야 한다.

내 안에 살고 있는 수많은 노아 중에 방주에 탈 수 없는 노아가 아무리 많이 남아있다 하더라도 방주에 탈 수 있는 노아가 단 한 사람이라도 남아 있다면 나머지를 중심으로 방주에 탈 수 있는 노아까지 죽일 것이 아니라 나머지를 죽이고 그를 살려서 기어이 방주에 태워야 한다. 내 안에 살고 있는 수많은 사람 중에 천국에 갈 수 없는 사람이 아무리 많이 남아 있다 하더라도 천국에 갈 수 있는 사람이 단 한 사람이라도 끼어 있다면 다른 이들을 중심으로 천국에 갈 수 있는 사람까지 죽일 것이 아니라 다른 모든 이들을 죽이고 오직 그를 살려서 천국에 보내야 한다.

그래야 내가 살 수 있고 천국에 갈 수 있는 것이다.

노아가 의인인 것은 한 번도 잘못한 적이 없기 때문이 아니다.

나쁜 생각조차 한 적이 없기 때문이 아니다.

그가 예수 믿고 교회 다녔기 때문도 아니다.

그가 늘 더 나은 선택을 했기 때문이다.

그 안에 의롭지 않은 노아가 단 한 사람도 없어서 그가 의인인 것도 아니고 그 안에 의로운 노아가 단 한 사람도 없지만 교회 다니고 예수 믿어서 의인인 것도 아니고 그 안에 수많은 나쁜 노아들이 있지만 아직 단 한 사람이라도 의로운 노아가 살아있고 그가 아직 그를 포기하지 않았기 때문에 그가 의인이 되고 방주에 들어갈 수 있었던 것이다.

"모든 불의를 제하시고 선한 바를 받으소서, 우리가 입술로 수송아지를 대신하여 주께 드리리이다, 할찌니라."(호14;2)

"악인은 그 길을 , 불의한 자는 그 생각을 버리고 여호와께로 돌아오라. 그리하면 그가 긍휼히 여기시리라. 우리 하나님께로 나아오라. 그가 널리 용서하시리라."(사55;7)

이미 끝난 후

구원은 진행형이 아니고 미래형도 아니다. 완성형이다.

아직 이루어지지 않은 일이 아니라 이미 다 끝난 일이다.

내가 해결해야 할 일이 아무것도 남지 않은 끝난 숙제다.

다시 시작해야 할 일이 하나도 남아있지 않은 어제다.

하나님이 구원을 살아있을 때 안 주고 죽어서 주는 것이 아니다.

태어난 그 순간 같이 주는 것이다.

그래서 죽어야만 들어가는 것이 아니라 사는 동안 방주에 들어가도 되고 방주에서 나와도 되고 사는 동안 천국에서 살아도 되는 것이다.

사는 동안 지옥에서 살면 죽어서 천국에 가게 되는 것이 아니다.

사는 동안은 죄인이라서 천국에서 살면 안 되는 것이 아니다.

사는 동안은 방주 밖에서만 살고 죽은 다음에 방주 안으로 들어갈 수 있게 되는 것도 아니고 사는 동안은 아무리 답답해도 방주 안에서만 살고 죽은 다음에야 방주 밖으로 나올 수 있게 되는 것도 아니다.

사는 동안은 방주에 들어갈 수 없고 죽어야만 들어갈 수 있기 때문에 방주는 죽어서만 가고 사는 동안은 방주 밖에서만 살아야 하는 것이 아니고 사는 동안은 방주 밖에 나올 수 없고 죽은 다음에만 방주 밖으로는 나올 수 있기 때문에 사는 동안은 방주 안에서만 살아야 하는 것도 아니고 사는 동안은 천국에 갈 수 없고 죽어야만 갈 수 있기 때문에 천국은 죽은 다음에 가고 사는 동안은 교회에서만 살아야만 하는 것도 아니다.

구원을 받는 사람은 아직 방주에서 내리지 못하는 사람이 아니다.

타기만 하고 내리지는 못하는 사람이 아니다.

때가 되면 언제든 내릴 수 있는 사람이다.

구원받은 사람은 아직 아담을 떠나지 않은 사람이 아니다. 아직 나발을 떠나지 않은 사람이 아니고 아직 강도들을 떠나지 않은 사람이 아니고 아직 사마리아인을 떠나지 않은 사람이 아니고 아직 베데스다를 떠나지 않은 사람이 아니고 아직 교회를 떠나지 않은 사람이 아니다.

한때는 그 안이 있었지만 이미 그들을 떠난 사람이다.

완벽한 구원은 방주 안에서 이루어지는 것이 아니다.

아담 안에서, 나발 안에서, 강도들 안에서, 사마리아인 안에서, 베데스다 안에서, 교회 안에서 머물러야만 구원이 완성이 되는 것이 아니다.

그들을 떠났을 때 비로소 완성이 되는 것이다.

방주 안에서 찬송가를 부르고 있는 사람이 구원을 받는 것이 아니다.

아담 안에서, 나발 안에서, 강도들 안에서, 사마리아인 안에서, 베데스다 안에서, 교회 안에서 행복해하는 사람이 구원을 받는 것이 아니다.

그들을 떠난 사람이 받는 것이다.

방주 안에 있는 사람이 죽어서 방주에서 내릴 수 있게 되는 것이 아니고 아담 안에 있는 사람이 죽어서 아담에게서 떠날 수 있게 되는 것이 아니고 나발 안에 있는 사람이 죽어서 나발을 떠날 수 있게 되는 것이 아니고 강도들 안에, 사마리아인 안에, 베데스다 안에, 교회 안에 있는 사람이 죽어서 그들에게서 떠날 수 있게 되는 것이 아니다.

죽을 때까지 방주 안에 있는 사람이 아니라 이미 방주에서 내린 사람이 죽어서도 내릴 수 있게 되는 것이고 아직 아담을 떠나지 못하고 함께 있는 사람이 아니라 이미 아담을 떠난 사람이, 아직 나발과 함께 있는 사람이 아니라 나발을 떠난 사람이, 아직 강도들과 함께 있는 사람이 아니라 강도들을 떠난 사람이, 아직 베데스다 안에 있는 사람이 아니라 이미 베데스다를 떠난 사람이, 아직 교회 안에 있는 사람이 아니라 이미 교회를 떠난 사람이 죽어서도 그들을 떠날 수 있게 되는 것이다.

죽기 전에는 거기서 벗어나면 안 되는 것이 아니다.

살아서 그들에 잡혀 있으면 죽어서도 잡혀 있는 것이고 살아서 그들을 떠난 사람만이 죽어서도 떠날 수 있게 되는 것이다.

그래서 구원을 받을 때까지는, 죽어서 천국에 가기 전까지는 답답하더라도 어쩔 수 없이 계속 그 안에서 살아야 하는 것이 아니다.

아직 꽃이 피어 있는 동안 열매가 익는 것이 아니라 이미 꽃이 떨어지고 난 뒤에 열매가 익듯이 아직 끝나지 않은 사람이 구원을 받는 것이 아니라 이미 모든 것이 다 끝난 사람이 구원을 받는 것이다.

구원은 죽어서 받는 것이 아니라 태어나면서 받는 것이다.

구원은 방주 안에서 끝나는 것이 아니다.

방주에서 떠나면서 시작되는 것이다.

구원은 아담 안에서 끝나는 것이 아니다.

아담을 떠나면서 시작되는 것이다.

지금은 비가 내리고 있는 때가 아니고 비가 끝난 뒤다.

지금은 아담이 살아있는 때가 아니고 죽은 뒤다.

지금은 예수가 오기 전이 아니라 이미 온 후다.

지금은 구원을 받기 전이 아니라 이미 받은 후다.

내가 죽기 전까지는 비가 그치기 전이고 아담이 죽기 전이고 예수가 오기 전이고 구원을 받기 전인 것이 아니라 내가 태어난 순간 이미 비가 그친 후고 아담이 죽은 후고 예수가 온 후고 구원을 받은 후인 것이다.

그래서 죽기 전까지는 아직 방주 안에 있어야 하고 구원을 받기 전인 것이 아니라 태어나는 순간 이미 구원이 끝난 후인 것이다.

지금은 이미 비도 그치고 이미 구원도 끝난 때다.

그래서 다시는 예전으로 돌아가지 않아도 되는 때다.

다시는 구원받지 못함으로 인해 괴로울 일이 없는 때다.

구원은 아직 방주에서 내리지 못해서 방주 안에 있는 사람이 받는 것이 아니다. 구원은 아직 구원을 받지 못해서 구원을 기다리고 있는 사람이 받는 것이 아니라 이미 구원이 끝난 사람이 받는 것이다.

구원을 받기 위해서는 구원을 받기 전까지 방주에서 내리면 안 되고 아담을 떠나면 안 되고 나발을 떠나면 안 되고 강도들을 떠나면 안 되고 사마리아인을, 베데스다를 교회를 떠나면 안 되는 것이 아니다.

방주 밖에서 방주에 타지 않고 구원을 받기만을 기다리고 방주 안에서 방주에서 내리지 않고 구원을 받기만을 기다리고 아담 안에서, 나발 안에서, 강도들 안에서, 사마리아인 안에서, 교회 안에서 그들을 떠나지 않고 구원을 받을 수 있게 되기만을 기다려야만 하는 것이 아니다.

구원은 아직 방주 안에 있지 않은 이에게 주어지는 것이 아니고 아직 내리지 않은 이에게 주어지는 것도 아니고 아담과 교회를 떠나지 않은 이에게 주어지는 것이 아니다. 내리지 않고 떠나지 않은 이가 아니라 이미 방주에서 내리고 이미 그들을 떠난 이에게만 주어지는 것이다.

구원은 방주 안에 있어야 할 사람이 방주 밖에서 받는 것이 아니라 이미 방주 안에 있는 사람이 받는 것이고 방주 밖에 있어야 할 사람이 방주 안에서 받는 것이 아니라 이미 방주 밖으로 나온 사람이 받는 것이고 아담을 떠나야 할 사람이 아담 안에서 받는 것이 아니라 이미 아담을 떠난 사람이 받는 것이고 교회를 떠나야 할 사람이 교회 안에서 받는 것이 아니라 이미 교회를 떠난 사람이 받는 것이다.

구원을 받은 사람만이 그 위치에 갈 수 있는 것이 아니라 그 위치에 가 있는 사람만이 구원을 받을 수 있는 것이다.

지금은 아직 시작되기 전이 아니고 모든 것이 다 끝난 때다.

아직 비가 계속 오고 있어서 비가 그치기만을 기다려야 하고 아직 예수가 오지 않아서 예수가 오기만을 기다려야 하는 때가 아니다.

아직 구원을 받기 전이어서 구원받기 전까지 구원을 받지 않은 상태로 구원을 받게 되기를 기다려야만 구원을 받는 것이 아니다.

이미 비가 그쳐서 내려도 되는 때고 이미 그가 죽어서 떠나도 되는 때고 이미 구원이 주어져서 받아도 되는 때다.

그때 그친 비가 지금은 다시 내리고 있어서 다시 그쳐야 하는 것이 아니고 그때 죽은 아담이 지금은 다시 살아나서 다시 죽어야 하는 것도 아니고 그때 온 예수가 지금은 없어져서 다시 와야 하는 것도 아니고 그때 받은 구원이 지금은 없어져서 다시 받아야 하는 것도 아니다.

지금은 그때 그친 비가 지금 다시 오고 그때 죽은 아담이 지금 다시 살아나고 그때 왔던 지금 예수가 다시 와야 하는 때가 아니다.

그래서 다시 비가 그치기만을 기다려야 하는 것이 아니고 그가 다시 오기만을 기다려야 하는 때가 아니다. 다시 비가 그치기만 기다리며 답답하더라도 방주에서 살아야 구원을 받을 수 있고 다시 예수가 오기를 기다리며 교회에서 살아야 구원을 받을 수 있는 것이 아니다.

한 번 그친 비는 영원히 다시 오지 않으며 한 번 죽은 그는 영원히 다시 살아나지 않으며 한 번 왔던 그는 영원히 다시 가지 않는다.

들어가야 한다면 지금은 이미 들어간 후고 내려야 한다면 지금은 이미 내린 후고 떠나야 한다면 지금은 이미 떠난 후고 끝나야 한다면 지금은 이미 끝난 후고 구원을 받아야 한다면 지금은 이미 받은 후다,

들어가기 위해, 내리기 위해, 떠나기 위해, 끝나기 위해, 구원을 받기 위해 지불해야할 아무 것도 지금은 남아있지 않은 상태다.

사람은 아직 아담이 죽지 않아서 죽기를 기다리며 살아야 하는 것이 아니라 이미 죽은 다음의 삶을 살아야 하고 아직 방주에 들어가지 말아야 해서 들어가기 위해 살아야 하는 것이 아니라 이미 들어가고 난 다음의 삶을 살아야 하고 아직 방주에서 내리지 말아야 해서 내리기 위해 살아야 하는 것이 아니라 내린 다음의 삶을 살아야 하고 아직 예수를 만나지 말아야 해서 만나기 위해 살아야 하는 것이 아니라 예수를 만난 다음의 삶을 살아야 하고 아직 구원받지 말아야 해서 구원을 받기 위해 살아야 하는 것이 아니라 이미 구원을 받은 다음의 삶을 살아야 한다.

아담이 이미 죽은 다음의 사람인 것처럼 살아야 하고 방주에 이미 들어간 다음의 사람인 사는 것처럼 살아야 하고 방주에서 이미 내린 다음의 사람이 사는 것처럼 살아야 하고 예수를 이미 만난 다음의 사람인 것처럼 살아야 하고 구원을 이미 받은 다음의 사람인 것처럼 살아야 한다.

사람에게는 한없는 자유가 있다.

어디에도 얽매이지 않아도 되는 자유가 있다.

교회는 여전히 아직 타지 않은 채, 언젠가 타게 될 방주를 기다린다.

아직 내리지 않은 채 언젠가 내리게 될 날을 기다린다.

아담을 살려둔 채 언젠가 죽게 될 날을 기다리고 방주에 타지 않은 채 언젠가 타게 될 날을 기다리고 방주에서 내리지 않은 채 언젠가 내리게 될 날을 기다리고 예수가 아직 오지 않았다고 믿고 여전히 가고 나서 아직 오지 않은 언젠가 오게 될 예수를 기다린다.

하지만 지금은 더 이상 아담이 죽기를 기다릴 필요 없고 방주에 탈 필요도 없고 방주에서 내릴 필요도 없고 교회도 필요 없고 예수도 기다릴 필요가 없어진 때다. 이미 아담이 죽은 후고 이미 비가 그친 후고 예수가 오고 난 후고 모든 구원이 다 끝난 후이기 때문이다.

그걸 모르는 사람이 있을 뿐이다.

사람이 반드시 있어야 할 곳은 아직 비가 그치기 전이 아니라 이미 비가 그친 후고 아직 방주에 타기 전이 아니라 이미 탄 후고 아직 내리기 전이 아니라 이미 내린 후고 아직 예수가 오기 전이 아니라 이미 온 후고 아직 구원을 받기 전이 아니라 이미 받은 후다.

어떤 상황에서도 사람은 가장 순수한 지점에 살아야 한다.

비가 내리는 어디쯤에 살아서는 안 된다.

나쁜 마음, 나쁜 사람들은 아무도 살지 않는 곳에 살아야 한다.

그러기 위해 방주가 주어진 거다.

그곳으로 사람을 보내기 위해 방주가 늘 대기하고 있는 거다.

사람이 아담이 죽은 후에도 아담을 떠나지 못하고 아직 아담 안에 있고 비가 그친 후에도 아직 비가 내리는 곳에 있고 방주에서 내려야 되는 순간에도 아직 방주 안에 있고 예수가 온 이후에도 아직 예수가 오기 전에 있는 것은 하나님이 사람을 그곳으로 쫓아냈기 때문이 아니다.

사람이 아담이 죽은 그곳에서 아담이 아직 살아있는 순간으로 떠났기 때문이고 비가 그친 그곳에서 비가 오고 있는 곳으로 떠났기 때문이고 방주에서 내린 그곳에서 방주에서 내리기 전으로 떠났기 때문이고 예수가 있는 그곳에서 예수가 오기 전으로 떠났기 때문이다.

하나님이 사람을 있어야 할 곳에서 쫓아내서 있지 말아야 할 곳에서 사는 것이 아니고 순수하지 못한 지점에서 사는 것이 아니다.

하나님이 사람을 아담이 죽기 전으로 쫓아냈기 때문에 아담 안에 사는 것이 당연한 것이 아니고 방주에서 쫓아냈기 때문에 방주 밖에서 사는 것이 당연한 것이 아니고 방주에서 내리기 전으로 쫓아냈기 때문에 방주에서 내리지 말아야 하는 것이 당연한 것이 아니고 예수가 오기 전으로 쫓아냈기 때문에 예수 없이 사는 것이 당연한 것이 아니고 구원에서 쫓아냈기 때문에 구원을 받지 않고 사는 것이 당연한 것이 아니다.

사람이 있어야 할 곳은 무조건 안전한 곳이고 무조건 행복한 곳이다.

그러기 위해서는 반드시 아담이 죽기 전이 아니라 죽은 후에 사는 것처럼 살아야 하고 비가 내리고 있을 때가 아니라 그친 후에 사는 것처럼 살아야 하고 비가 내리는 동안에는 방주 안에서 사는 것처럼 살아야 하고 비가 그친 후에는 방주에서 내린 후에 사는 것처럼 살아야 하고 예수가 오기 전이 아니라 예수가 온 후에 사는 것처럼 살아야 하고 구원을 받기 전이 아니라 구원을 받은 후에 사는 것처럼 살아야 한다.

아담이 죽기 전처럼 살면서 죽여 달라고 기도할 것이 아니다.

방주에 타기 전처럼 살면서 타게 해 달라고, 내리기 전처럼 살면서 내리게 해 달라고 예수가 오기 전처럼 살면서 오게 해 달라고 기도해서 아담이 죽고 방주에 타고 내리고 예수가 오게 되는 것이 아니다.

이미 그렇게 된 이후이므로 이미 그렇게 되었음을 믿고 그 순간에 가 있기만 하면 되는 것이다.

> "그러므로 내가 너희에게 말하노니 무엇이든지 기도하고 구하는 것은 받은 줄로 믿으라. 그러하면 너희에게 그대로 되리라."(막11;24)

사람이 아직 아담이 죽기 전인 것처럼 사는 것은 정말 아직 아담이 죽기 전이기 때문이 아니라 이미 아담이 죽은 후라는 걸 모르기 때문이고 사람이 아직 방주에 타기 전인 것처럼 사는 것은 정말 아직 방주에 타기 전이기 때문이 아니라 이미 방주에 탄 후라는 걸 모르기 때문이고 아직 내리기 전인 것처럼 사는 건 정말 아직 방주에서 내리기 전이기 때문이 아니라 이미 내린 후라는 걸 모르기 때문이고 아직 예수가 오기전인 것처럼 사는 건 정말 아직 예수가 오기 전이기 때문이 아니라 이미 예수가 온 후라는 걸 모르기 때문이고 아직 구원받기 전인 것처럼 사는 건 정말 아직 구원받기 전이기 때문이 아니라 이미 구원받은 후라는 걸 모르기 때문이다.

살아있는 동안과 죽은 다음은 둘이 아니다.

살아있는 동안 할 수 없는 일을 죽은 다음에 하게 되는 것이 아니다.

해야 할 결정은 아직은 하면 안 되는 것이 아니라 이미 했어야 한다.

사람이 방주에 타지 못하고 있는 것은 사람은 타기를 원하지만 하나님이 아직 타지 못하게 하기 때문이 아니고 사람이 방주에서 내리지 못하고 있는 것도 하나님이 아직 내리지 못하게 하기 때문이 아니다.

사람이 못하고 있는 것은 하나님이 아직 못하게 했기 때문이 아니다.

하나님은 이미 모든 문을 다 열어놓았는데도 사람이 아직 들어가면 안 된다고 생각하고 아예 들어갈 생각을 안 하고 있기 때문이다.

교회는 예수를 믿지 않는 모든 사람들은 아무리 열심히 살아도 천국에 갈 수 없는데 사람들이 그걸 모르고 있다고 한다.

그리고 천국에 가려거든 예수를 믿어야 한다고 한다.

하지만 사람들이 모르는 것은 아무도 천국에 갈 수 없다는 것이 아니라 모두가 다 천국에 갈 수 있다는 것이다.

사람이 죄인이 아니었으면 방주에 탈 수 있었을 텐데 죄인이라서 타면 안 되는 것이 아니고 내리면 안 되는 것이 아니고 죄인이 아니었으면 천국에 갈 텐데 죄인이어서 천국에 갈 수 없게 된 것이 아니다.

타야 한다면 아직 타기 전이어야 하는 것이 아니라 이미 탄 후여야 하고 내려야 한다면 아직 내리기 전이어야 하는 것이 아니라 이미 내린 후여야 하고 예수를 만나야 한다면 아직 만나기 전이어야 하는 것이 아니라 이미 만난 후여야 하고 천국에 가야 한다면 이미 간 후다.

가로막고 있는 그 무엇이 있어서 탈 수 없고 갈 수 없는 것이 아니다.

아직 방주에 타지 않은 사람이 죽은 다음에 방주에 탈 수 있게 되는 것이 아니라 이미 방주에 탄 사람이 죽은 다음에도 방주에 탈 수 있게 되는 것이고 아직 방주에서 내리지 않고 있는 사람이 죽은 다음에 방주에서 내릴 수 있게 되는 것이 아니라 이미 방주에서 내린 사람이 죽은 다음에도 방주에서 내릴 수 있게 되는 것이고 아직 천국에 가지 않은 사람이 죽은 다음에 천국에 갈 수 있는 것이 아니고 이미 천국에 가 있는 사람이 죽은 다음에도 천국에 갈 수 있게 되는 것이다.

우리가 가져야할 모든 것은 지금은 가질 수 없고 죽은 다음에야 주어지는 것이 아니라 태어나는 순간 이미 모두 주어지는 것이다.

> "오늘 있다가 내일 아궁이에 던지우는 들풀도 하나님이 이렇게 입히시거든 하물며 너희일까보냐, 믿음이 부족한 자들아. 그러므로 염려하여 이르기를 무엇을 먹을까 무엇을 마실까 무엇을 입을까 하지 말라. 이는 다 이방인들이 구하는 것이라. 너희 천부께서 이 모든 것이 너희에게 있어야 할 줄을 아시느니라."(마6;30~32)

"오늘 있다가 내일 아궁이에 던지우는 들풀도 하나님이 이렇게 입히시거든 하물며 너희일까보냐." 앞에는 이런 말이 생략 되어있는 셈이다.
(예수 태어나기 전에 살던 사람들은 하나님이 다 지옥 보내고 교회 다니고 예수 믿는 사람들만 천국 간다고 말하는 놈들아, 웃기지 마라.)
"하찮은 들풀도 하나님이 이렇게 입히시거든 하물며 너희일까 보냐."

그리고 그렇게 믿는 사람들을 가리켜, 예수 믿는 사람들만 천국 간다고 믿는 사람들을 가리켜 '믿음이 부족한 사들'이라 부르고 있다.

교회는 예수 이후에 예수를 믿는 몇몇 사람을 제외하고는 예수 이전에 살았던 모든 사람들, 예수를 알지 못하는, 혹은 예수를 믿지 않는 모든 사람들을 하나님이 다 지옥에 보낸다고 한다. 하지만 그게 아니다.

아주 하찮은 들풀마저도 하나님은 그에게 필요한 옷을 입힌다.

교회 다니는 집, 예수 믿는 집의 뜰에서 크는 꽃만을 하나님이 입히고 들에 주인 없이 피어있는 들풀은 입히지 않은 채 버려두는 것이 아니다.

예수태어나기 이전에 있던 들풀도, 교회가 있기 이전에 있던 들풀도 다 먹이고 입히고 보살펴준다. 그 자체로 귀한 생명이기 때문이다.

예수 믿고 교회 다녀야만 귀한 생명이 되는 것이 아니다.

사람도 마찬가지다.

교회는 예수가 태어나기 전에 살던 모든 사람, 예수를 알지 못하고 믿지는 모든 사람들은 다 지옥에 가고 오직 예수 이후에 태어나고 예수를 믿는 몇몇 사람들만 천국에 갈 수 있다고 한다.

하지만 그것은 사실이 아니다.

세상이 만들어진지 짧으면 수천 년, 길면 수십억 년이 넘었다.

교회가 알고 있는 예수는 아주 먼 나라의 아주 작은 마을에서 아주 오래 전에 아주 짧은 시간동안 머물렀던 사람이다. 따라서 예수 이후에 태어나서 예수를 알고 믿는 사람보다, 예수 이전에 태어난 사람, 예수를 모르는 사람, 같이 살지 않은 사람, 믿지 않는 사람이 훨씬 더 많다.

그런데 하나님이 예수를 보내기 전에 살던 그 수많은 사람들을 단지 아담의 후손이라는 이유로 무조건 다 지옥에 보냈을까?

결코 그렇지가 않다는 것이다.

하나님이 처음에는 들풀이 교회도 안 다니고 예수도 모르는 죄인이라 옷을 입히지 않다가 교회에 다니고 예수를 믿기 시작한 때부터 옷을 입히는 것이 아니라 처음부터 옷을 입히고 돌봐준 것처럼 사람도, 예수 이전에 태어난 사람은 다 지옥에 보내고 예수 이후에 태어난 사람 중에서도 교회 안 다니고 예수 안 믿는 사람은 다 지옥에 보내고 교회 열심히 다니고 예수 믿는 사람만 천국에 보내고, 하는 게 아니라는 것이다.

들풀은 하나님이 입히지 않으면 단 한 순간도 존재할 수 없고 사람도 마찬가지다.

하나님은 예수 이후에 태어나서 예수를 잘 알고 믿는 크고 아름다운 꽃들만 구원하고 예수 이전에 태어나서 예수를 알지도 못하고 본 적도 없는 들풀, 교회도 다니지 않고 예수도 믿지 않는 들풀은 다 아담의 후손이라 짓밟아버리고 지옥에 보내는 것이 아니라 예수 이전에 태어난 들풀도, 예수를 본 적도 없고 알지도 못하는 들풀도, 교회 다니지 않는 들풀도, 예수를 믿지 않는 들풀도 모두 먹이고 입히고 보살펴주는 것이다.

예수를 믿는다는 것은 예수 이후에 태어난, 예수 믿는 사람만 천국가고 그렇지 않은 사람은 모두 지옥 간다는 것을 믿는다는 것이 아니다.

세상이 생겨난 그 순간부터, 사람이 생겨난 그 순간부터 예수도 같이 있었다는 것을 믿는다는 것이고 예수 안 믿으면 선한 사람이라도 지옥 가고 예수 믿으면 악한 사람이라도 천국 간다는 것이 아니라 어느 때고 악한 이는 벌 받고 의로운 이는 구원받는다는 것을 믿는다는 것이다.

그렇지 않다면, 성경에 나온, 악한 이들이 천벌 받고 바르게 산 이들이 구원받는 수많은 이야기, 강도같이 악한 이는 벌 받고 사마리아인같이 선한 이는 구원받는다는 예수의 가르침은 무슨 의미가 있겠는가.

지금도 그 진리가 변함이 없기 때문에 성경이 있는 거다.

예수를 믿는다는 것은 다른 것은 다 무시하고 예수만 믿는다는 것이 아니라 예수의 말, 예수의 가르침을 믿는다는 것이고 그가 가르쳐준 구원받을 수 있는 원리를 믿는다는 것이다. 그리고 그는 결코 예수 안 믿으면 지옥 가고 예수를 믿는 사람만 구원받을 수 있다는 이야기를 한 적이 단 한 번도 없다. 그는 늘 예수를 알고 믿는 사람이라 할지라도 나쁜 짓을 하고 하나님의 뜻대로 살지 않고 잘못 살면 벌을 받고 예수를 모르는 사람, 믿지 않는 사람, 예수 이전에 태어난 사람이라도 바르고 의롭게 하나님의 뜻대로 살면 구원받을 수 있다고 가르치고 있기 때문이다.

사람이 아담의 후손이어서 처음에는 하나님이 옷도 주지 않다가 교회 다니고 예수 믿는 사람에게만 하나님이 특별히 옷을 주는 게 아니다.

태어나는 그 순간 옷도 같이 입혀지는 것이다.

태어남과 동시에 옷도 같이 입혀지는 것이지 사람이 무언가 노력해서 옷을 입게 되는 것이 아니고 노력해서 구원을 받게 되는 것도 아니다.

아담의 후손이어서 교회 다니고 예수 믿기 전에는 구원을 받지 못하고 살다가 교회 다니고 예수를 믿어야만 구원을 받을 수 있게 되는 것이 아니라 태어나는 그 순간, 이미 구원도 같이 받게 되는 것이다.

교회는 사람이 교회 다니지 않으면 구원받을 수 없다고 한다.

예수 믿지 않으면 구원받을 수 없다고 한다.

'삼위일체'를 믿지 않으면 구원받을 수 없다고 한다.

'안식일'에는 구원받을 수 없다고 한다.

살아있는 동안은 천국에 갈 수 없다고 한다.

하지만 구원의 조건은 그리 까다롭고 어려운 게 아니다.

하나님이 들풀을 입히는 이유는 간단하다.

입히지 않으면 그 순간, 즉시 죽기 때문이다.

사람을 구원하는 이유도 마찬가지다.

구원하지 않으면 단 한 순간도 살 수 없기 때문이다.

교회 다니고 예수 믿어서 구원받는 것이 아니다.

하나님이 입히지 않았음에도 입지 못한 채로 들풀이 살고 구원하지 않았음에도 사람이 구원받지 못한 채로 살 수밖에 없었던 것이 아니다.

그러다 예수 이후부터, 예수를 믿는 사람만 구원한 것이 아니다.

하나님이 입히지 않았는데도 들풀이 사는 것이 아니라 들풀이 사는 것은 하나님이 입혔기 때문이고 하나님이 구원하지 않았음에도 사람이 살았던 것이 아니라 사람이 사는 것도 하나님이 구원했기 때문이다.

구원을 받기 위해 중요한 것은 교회에 다니고 예수를 믿어야 하는 것도 아니고 '삼위일체'를 믿어야 하는 것도 아니고 안식일을 지켜야 하는 것도 아니고 헌금 잘 내고 목사님 말씀 잘 들어야 하는 것도 아니다.

그냥 바르게 살고 구원받기를 원하면 되는 것이다. 그게 다다.

베데스다에 있던 병자에게 예수가 물었던 것은 다른 것이 아니다.

오로지 단 한 가지, 낫기를 원하느냐? 하는 것이다.

예수는 결코 교회 다니느냐고 묻지 않는다.

예수 믿느냐고 묻지도 않고 '삼위일체'를 믿느냐고 묻지도 않는다.

'안식일'에는 구원받을 수 없다고도 하지 않는다.

아담의 후손이라 살아있는 동안에는 나을 수 없다고도 하지 않는다.

십자가에 있던 강도가 구원받을 수 있었던 것도 그가 '삼위일체'를 믿고 있었기 때문도 아니고 교회의 교리를 지켰기 때문도 아니고 예수를 믿었기 때문도 아니다. 그 날이 안식일이 아니었기 때문도 아니다.

그가 간절히 구원받기를 원했고 예수를 만났기 때문이다.

옆에 같이 있던 다른 강도는 예수가 바로 옆에 있었음에도 그가 예수라는 사실을 몰라서 그를 만나지 못했지만 그는 예수를 만났고 너무도 간절히 구원받기를 원했기 때문에 그가 구원을 받을 수 있었던 것이다.

한 사람 앞에는 예수가 있었기 때문에 예수를 만나고 다른 사람 앞에는 예수가 없었기 때문에 못 만난 것이 아니다. 두 사람 앞에 똑같이 예수가 있었지만 한 사람에게는 그가 예수였기 때문에 예수를 만날 수가 있었고 다른 사람에게는 그가 예수가 아니었기 때문에 못 만난 것이다.

예수는 다른 사람들과 구분되는 특별한 사람이 아니다.

오히려 내가 우러러야 할 위치가 아니라 나보다 좋은 위치에 있지도 않고 조건도 좋지 않은, 내가 무시해도 좋을만한 하찮은 사람이다.

나중에 구름타고 하늘에서 내려오는, 다른 이들과는 비교도 안 되고 어마어마한 예수만 예수고 나머지는 다 예수가 아닌 것이 아니라 그냥 내세울 것도, 잘난 것도 없는, 보통 이하의 사람인 것이다.

"혹은 그리스도라 하며 어떤 이들은 그리스도가 어찌 갈릴리에서 나오겠느냐, 성경에 이르기를 그리스도는 다윗의 씨로 또 다윗의 살던 촌 베들레헴에서 나오리라 하지 아니하였느냐 하며,"(요7;41,42)

베데스다에서 병자를 만났을 때도 마찬가지고 야곱의 우물에서 여자를 만났을 때도, 십자가에서 강도들을 만났을 때도 마찬가지다.

그는 유명한 목사도 아니고 교회에 다니는 사람도 아니고 좋은 집안, 좋은 대학, 좋은 직장을 가진 사람도 아니고 오히려 그런 것들과는 거리가 멀어도 너무 먼 이름 없는 촌사람이며 광야를 떠도는 빈털터리 나그네며 막 태어난 순간에는 누군가 그를 죽이려 하면 그냥 죽임을 당할 수밖에 없던 작은 핏덩이 어린아이에 불과했던 사람이고 결국에는 강도들과 십자가에 못 박히는 형벌을 받을 수밖에 없는 처지이기도 하다.

예수가 없어서, 아직 오지 않았기 때문에 못 만난 것이 아니다.

다만, 그가 예수라는 사실을 아는 사람은 그를 만나는 것이고 예수라는 것을 믿기 싫은 사람은 예수를 만나지 못하고 그냥 지나치는 것이다.

베데스다의 병자는 지나가던 그를 만나고 구원을 얻었고 야곱의 우물에서 물을 긷던 여자도 한 번도 본 적 없는 그를 만나 구원을 얻었다.

그리고 성경은 이 낯선 이방인인 그를 '예수'라 한다.

그리고 그는 분명 '예수'다.

하지만 교회도 다니지 않고 예수도 믿지 않고 전도사도 아니고 목사도 아닌, 아무 것도 아닌 사람이 지나다가 그 안에 있는 사람보고 낫고 싶으면 교회를 떠나 걸어라, 하면 교회는 당장 '사단아, 물러가라, 한다.

그 사람이 정말 '예수'가 아니라 '사단'이기 때문이 아니다.

그 사람이 '예수'면 절대 안 되기 때문이다.

평생 자기네 밥줄이 되어줄 신도들을 빼가고 자기네들을 죽이려고 온 사람인데 '사단'이어야지 '예수'면 큰일이지 않은가.

교회는 '예수'는 보통 사람과 다르다고 한다.

그리고 아직 예수는 오지 않았다고 한다.

나귀 타고 오는 이는 예수가 아니기 때문에 그는 예수가 아니고 지나가는 평범한 사람은 예수가 아니기 때문에 그도 예수가 아니라 한다.

하지만 예수는 결코 보통 사람과 다르지 않다.

어디에서도 만날 수 없는, 누가 봐도 딱 예수같이 생긴 사람만 예수인 것이 아니라 늘 어디서나 만날 수 있는 평범한 사람이기 때문이다.

그때는 그랬지만 지금은 다른 것이 아니다.

그때도 그랬고 지금도 그렇다.

교회는 아직 예수가 오지 않았다고 한다.

하지만 아직 오지 않았다고 믿는 것은 예수가 없기 때문이 아니다.

알아보지 못했기 때문이다.

예수는 언제나 온 상태고, 있는 상태다.

교회는 그때와 지금이 다르다고 한다.

하지만 그때와 지금이 다르다면 성경은 읽을 필요가 없다.

덮어야 하고 없애야 한다.

지금, 적용할 수 있는 것이 아무 것도 없는데 볼 필요도 없지 않은가.

그런데 그때와 지금이 조금도 다르지 않고 똑같기 때문에 성경이 좋은 거고 영원히 필요한 거다.

> "그들의 눕기 전에 그 성 사람 곧 소돔 백성들이 무론 노소하고 사방에서 다 모여 그 집을 에워싸고 롯을 부르고 그에게 이르되 이 저녁에 네게 온 사람이 어디 있느냐. 이끌어내라. 우리가 그들을 상관하리라."(창19;4,5)

소돔과 교회는 자기네들과 상관있는 사람만 구원을 받고 천국에 가고 자기네들과 상관없는 사람은 아무리 의인이라 해도 아담의 후손이기 때문에 모두가 다 이단이고 사단이며 누구라도 지옥에 간다고 한다.

하지만 성경은 다르다.

구원과 천국은 그들에게만 공개되고 다른 사람들에게는 차단된, 감추어진 것이 아니라 모두에게 공평한 조건에서 주어지는 것이다.

소돔 안에만 구원과 천국이 한정되어 있어서 소돔 안에 있는 사람들만 천국에 갈 수 있고 소돔 밖에 있는 모든 사람들은 다 지옥에 갈 것이고 소돔 밖에서 오는 모든 사람들이 다 이단이고 사단이라 자기네들과 상관있는 사람이 되지 않으면 죽여야 하는 것이 당연한 것이 아니다.

소돔 사람이 아니어도 충분히 구원받을 수 있고 천국에 갈 수 있고 의롭게 살면 어디서든, 누구라도, 예수 이전에 태어났어도, 예수를 알지 못해도, 교회에 다니지 않아도 구원받을 수 있고 천국에 갈 수 있다.

> "롯이 문밖의 무리에게로 나가서 뒤로 문을 닫고 이르되 청하노니 내 형제들아, 이런 악을 행치 말라."(창196,7)

교회는 자기네들과 상관없는 모든 이들은 다 '사단'이라며 공격한다.

하지만 그때 지나가던 아무 것도 아닌 사람은 천사라서, 죽이려는 사람이 나쁜 사람이었지만 지금 지나가는 아무 것도 아닌 사람은 결코 천사가 아니기 때문에 죽이는 것이 당연한 것이 아니고 그때 지나가던 나와 아무 상관없는 사람은 예수가 분명했기 때문에 못 알아본 사람이 나쁜 사람이었지만 지금 지나가는 나와는 아무 상관없는, 아무 것도 아닌 사람은 결코 예수가 아니기 때문에 죽이는 것이 당연한 것이 아니다.

언제나 아무 것도 아닌 사람이 천사일 수 있고 예수일 수 있다.

그때의 예수는 현재지만 지금의 예수는 현재가 아닌 것이 아니다.

지금 받는 구원은 허상이고 나중에 받는 구원만 진짜인 것이 아니다.

그때 돌아다니던 아무 것도 아닌 사람은 예수가 될 수 있고 그때 아무 것도 아니던 사람은 구원받을 수 있지만 지금 돌아다니는 아무 것도 아닌 사람은 예수가 될 수 없고 지금은 아무 것도 아닌 사람은 결코 구원받을 수 없는 것이 아니다. 그때 아무 것도 아닌 사람이 예수일 수 있었던 것처럼 지금도 마찬가지고 그때 아무 것도 아닌 사람이 단지 예수를 만났기 때문에 구원받을 수 있었던 것처럼 지금도 마찬가지다.

그때는 예수였지만 지금은 똑같은 일을 해도 사단인 것이 아니다.

그때는 예수를 모르고 교회에 다니지도 않고 '삼위일체'도 모르고 아무 것도 몰라도 구원받을 수 있었지만 지금은 예수 모르고 교회도 다니지 않고 '삼위일체' 모르면 이단이고 구원받을 수 없는 것도 아니다.

구원받기 위해서는 반드시 예수를 믿어야 되고 '삼위일체'를 믿어야만 하는 게 아니다. 안식일을 지켜야만 하는 것도 아니다. 반드시 예수 이후에 태어난 사람이어야 하는 것도 아니고 교회에 다녀야 하는 것도 아니고 안식일을 지켜야 하는 것도 아니고 헌금을 내야 하는 것도 아니다.

사람이 구원받지 못하는 이유는 교회에 다니지 않았기 때문도 아니고 예수 이전에 태어났기 때문도 아니고 예수를 모르기 때문도 아니고 '삼위일체'를 믿지 않았기 때문도 아니고 안식일을 지키지 않았기 때문도 아니다. 창녀이기 때문도, 도둑이기 때문도, 살인자이기 때문도 아니다.

달라지려 하지 않았고 간절히 구원받기를 원하지 않았기 때문이다.

예수를 만나게 되면 구원받을 수 있는 것은 그가 하나님의 마음을 알기 때문이다. 하나님이 사람에게 주려는 것이 무엇인지 알기 때문이다.

예수는 하나님이 구원하지 않으려는 이를 구원하는 것이 아니다.

"선한 일을 행한 자는 생명의 부활로, 악한 일을 행한 자는 심판의 부활로 나오리라. 내가 아무 것도 스스로 할 수 없노라. 듣는대로 심판하노니 나는 나의 원대로 하려하지 않고 나를 보내신 이의 원대로 하려는고로 내 심판은 의로우니라."(요5;29,30)

예수가 말하고자 하는 것은 예수 믿지 않으면 누구라도 지옥에 가고 예수를 믿으면 누구라도 구원받고 천국에 갈 수 있다는 것이 아니다.

사람은 다 아담의 후손이어서 선한 일은 했어도 예수 안 믿으면 지옥 가고 악한 일을 했어도 예수만 믿으면 천국갈 수 있다는 것이 아니다.

의인은 천국에 가지만 악인은 심판을 받고 지옥에 간다는 것이다.

사마리아인은 천국에 가지만 바리새인, 강도는 지옥에 간다는 것이다.

처음부터 사마리아인과 바리새인과 강도가 정해진 것이 아니다.

교회는 처음부터 사마리아인으로 살 수 있었는데 아담의 후손이어서, 죄인의 후손이어서 그 벌로 사마리아인으로 살 수 없게 된 것이라 한다.

그래서 그 벌로 강도 만난 자를 만나게 된 것이고 교회 다니고 예수 믿으면 다시 영원히 사마리아인으로 살 수 있게 되는 것이라 한다.

하지만 그게 아니다

사마리아인으로 살 것인지 말 것인지는 처음부터 정해진 게 아니다.

사는 동안 본인이 정하는 거다.

강도 만난 자를 만나지 않아도 죄인의 후손이 아니면 저절로 사마리아인으로 살 수 있게 되는 것이 아니다.

그가 아담의 후손이 아니라서, 교회 다니고 예수 믿어서 저절로 사마리아인이 될 수 있었던 것이 아니라 강도 만난 자를 만나서 죽어가는 그의 생명을 구했기 때문에 그가 사마리아인으로 살 수 있게 되는 것이다.

교회는 죽게 되는 것, 강도 만난 자를 만나게 되는 것이 원래는 주어지지 않아도 될 거였는데 아담의 후손이기 때문에 받는 벌이라 한다.

하지만 그게 절대 아니다.

사마리아인이, 사마리아인으로 영원히 살 수 있게 되기 위해서는 강도 만난 자 없이는 안 되고 강도 만난 자를 만나는 것이 반드시 필요하다.

강도 만난 자 없이 처음부터 강도와 바리새인과 사마리아인이 정해져 있고 처음부터 지옥에 갈 사람과 천국에 갈 사람이 정해져 있는 것이 아니라 강도 만난 자를 만나서 강도가 되고 바리새인이 되면 그 사람은 지옥에 가고 사마리아인이 되면 그 사람은 천국에 가는 것이기 때문이다.

죽어서 하나님 앞에 떳떳하게 설 수 있는 사람은 비록 강도이고 바리새인이긴 하지만 열심히 교회 다니고 예수 믿는 사람이 아니다.

강도 만난 자를 구한 사마리아인이다.

그 어떤 것도 사람이 구원받는 것보다 중요한 것은 없다.

사람이 알아야 할 것은 사람은 오로지 구원받아야 한다는 것이다.

교회는 수없이 많은 이유로 구원받을 수 없는 이유를 만들어낸다.

'축복'이 되어야 할 안식일, 단 한 번 주어진 소중한 삶을, 죄에 대한 형벌이라 말하며 구원마저 정지당한 시간이라 사람들을 속인다.

하지만 사마리아인이 강도 만난 자를 구하는 건 그가 예수 이후에 태어나서 예수를 알고 믿으며 교회 열심히 다니고 십위일세를 알며 안식일을 지키는 모든 조건을 다 충족하는 사람이었기 때문이 아니다.

그 순간, 그를 구하지 않으면 그가 죽을 것이기 때문이다.

사람은, 오로지 구원받아야 한다.

예수 이전에 태어나고 예수를 모르고 예수를 믿지 않는 사람은 구원도 받을 수 없고 예수 이후에 태어나서 예수를 알고 믿는 사람만 구원이 주어지고 천국에 갈 수 있는 기회를 얻을 수 있는 것이 아니라 예수 이전에 태어난 사람이든 이후에 태어난 사람이든, 믿는 사람이든, 믿지 않는 사람이든, 누구라도 할 수만 있다면 언제라도 치유되어야 하고 회복되어야 하고 사랑받아야 하고 구원받아야 하며 천국에 있어야 한다.

그 어떠한 이유도 구원이 멈춰야 할 이유가 될 수는 없다.

> "저물매 포도원 주인이 청지기에게 이르되 품군들을 불러 나중 온 자로부터 시작하여 먼저 온 자까지 삯을 주라 하니 제십 일시에 온 자들이 와서 한 데나리온씩을 받거늘 먼저 온 자들이 와서 더 받을 줄 알았더니 저희도 한 데나리온씩 받은지라 받은 후 집 주인을 원망하여 가로되 나중 온 이 사람들은 한 시간만 일하였거늘 저희를 종일 수고와 더위를 견딘 우리와 같게 하였나이다. 주인이 그 중의 한 사람에게 대답하여 가로되 친구여, 내가 네게 잘못한 것이 없노라. 네가 나와 한 데나리온의 약속을 하지 아니하였느냐. 네 것이나 가지고 가라. 나중 온 이 사람에게 너와 같이 주는 것이 내 뜻이니라."(마20;8~14)

구원은 오로지 1+1만 2고 1+2=3이고 1+3은 4인 것이 아니다. 1+1도2고 1+2도 2고 1+3도 2다. 왜냐하면 하나님이 그렇게 되기를 바라기 때문이다. 그보다 중요한 것은 세상에 없다.

하나님 앞에서 가장 큰 죄는 교회에 나가지 않는 것도, 예수를 모르는 것도, '삼위일체'를 믿지 않는 것도, '안식일'을 지키지 않는 것도 아니다. 구원받을 수 있는 기회가 주어졌음에도 불구하고 나도 구원받으려 하지 않고 남이 구원받을 수 있는 기회까지도 빼앗으려 하는 것이다.

요한복음 8장 16절을 보면 간음 중에 잡힌 여자를 돌로 쳐 죽이려는 사람이 모두 떠나고 둘만 남았을 때 예수와 여자가 그런 대화를 한다.

"여자여, 너를 고소하던 그들이 어디 있느냐,"
"너를 정죄한 자가 없느냐?" "없나이다."
"나도, 너를, 정죄하지 아니하노니 가서 다시는 죄를 범치 말라."

여자가 아담의 후손이어서 심판받아야 하는 것이 아니다.

여자, 혹은 사람이 구원받아야만 할 권리를 막을 이는 세상에 없다.

그것은 예수라 할지라도 마찬가지다. 예수는 그것을 알고 있는 것이다. 예수를 만나는 모든 이가 구원받을 수 있는 것은 그 때문이다.

교회는 교회 다니고 예수 믿어라, 그래야 천국 간다, 안 그러면 아무리 착하게 살아도 지옥 간다, 하고 사람들에게 말한다.

하지만 예수는 결코 그렇게 말하지 않는다.

예수는 그저 낫기를 원하느냐? 하고 묻고 너를 정죄한 자가 없느냐? 하고 묻지, 더 이상의 질문은 하지 않는다. 결코, 낫기를 원하느냐? 하고 성경을 본 적이 없는 사람이라면 한 번도 들어봤을 리 없는, 삼위일체는 믿느냐? 따위의 질문을 하지는 않는다. 너를 정죄한 자가 없느냐? 하고 무슨 의민지도 모르는 '안식일'은 지키느냐? 하고 더 묻지도 않는다.

믿어도, 안 믿어도 무조건 낫게 해주고 구원해 줄 것이기 때문이다.

그게 예수다.

왜냐하면 구원받는 것 외에 더 중요한 것은 아무 것도 없기 때문이다.

'삼위일체'를 믿어야만 구원을 받을 수 있고 믿지 않으면 구원도 받을 수 없는 것이 아니다. 교회 다니고 예수 믿어야만 구원받을 수 있고 그렇지 않은 사람은 구원도 받을 수 없는 것이 아니고 '안식일'이 아니라면 구원받을 수 있지만 '안식일'에는 구원도 받을 수 없는 것이 아니다.

구원받는 것에 있어 그런 것은 결코 중요한 것이 아니다.

들풀이 예수 이전에 태어났으면 구원받지 못했을 텐데 예수 이후에 태어나서, 예수를 알아서, 믿어서 구원받는 것이 아니며 강도 만난 자가 예수 이전에 태어났으면 구원받지 못했을 텐데 예수 이후에 태어나서, 예수를 알고 믿어서 구원받을 수 있는 기회가 주어진 것도 아니다.

노아도, 롯도, 요나도, 모세도, 예수까지도, 모두가 다 마찬가지다.

예수가 사람과 따로 있어서 사람이 구원받기 위해서는 예수를 따로 찾아가야 하고 찾지 못하면 구원도 못 받는 것이 아니다.

노아만 있고 아직 예수는 없었던 것이 아니고 롯만 있고 아직 예수가 없었던 것이 아니다. 그런데도 그들이 살 수 있었던 것이 아니다.

노아가 있으면 노아만 있는 것이 아니라 동시에 그 안에 예수도 같이 있는 것이고 롯이 있으면 롯만 있는 것이 아니라 동시에 그 안에 예수도 같이 있는 것이다. 그래서 그들이 사는 것이다.

예수에 이후에 태어난 사람만 구원받을 수 있는 것이 아니라 이전에 태어난 사람도 받을 수 있고 믿는 사람만 구원받을 수 있는 것이 아니라 믿지 않아도 구원받을 수 있고 있지만 알아야만 구원받을 수 있는 것이 아니라 알지 못해도 구원받을 수 있고 안식일을 지켜야만 구원받을 수 있는 것이 아니라 지키지 않아도 구원받을 수 있다.

왜냐하면 사람은 언제라도, 어떠한 경우에라도 다른 어떤 가치보다 귀한 존재이며 반드시 구원받아야만 하는 존재이기 때문이다.

그것이 곧, 하나님이 원하는 일이기 때문이다.

예수가 태어나기 전, 들풀이 예수를 알기 전에는 하나님이 그 들풀을 입히지도 않는 것이 아니다. 예수가 태어나기 전, 사람이 예수를 알기 전, 믿기 전에는 하나님이 사람을 구원하지도 않는 것이 아니다.

하나님이 들풀이 처음 생겨났을 때는 입히지 않고 내버려 두었다가 그가 예수를 믿기 시작하면서부터 입히기 시작한 것이 아니라 그가 생겨난 그 순간부터 입히기 시작한 것이고 하나님이 사람을 구원하는 것도 예수를 믿기 시작하면서부터가 아니라 그가 생겨난 그 순간부터다.

들풀이 아담의 후손이라서 예수가 태어나기 전, 예수를 알지 못하고 믿지 않는 들풀은 하나님이 먹이지도 입히지도 않고 예수를 알고 믿는 몇몇 꽃들만 특별히 하나님이 먹이기도 하고 입히기도 하는 것이 아니고 사람이 아담의 후손이라서 예수가 태어나기 전, 예수를 알지 못하고 믿지 않는 사람들은 하나님이 구원해 주지도 않고 예수가 태어난 이후에 태어나서 예수를 믿기 시작한 사람만 구원해 주기 시작한 것이 아니다.

교회는 사람은 아담의 후손이라서 예수가 태어나기 전, 예수를 알기 전, 믿기 전에는 하나님으로부터 구원을 받을 수 없었다고 한다.

하지만 사람은 구원받지 않고는 단 한 순간도 살 수 없다.

구원받지 않고도 들풀이 살았던 것이 아니고 아직 예수가 있기 이전, 아직 구원을 받을 수 없었던 때에도 사람이 살고 있었던 것이 아니다.

예수를 알기 전에는 구원을 받지 못하는 것은 하나님의 뜻이 아니다.

'삼위일체'를 부정하면 동시에 구원도 받을 수 없는 것이 하나님의 뜻이 아니며 '안식일'에는 구원받을 수 없는 것도 하나님의 뜻이 아니다.

하나님이 바라는 것은 오로지 사람이 구원받는 것뿐이기 때문이다.

"그러므로 내가 너희에게 이르노니 무엇이든지 기도하고 구하는 것이 있으면 받은 줄로 믿으라, 그리하면 너희에게 그대로 되리라."(눅11;24)

"나더러 주여, 주여, 하는 자마다 천국에 다 들어갈 것이 아니요, 다만 하늘에 계신 내 아버지의 뜻대로 행하는 자라야 들어가리라. 그 날에 많은 사람이 나더러 주여, 우리가 주의 이름으로 선지자 노릇하며 주의 이름으로 귀신을 쫓아 내며 주의 이름으로 많은 권능을 행치 아니하였나이까, 하리니 그때에 내가 저희에게 밝히 말하되 내가 너희를 도모지 알지 못하니 불법을 행하는 자들아, 내게서 떠나가라, 하리라."(마7;21~23)

제4부

주인공은 나

지금 우리가 알아야 할 것은 어떻게 하면 잘 살 수 있느냐 하는 것도 아니고 어떻게 하면 구원을 받을 수 있느냐 하는 것도 아니고 오직 내가, 하나님에게 얼마나 귀하고 소중한 존재인가 하는 것을 아는 것이다.

우리는 그렇게 하찮게 만들어진 존재가 아니다.

너무나 하찮아서 그냥은 안 되고 자존심 다 버리고 온갖 미친 짓을 다 해야 겨우 구원을 받을 수 있을까 말까 한 그런 존재가 아니다.

우리는 우리 모든 것을 팔아 보화가 감추어진 밭을 사야 하는 그런 존재가 아니고 1달란트를 팔아 2달란트를 사야 하는 하인이 아니고 우리는 우리의 모든 것을 팔아 겨우 천국을 사야 할 그런 존재가 아니다.

교회를 믿고 예수를 믿어야만 천국에 갈 수 있는 그런 존재가 아니다.

우리는 그가 가진 모든 것을 다 팔아 사려는 보화가 감추어진 밭이고 그가 자기가 가진 모든 달란트를 주고 선택받으려는 그의 주인이다.

그리고 그가 가진 모든 것을 다 버리고라도 갖고 싶은 천국이다.

우리가 구원을 받는 것은 교회를 믿기 때문도 아니고 예수를 믿기 때문도 아니다. 다른 어떤 사람을 믿거나 종교를 믿기 때문도 아니다.

우리 안에 그가 감추어둔 어마어마한 양의 보화가 있기 때문이다.

그가 우리를 그렇게 귀한 사람으로 만들었고 그에게 우리가 그만큼 귀하고 소중한 존재이기 때문에 우리가 구원을 받을 수 있는 것이다

그 사실을 모르고는 다른 모든 것들은 다 의미가 없다.

그도 귀하고 그가 가진 모든 것도 귀한데 그런 그가, 그가 가진 모든 것을 다 주고라도 사고 싶은 보화를 우리 안에 감추어 두었다는 것, 그만큼 그가 우리를 사랑한다는 것, 그 사실을 먼저 알아야 하는 것이다.

그가 우리 안에 감추어 둔 어마어마한 양의 보화는 어쩌다 실수 한 번 하고 어쩌다 잘못 한 번 한다고 해서 사라질 그런 것이 아니다.

보화가 사라지는 이유는 단 한 가지, 그것을 포기할 때뿐이다.

없어서가 아니라 없는 줄 알고 포기하면 정말로 없어지는 것이다.

내가 구원을 받는 것은 내가 교회에 가고 예수를 믿기 때문이 아니다.

그가 내 안에, 그가 가진 모든 것을 다 주고라도 사고 싶은 엄청난 양의 보화를 감추어 두었기 때문이고 천국을 감추어 두었기 때문이다.

그로 인해 내가 아무 노력도 없이 구원받을 수 있는 것이다.

우리가 잘못알고 있는 것 중에 하나는 우리가 아담의 후손이 아니었으면 하지 않아도 될 노력을 해야 되게 되었다고 생각한다는 것이다.

그래서 교회도 가고 예수도 믿고 안 믿으면 지옥 간다고 생각한다.

하지만 우리가 구원받는 것은 우리가 무언가를 하기 때문이 아니다.

우리 안에 우리를 구원받을 수 있게 해 주는 보화가 있기 때문이다.

그 빛을 깨닫는 순간, 다른 것이 아니라 그게 바로 구원인 거다.

우리가 구원받지 못 하는 이유도 다른 이유 때문이 아니다.

우리 안에 보화가 있음을, 천국이 있음을, 그것이 바로 우리가 구원받을 수 있는 유일한 열쇠라는 사실을 잊고 다른 열쇠를 찾기 때문이다.

교회는 나는 잘못된 것이니 나를 버리고 예수를 믿어야 산다고 한다.

나는 아무 것도 아니고 오직 예수만이 가장 귀하다고 한다.

하지만 가장 귀한 사람은 예수가 아니고 바로 나다.

노아가 방주로 인해 비를 피할 수 있었다고 해서 자기를 구해준 방주를 주인으로 섬기면서 거기서 영원히 살아야 하는 것이 아니다.

모세가 바다 사이로 난 길로 인해 바다에 빠지지 않았다고 해서 그 길을 주인으로 섬기면서 거기서 영원히 살아야 하는 것이 아니다.

강도 만난 사람이 사마리아인으로 인해서 목숨을 건졌다고 해서 사마리아인을 주인으로 섬기면서 그 밑에서 살아야 하는 것이 아니다.

내가 예수로 인해 천국에 갈 수 있게 되었다고 해서 영원히 예수를 주인으로 섬기며 그 밑에서 영원히 살아야 하는 것도 아니다.

비가 그친 후에는 방주도 사라져야 하고 바다에서 나온 뒤에는 그 길도 사라져야 하고 깨어난 뒤에는 사마리아인도 사라지고 없어야 한다.

예수가 내 죄를 없애주었다면 그 자신도 그 죄와 함께 사라져야 한다.

그래야 내가 구원을 받을 수 있는 것이다.

주인공은 노아를 구한 방주가 아니고 모세를 구한 바다를 가르고 난 길이 아니고 강도 만난 자를 구한 사마리아인이 아니고 나를 구한 예수가 아니라 방주가 구한 노아고 바다를 가르고 난 길이 구한 모세고 사마리아인이 구한 강도 만난 자이고 예수가 구한 나이기 때문이다.

나를 구한 그 모든 것은 다 위기에 처한 나를 위해 그 순간에만 잠깐 있다 결국은 사라져야 하는 것일 뿐 나보다 더 귀한 내 주인이 아니다.

노아를 구한 방주가 자기보다 덜 귀한 노아를 구한 것이 아니라 자기보다 노아가 더 귀하기 때문에 구한 것이며 모세를 구한 바다를 가르고 난 길이 자기보다 덜 귀한 모세를 구한 것이 아니라 자기보다 모세가 더 귀하기 때문에 구한 것이며 강도 만난 자를 구한 사마리아인이 자기보다 덜 귀한 강도 만난 자를 구한 것이 아니라 강도 만난 자가 자기보다 더 귀하기 때문에 구한 것이며 나를 구한 예수가 자기보다 덜 귀한 나를 구한 것이 아니라 내가 자기보다 더 귀하기 때문에 나를 구한 것이다.

교회는 아무 것도 아닌 나를 그가 구했다고 한다.

그래서 평생 그를 위해 살아야 한다고 한다.

하지만 성경은 다르다.

아무 것도 아닌 나를 그가 구한 것이 아니다.

내가 귀한 사람이기 때문에 구한 거다.

밭 안에 감추어진 보화가 없는데도 단지 예수 믿고 교회 다녀서 그가 자기가 가진 모든 소유를 주고 아무 것도 없는 그 밭을 산 것이 아니고 내 안에 감추어진 보화가 없는데도 단지 예수 믿고 교회 다녀서 하나님이 그의 독생자인 예수를 주고 아무 것도 아닌 나를 구한 것이 아니다.

아무 것도 아닌 것처럼 보이는 밭 안에 어마어마한 보화가 감추어져 있기 때문에 그가 자기가 가진 모든 소유를 주고 그 밭을 산 것이고 아무 것도 아닌 것처럼 보이지만 내 안에 사실은 어마어마한 보화가 감추어져 있기 때문에 하나님이 독생자인 예수를 주고 나를 산 것이다.

그리고 노아가 아무 것도 아닌데 예수 믿고 교회 다녀서 방주가 그를 구한 것이 아니라 그가 그만큼 귀한 존재이기 때문에 하나님이 방주를 주어 그를 구한 것이고 모세가 아무 것도 아닌데 단지 예수 믿고 교회 다녀서 하나님이 그를 구한 것이 아니라 그가 그만큼 귀한 존재이기 때문에 하나님이 그를 구한 것이고 내가 아무 것도 아닌데 내가 예수 믿고 교회 다녀서 예수가 아무 것도 아닌 나를 구한 것이 아니라 내가 그만큼 귀한 존재이기 때문에 하나님이 예수를 주고 나를 구한 것이다.

우상이 따로 있는 것이 아니다.

예수가 아니면 우상이지만 예수는 우상이 아닌 것이 아니다.

비가 오는 동안 노아를 구한 방주가 사라지고 바다 속을 걷는 동안 모세를 구했던 길이 바다를 빠져나와서는 사라지고 강도 만난 자를 구한 사마리아인이 강도 만난 자를 구하고 나서는 사라지고 사람을 구한 예수가 그 사람을 구하고 나서는 완전히 사라져야 노아의 구원이 이루어지고 모세의 구원이 이루어지고 강도 만난 자의 구원이 이루어지고 사람의 구원이 이루어지는 것이지 비가 그친 뒤에도 방주가 사라지지 않고 바다에서 나온 뒤에도 그 길이 사라지지 않고 강도 만난 자가 깨어난 뒤에도 사마리아인이 사라지지 않고 사람이 구원을 받은 뒤에도 예수가 사라지지 않고 있으면 그 순간 그들을 구한 이가 곧 우상이 되는 것이다.

아무리 좋은 방주라도 사라져야 진짜 방주고 아무리 고마운 길이라도 사라져야 진짜 바다 속 길이고 아무리 고마운 은인이라도 사라져야 진짜 사마리아인이고 사라져야 진짜 예수지 사라지지 않는 것은 다 가짜다.

그가 그를 구한 것이 그를 섬기게 하기 위해서가 아니기 때문이다.

예수는 자기는 섬김을 받으러 온 것이 아니라 섬기러 왔다고 한다.

그리고 자기를 가리켜 천국에 들어가는 유일한 문이라 하고 자기를 통과하지 않고는 천국에 들어갈 수 없다 한다.

그 말은 그를 섬겨야 하는 것이 아니라 섬김을 받아야 한다는 말이다.

그리고 그 문에 살아야 한다는 말이 아니라 통과해야 한다는 말이다.

지나치지 않고 거기에 머물면 사람은 영원히 천국에 들어갈 수 없다.

눈에 문이 아직 보인다면 그곳은 결코 천국이 아닌 것이다.

성경에서 가장 큰 죄는 우상숭배다.

성경은 우상은 절대로 숭배하면 안 된다고 말한다.

성경은 먹어서는 안 되는 실과는 절대로 먹으면 안 된다고 말한다.

먹으면 무조건, 반드시 죽을 것이라 한다.

그런데 교회는 먹어야만 천국에 갈 수 있다고 사람들을 부추긴다.

성경은 어떤 일이 있어도, 어떤 경우에도 우상숭배는 해서는 안 된다고 말한다. 우상숭배를 하면 무조건, 반드시 죽을 것이라 한다.

그런데 교회는 천국을 미끼로 우상숭배를 부추긴다.

내 힘으로는 천국에 갈 수 없고 우상을 숭배해야만 한다고 속인다.

그래서 우상숭배를 해야만 우상숭배를 하지 않으면 지옥에 갈 수밖에 없는 사람이 그 우상으로 인해 천국에 가게 되는 것이라 한다.

하지만 그게 바로 지옥으로 가는 지름길이다.

먹지 않으면 무조건 지옥에 갈 수밖에 없다고 사람들을 속인다.

성경에는, 먹으면 죽는 실과는 있어도 먹으면 사는 실과는 없다.

숭배하면 지옥 가는 우상은 있어도 숭배하면 천국 가는 우상은 없다.

오직, 먹으면 죽고 먹지 않으면 죽지 않는 실과와 숭배하지 않으면 천국가고 숭배하면 지옥 가는 우상만 있을 뿐이다.

사람이 날 때부터 죄인이라서 실과를 먹지 않으면 죽을 수밖에 없고 실과를 먹어야만 살 수 있는 것이 아니며 우상을 숭배하지 않으면 지옥에 갈 수밖에 없고 숭배해야만 천국에 살 수 있게 되는 것이 아니다.

날 때는 아무도 죄인이 아니다가 먹어서는 안 될 실과를 먹으면서 죽는 것이고 숭배하지 말아야 할 우상을 숭배하면서 죄인이 되는 것이다.

나는 귀하지 않고 오직 실과만 귀해서 실과를 먹어야만 사는 것이 아니며 나는 귀하지 않고 오직 우상만 귀해서 우상을 숭배하지 않으면 지옥에 가고 숭배해야만 천국에 가게 되는 것이 아니다.

실과보다 내가 더 귀하니 먹지 않고 버텨야만 살고 우상보다 내가 더 귀하니 숭배하지 않고 버텨야만 천국에 가게 되는 것이다.

성경은 먹으면 안 되는 실과를 먹으면 반드시 죽는다고 가르치는데 교회는 실과를 먹지 않으면 죽고 먹으면 살게 된다고 가르치고 성경은 우상을 숭배하면 반드시 죽게 된다고 가르치는데 교회는 우상을 숭배해야만 천국에 가고 숭배하지 않으면 지옥에 가게 된다고 가르친다.

사람이 죄인이어서 절대로 먹지 말라는 실과를 먹지 않으면 죽을 수밖에 없고 하지 말라는 우상을 숭배해야만 살 수 있는 것이 아니다.

교회는 모두 자기가 섬기는 것은 우상이 아니라고 한다.

자기들은 모두 하나님을 섬기는 것이라 한다.

그렇게 믿고 싶기 때문이다.

하지만 모든 우상은 사람들을 속이기 위해 다 하나님을 사칭한다.

그래서 그가 우상이냐, 아니냐의 기준은 그가 하나님이냐 아니냐가 아니라 그가 나이냐 내가 아니냐다.

즉, 내 안에서 하나님을 찾으면 그것은 우상숭배가 아니지만 내가 아닌 것에서 하나님을 찾으면 그것이 곧 우상숭배가 되는 것이다.

그가 귀한 것이 곧 내가 귀한 것이기 때문에 그가 하나님인 것이지 그만 귀하고 나는 귀하지 않기 때문에 그가 하나님인 것이 아니다.

아비가일이 죄인이어서 다윗하고 살고 싶으나 나발에게 쫓겨난 것이 아니다. 세상에는 나발만 있고 다윗은 없어서 아비가일이 나발하고 살면서 예수를 믿으면 죽은 다음에 다윗을 만날 수 있게 되는 것이 아니다.

살아서는 아비가일이 죄인이라 나발하고만 살아야 하고 교회에 다니고 예수 믿으면 죽은 다음에는 다윗과 살 수 있는 것이 아니다.

살아서 만난 남편은 진짜 남편이 아니고 죽은 다음에 만난 남편만이 진짜인 것이 아니다. 살아서 만난 남편이 진짜고 이곳이 진짜다.

기다리는 것은 만날 수 있는 사람을 기다리는 것이다.

살아서는 못 만나고 죽어야만 만나는 것은 진짜 만나는 것이 아니다.

구원받는 사람은 죽어서 방주에 타는 사람이 아니다.

죽어서 예수를 만나는 사람이 아니다.

살아서는 못 타는 방주를 죽어서 타는 사람이 아니고 살아서는 못 만나는 예수를 죽어서 만나는 사람이 아니다.

죽은 노아가 다시 돌아와서 사람을 구원하는 것이 아니고 살아있는 모세를 만난 사람이 구원받는 것이고 죽은 모세가 다시 돌아와서 사람을 구원하는 것이 아니고 살아있는 예수를 만난 사람이 구원받는 것이고 죽은 예수가 다시 돌아와서 사람을 구원하는 것이 아니고 지금 내 옆에 살아있는 또 다른 예수를 만난 사람이 구원받는 것이다.

교회는 예수가 나보다 더 귀하다고 한다.

예수를 섬겨야만 천국에 간다고 한다.

하지만 성경은 그렇게 말하지 않는다.

예수는 내가 섬겨야 할 사람이기만 한 것이 아니다.

나를 섬겨야 할 사람이기도 하다.

교회는 예수가 나를 살렸으니 영원히 그를 섬기며 살라 한다.

하지만 나는 하찮은 사람이고 그는 귀한 사람이어서 나는 섬기기만 하고 그는 받기만 해야 하는 것이 아니다. 나는 하찮고 그만 귀한 것이 아니라 내가 귀하기 때문에 그도 귀한 것이고 내가 하찮으면 그도 하찮은 것이다. 그는 오로지 나를 위해 필요한 사람이기 때문이다.

나를 살린 것은 예수가 아니라 하나님이다.

예수는 사람을 살리기 위해 사용되었을 뿐이다.

노아를 살린 것은 방주가 아니라 하나님이다.

방주는 노아를 살리기 위해 사용되었을 뿐이다.

왜냐하면 사람이 예수보다 귀하고 노아가 방주보다 귀하기 때문이다.

그가 나보다 더 귀하다면 하나님이 나를 살리기 위해 그를 희생하지 않았을 것이다. 방주가 노아보다 더 귀하다면 하나님이 노아를 살리기 위해 방주를 희생하지 않았을 것이다. 더 귀한 예수를 구하기 위해 사람을 희생시키고 더 귀한 방주를 구하기 위해 노아를 희생시켰을 것이다.

하지만 사람이 예수보다 더 귀하니 예수를 희생시킨 것이고 노아가 방수보다 더 귀하니 노아를 살리고 방주를 희생시킨 것이다.

2달란트가 1달란트보다 더 귀하니 2달란트를 얻기 위해 그보다 작은 1달란트를 희생시킨 것이고 보화가 감추어진 밭이 내가 가진 소유보다 더 귀하니 보화가 감추어진 밭을 얻기 위해 내 소유를 희생시킨 것이다.

교회는 예수가 사람을 구원해주니 영원히 그를 섬겨야만 한다고 한다.

예수의 종으로 살아야만 구원을 얻을 수 있는 것이라 한다.

하지만 구원은 그렇게 얻어지는 것이 아니다.

섬겨서 구원을 얻는 것이 아니라 섬김을 받아서 얻는 것이다.

사람은 방주가 아니라 노아고 1달란트가 아니라 2달란트다.

그 사람이 가진 소유가 아니라 보화가 감추어진 밭이다.

교회는 구원받는 사람이 구원하는 예수보다 더 작다 한다.

그래서 그에게 고마워해야 하고 그를 섬겨야 한다고 한다.

하지만 하나님은 그렇게 어리석은 장사꾼이 아니다.

아무 것도 아닌 노아를 구하기 위해 그보다 더 큰 방주를 버리고 방주보다 더 작은 노아를 구하는 분이 아니고 아무 것도 아닌 2달란트를 구하기 위해 그보다 더 큰 1달란트를 버리고 1달란트보다 더 작은 2달란트를 구하는 분이 아니고 아무 것도 아닌 보화가 감추어진 밭을 구하기 위해 그보다 더 큰 소유를 주고 그보다 더 작은, 보화가 감추어진 밭을 구하는 분이 아니고 아무 것도 아닌 사람을 구하기 위해 그보다 더 큰 예수를 버리고 예수보다 더 작은 사람을 구하는 분이 아니다.

하나님이 방주를 버리고 노아를 구하는 것은 노아가 방주보다 더 크기 때문이고 하나님이 1달란트를 주고 2달란트를 구하는 것은 1달란트보다 2달란트가 더 크기 때문이고 하나님이 자기가 가진 소유를 다 주고 보화가 감추어진 밭을 구하는 것은 그가 가진 모든 소유보다 그 안에 감추어진 보화가 더 크기 때문이고 하나님이 예수를 주고 사람을 구하는 것은 예수보다 사람이 더 크고 귀한 존재이기 때문이다.

노아를 구하는 방주가 아무리 귀하다 한들 결코 노아보다 더 귀한 존재가 아니고 2달란트를 구하는 1달란트가 아무리 크다 한들 결코 2달란트보다 큰 단위가 아니며 보화가 감추어진 밭을 구하는 그 사람의 소유도 아무리 많다 한들 결코 보화가 감추어진 밭보다 더 많은 것이 아니고 사람이 아무리 작다 한들, 그를 구하는 예수보다 더 작은 존재가 아니다.

노아가 방주를 섬겨서 사는 것이 아니라 방주가 자기를 버리고 노아를 섬겨서 노아가 사는 것이고 2달란트가 1달란트를 섬겨서가 아니라 1달란트가 자기를 버리고 2달란트를 섬겨서 2달란트를 구해야 하는 것이고 강도 만난 자가 사마리아인을 섬겨서 사마리아인에게서 구원을 얻어야 하는 것이 아니라 사마리아인이 강도 만난 자를 섬겨서 강도 만난 자가 구원을 얻어야 하는 것이고 사람이 예수를 섬겨서 구원을 얻어야 하는 것이 아니라 예수가 사람을 섬겨서 사람이 구원을 얻어야 하는 것이다.

그들이 섬김을 받으러 온 것이 아니라 오히려 섬기러 왔다고 말한 것은 겸손해 보이기 위해 그렇게 말한 것이 아니라 사실이기 때문이다.

> "인자가 온 것은 섬김을 받으려 함이 아니라 도리어 섬기려 하고 자기 목숨을 많은 사람의 대속물로 주려 함이니라."(마20;28)

노아를 홍수로부터 구한 방주는 홍수가 끝난 다음에는 노아를 위해 버려져야 하는 것이고 사람을 죄로부터 구한 예수 역시 죄가 끝난 다음에는 사람을 위해 사라져야 하는 것이다. 방주가 노아를 살렸으니 노아 역시 남은 삶을 자기를 구한 방주를 섬기며 살아야 하는 것이 아니고 그가 나를 살렸으니 내가 영원히 그를 섬기며 살아야 하는 것이 아니다.

비가 그친 뒤에도 버려지지 않는 것은 진짜 방주가 아니고 죄가 끝난 뒤에도 사라지지 않는 예수는 진짜 예수가 아니다. 홍수가 끝나고 제 일을 다 한 방주는 버려져야 방주지 비가 그친 뒤에도 영원히 남아 그가 구원한 노아의 주인으로 사는 것은 진짜 방주가 아니고 죄가 끝나고 제 일을 다 한 예수는 사라져야 예수지 죄가 끝난 다음에도 영원히 남아 그가 구원한 사람의 주인으로 사는 예수는 진짜 예수가 아니다.

죄를 대신해 양을 죽여서 구원을 얻는 것이지 양을 섬기며 살아서 구원을 얻는 것이 아니고 죄를 대신해 예수를 죽여서 구원을 얻는 것이지 예수를 섬겨서 구원을 얻는 것이 아니다. 살아야 하는 것은 그가 아니고 나다. 그가 죽어서 내가 사는 거다. 그가 살기 위해 내가 죽는 것이 그가 바라는 일이 아니며 그가 죽고, 내가 사는 것이 그가 바라는 일이다.

교회는 그를 주인공을 만들고 나를 하인으로 만든다. 귀한 그가 아무것도 아닌 나를 구해주었으니 영원히 그의 종이 되어야 한다고 한다.

하지만 주인공은, 나를 구해주는 데 쓰인 그가 아니다. 나다.

아무리 방주가 귀하다 하더라도 노아보다는 귀하지 않고 아무리 1달란트가 귀하다 하더라도 2달란트보다는 귀하지 않고 아무리 그가 가진 소유가 귀하다 하더라도 밭에 감추어진 보화보다는 귀하지 않고 아무리 사마리아인이 귀하다 하더라도 강도 만난 자보다 귀하지 않고 아무리 예수가 귀하다 하더라도 사람보다는 귀하지 않은 것이다.

그래서 그 둘을 맞바꾸는 것이고 그래서 그가 나를 구해주는 것이다.

방주를 섬기라고 노아를 구한 것이 아니고 1달란트를 섬기라고 2달란트를 구한 것이 아니고 그가 가진 소유를 섬기라고 밭에 감추어진 보화를 구한 것이고 아니고 사마리아인을 섬기라고 강도 만난 자를 구한 것이 아니고 예수를 섬기라고 사람을 구한 것이 아니다.

구원의 목적은 그런 것이 아니다.

방주는 소모되어져야 하는 것이지 섬겨져야 하는 것이 아니다.

1달란트도 마찬가지고 사마리아인도, 예수도 마찬가지다.
내가 섬기기만 할 사람은 나를 구원해줄 사람이 아니다.
나를 섬기기도 할 사람이 진정 나를 구원해줄 사람인 것이다.

"나는 아무 것도 스스로 할 수 없노라. 듣는대로 심판하노니 나는 나의 원대로 하려하지 않고 나를 보내신 이의 원대로 하려는고로 내 심판은 의로우니라." (요5;30)

"인자의 온 것은 섬김을 받으려 함이 아니라 도리어 섬기려 하고 자기 목숨을 많은 사람의 대속물로 주려 함이니라."(막10;45)

교회는 하나님과 사람은 완전히 다른 급이라 생각한다.
하지만 나는 하나님에게 남이 아니다.
하나님은 나와 아무 상관없는 사람이 아니다.
그는 무조건 귀하기만 하고 나는 무조건 하찮기만 한 것이 아니다.
빛이 둘로 쪼개질 수 없듯이 그와 나도 둘이 아니기 때문이다.
큰 빛은 결코 작은 빛을 무시하지 않는다.
작은 빛이 큰 빛에 의해 구원받는 것은 다른 이유 때문이 아니다.
그 둘이, 둘이 아니고 결국 하나이기 때문이다. 단지 그 뿐이다.
교회 다니고 예수 믿어서가 아니다.
그가 나를 구원하는 것은 내가 그만큼 귀하기 때문이다.
그가 나이고 내가 그이기 때문에 그가 나를 구원하는 것이다.
나는 하찮지만, 그래서 구원받을 자격도 없지만 교회 다니고 예수 믿어서 그로 인해 구원받을 수 있는 자격이 생기는 것이 아니다.
다른 곳에 그가 있는데 내가 그를 믿어서 하나님이 나를 구원하는 것이 아니라 내 안에 그가 있기 때문에 하나님이 나를 구원하는 것이다.

보화는 다른 곳에 있고 내 안에는 아무 것도 없는데 내가 단지 그를 믿어서 그가 나를 구원하는 것이 아니라 내 안에 어마어마하게 빛나는 보화가 감추어져 있고 그가 그를 보고 나를 구원하는 것이다.

하나님이라는 남편에게 나 말고 아내가 따로 있는 것이 아니고 하나님이라는 아버지에게 나 말고 어머니가 따로 있는 것이 아니다.

하나님이 남편이라면 다른 이가 아니라 내가 바로 하나님이라는 남편의 아내고 내가 바로 하나님이라는 아버지의 어머니인 것이다.

교회는 하나님도 남편과 아내가 있고 아버지와 어머니가 있다고 한다.

그리고 나는 그와 다르며 결코 그들과 같은 사람이 될 수 없다 한다.

하지만 내가 그와 아무 상관도 없고 결코 그들과 같은 사람이 될 수 없는, 아무 짝에도 쓸모없는 사람인데 그가 나를 구하는 것이 아니다.

그의 아내가 따로 있는 것이 아니라 내가 곧 그의 아내이고 나만 그로 인해 살 수 있고 그는 내가 없어도 아무 상관없는 것이 아니라 그도 내가 있어야만 살 수 있는 것이기 때문에 그가 나를 구하는 것이다.

그에게는 이미 나와는 비교도 할 수 없는 다른 아내가 있어서 나는 그에게 구원을 받지만 구원만 받고 그가 아닌 다른 사람의 아내가 되어야만 하는 것이 아니라 그가 나를 구원해주는 것은 그에게 아직 아내가 없기 때문이고 내가 그에게 구원을 받았으면 다른 사람의 아내가 되어야 하는 것이 아니라 내가 바로 그의 아내가 되어 주어야만 하는 것이다.

내가 있어야만 나는 하나님이 아니라 하나님을 섬기기만 해야 할 사람이고 내가 섬겨야 할 하나님도 남편, 하나만 있는 것이 아니라 남편과 아내, 둘이나 있는 것이 아니고 아버지, 하나만 있는 것이 아니라 아버지와 어머니, 둘이나 있어서 내가 그 둘을 다 섬겨야 하는 것이 아니다.

나는 하나님이 될 수 없고 하나님이라는 남편에게 나 말고 아내가 따로 있어서 나는 섬김을 받는 사람이 되면 안 되고 그저 남편과 아내를 함께 섬기는 사람이 되어야 하는 것이 아니라 하나님이 남편이라면 다른 사람이 아니라 내가 하나님이라는 남편의 아내가 되어서 남편의 섬김을 받아야 하고 나는 하나님이 아니고 하나님이라는 아버지에게 나 말고 어머니하나님이 따로 있어서 나는 섬김을 받는 사람이 되면 안 되고 그저 아버지하나님과 어머니하나님을 함께 섬기는 사람이 되어야 하는 것이 아니라 그가 아버지하나님이라면 다른 사람이 아니라 내가 바로 어머니하나님이 되어 아버지하나님의 섬김을 받을 수 있어야 하는 것이다.

구원은 가끔씩만 필요한 것이 아니라 항상 필요하고 서로가 서로를 항상 구원할 수 있기 위해서는 둘이 떨어져 있으면 안 되기 때문이다.

하나님이 항상 사람을 구원할 수 있는 것은 사람 밖에도 하나님이 있지만 사람 밖에만 하나님이 있고 사람 안에는 하나님이 없는 것이 아니라 사람 밖에도 하나님이 있고 사람 안에도 하나님이 있기 때문이다.

내가 다른 곳에 있다면 그가 나를 필요로 하는 순간에 내가 그의 옆에 없어서 그를 살리지 못할 수도 있고 그가 다른 곳에 있다면 내가 위급한 순간에 그가 나의 옆에 없어서 나를 살리지 못할 수도 있다.

하지만 하나님 안에 사람이 살고 사람 안에도 하나님이 살고, 사람 안에 하나님, 하나님 안에 사람, 안과 밖, 모든 곳이 하나님으로 가득 채워져 있기 때문에 ,항상 서로가 서로의 안에 자리 잡고 있기 때문에 구하지 못하는 순간 없이 항상 서로가 서로를 구할 수가 있는 것이다.

그가 다른 곳에 있는 나로 인해 살고 내가 다른 곳에 있는 그로 인해 사는 것이 아니라 그가 내 안에 있기 때문에 그가 나로 인해 사는 것이고 내가 다른 곳에 있는 그로 인해 사는 것이 아니라 내가 그 안에 있기 때문에 나를 품고 있는 그로 인해 나도 살 수 있게 되는 것이다.

구원하고 구원받으면 그걸로 모든 일이 다 끝나는 게 아니다.

그때부터 서로가 서로에게 꼭 필요한 사람, 서로를 살게 해 주고 행복하게 해 주어야 할, 정말로 중요한 사람이 되는 것이기 때문이다.

교회는, 나는 오직 하나님으로 인해 살지만 나만 하나님으로 인해 살고 하나님이 사는 것은 나와는 아무 상관없는 일이라 한다.

하지만 하나님이 나를 구원하는 것은 내가 없어도 그가 살 수 있는데도 불구하고 단지 나를 살리기 위해서만 나를 구원하는 것이 아니다.

나만 하나님으로 인해 살고 하나님은 내 도움 없이 스스로 살아야만 하는 것이 아니라 내가 나를 살린 하나님으로 인해 사는 것처럼 하나님도 그가 살린 나로 인해 그도 내 안에서 살 수 있어야만 하는 것이다.

하나님이 나를 구원하는 것은 나를 살리기 위해서이기도 하지만 내가 살아야만 내 안에 있는 그도 함께 살 수 있기 때문이기도 하다.

나는 하나님에게 구원받는 하나님과 아무 상관없는 제 3자가 아니다.

나는 하나님이 아니어서 하나님과 하나님의 종을 함께 섬겨야 하는 것이 아니라 내가 하나님의 종이라면 다른 이가 아니라 그들이 바로 나의 하나님이 되어야 하고 그들이 하나님의 종이라면 다른 사람이 아니라 내가 바로 그들이 섬겨야 할 하나님이 되어야 하는 것이고 나는 하나님의 아내가 아니어서 하나님과 그 아내를 같이 섬겨야 하는 것이 아니라 하나님이 남편이라면 다른 이가 아니라 내가 바로 그와 같이 살며 그를 사랑하고 그의 사랑을 받는 그의 아내가 되어야만 하는 것이다.

그래서 나만 그로 인해 구원받아 사는 것이 아니라 내가 그로 인해 사는 것처럼 그도 나로 인해 살 수 있도록 해 주어야만 하는 것이다.

"아버지께서 내 안에, 내가 아버지 안에 있는 것 같이 저희도 다 하나가 되어 우리 안에 있게 하사 세상으로 아버지께서 나를 보내신 것을 믿게 하옵소서.

내게 주신 영광을 내가 저희에게 주었사오니 이는 우리가 하나가 된 것 같이 저희도 하나가 되게 하려 함이니이다. 곧 내가 저희 안에, 아버지께서 내 안에 계셔 저희로 온전함을 이루어 하나가 되게 하려 함은 아버지께서 나를 보내신 것과 또 나를 사랑하심 같이 저희도 사랑하신 것을 세상으로 알게 하려 함이로소이다."(요 17;21~23)

"바리새인들이 하나님의 나라가 어느 때에 임하나이까? 묻거늘 예수께서 대답하여 가라사대 하나님의 나라는 볼 수 있게 임하는 것이 아니요, 또 여기 있다, 저기 있다, 고도 못하리니 하나님의 나라는 너희 안에 있느니라." (눅17;20,21)

달라져야 산다

교회는 실과를 먹거나 먹지 않거나 사람은 무조건 다 지옥에 간다고 한다. 중요한 것은 실과를 먹고 안 먹고, 가 아니라는 것이다.

하지만 그것은 사실이 아니다.

교회의 말대로라면 아담은 실과를 먹거나 먹지 않거나 상관없이 무조건 죽어야 하고 노아의 시대에 살던 사람들은 비를 맞거나 맞지 않거나 상관없이 무조건 죽어야 하고 소돔에 살던 사람들도 소돔을 떠나거나 떠나지 않거나 상관없이 '예수'를 믿지 않으니 무조건 죽어야 한다.

하지만 그것은 성경과 완전 다르다.

실과를 먹지 않은 사람은 살고 먹은 사람만 죽는 것이기 때문이다.

비를 피한 사람은 살고 피하지 않은 사람은 죽기 때문이다.

소돔을 떠난 사람은 살고 떠나지 않은 사람은 죽기 때문이다.

그들의 말대로라면 성경은 읽어볼 필요도 없는 쓸데없는 이야기고 사람을 살리기 위해 자신을 희생한 사람들은 다 어리석은 사람들이다.

그냥 '예수'만 믿으면 되는데 굳이 힘든 길을 선택했기 때문이다.

그들은 성경을 전혀 반대로 전하고 있다.

처벌을 받을 짓은 그들이 하고 있는 거다.

실과를 먹거나 먹지 않거나 똑같다고 말하는 사람은 실과를 먹고 싶어 하지 않는 사람이 아니다. 비를 맞거나 맞지 않거나 똑같다고 말하는 사람은 비를 맞고 싶어 하지 않는 사람이 아니다. 소돔을 떠나거나 떠나지 않거나 똑같다고 말하는 사람도 떠나고 싶어 하는 사람이 아니다.

먹지 않는 것이 먹는 것보다 훨씬 어렵고 맞는 것보다 맞지 않는 것이 훨씬 더 어렵고 떠나는 것이 떠나지 않는 것보다 훨씬 더 어려운 일인데 어느 쪽이든 똑같다면 굳이 먹지 않을 이유가 없고 굳이 비를 맞지 않을 이유가 없고 굳이 떠나기 싫은 소돔을 떠날 이유가 없기 때문이다.

똑같다는 말은 먹고 싶은 사람이 지어낸 거짓말이고 비를 맞고 싶은 사람이 지어낸 거짓말이고 떠나고 싶지 않은 사람이 지어낸 거짓말이다.

'예수'를 믿는 것이 위험한 이유는 그때문이다.

먹으면 반드시 죽는다는 것을 알면 절대 먹지 않을 텐데 '예수'를 믿고 있으니 먹어도 죽지 않는다고 생각하고 먹게 되기 때문이다.

비를 맞으면 죽는다는 것을 알면 절대 맞지 않을 텐데 '예수'를 믿고 있으니 비를 맞아도 죽지 않을 거라 믿고 피하지 않게 되기 때문이다.

떠나지 않으면 죽는다는 것을 알면 반드시 떠날 텐데 '예수'를 믿고 있으니 떠나지 않아도 죽지 않을 거라 믿고 떠나지 않게 되기 때문이다.

먹으면 죽게 된다는 걸 알면 실과를 먹지 않을 텐데 '예수'를 믿기만 하면 괜찮다고 생각하니 먹고 싶은 실과를 먹지 않을 이유가 없는 것이고 비를 피하지 않으면 반드시 죽게 된다는 걸 알면 무슨 일이 있어도 비를 피할 텐데 '예수'를 믿기만 하면 비를 맞아도 죽지 않는다고 생각하니 내리는 비를 피할 이유가 없는 거고 소돔을 떠나지 않으면 죽게 된다는 걸 알면 어떻게 해서라도 소돔을 떠날 텐데 '예수'를 믿기만 하면 괜찮다고 생각하니 떠나기 싫은 소돔을 떠날 이유가 없는 거다.

그래서 먹게 되고 피하지 않게 되고 떠나지 않게 되는 거다.

벌거벗은 사람들이 벌거벗었다는 것을 알게 되면 옷을 입을 텐데 옷을 입고 있지 않으면서도 '예수'를 믿기만 하면 옷을 입고 있지 않아도 이미 옷을 입은 것과 같다고 생각하니 옷을 입지 않게 되는 거다.

교회는 '예수'를 믿는 것 외에는 아무 것도 중요한 것이 없다고 한다. '예수'를 믿지 않는 사람은 모두가 다 지옥에 간다는 것이다.

하지만 그들의 말대로라면 성경은 모두가 다 거짓말이 된다.

착하게 살 거나 악하게 살거나 예수를 믿기만 하면 천국에 간다고 말하는 사람은 악하게 살고 싶어 하지 않는 사람이 아니다. 착하게 살거나 악하게 살거나 다 똑같다면 굳이 착하게 살 이유가 없기 때문이다.

소돔을 떠나거나 안 떠나거나 똑같다고 말하는 사람은 소돔을 어지간히 떠나기 싫은 사람이고 청소를 하거나 안 하거나 똑같다고 말하는 사람은 청소가 어지간히도 하기 싫은 사람이고 착하게 살거나 악하게 살거나 똑같다고 말하는 사람은 어지간히도 착하게 살기가 싫은 사람이다.

실과를 먹은 사람이나 안 먹은 사람이나 똑같다고 말하는 사람은 그가 실과를 사랑하는 자이기 때문이고 가인이나 아벨이나 다 똑같다고 말하는 것은 그가 아벨이 아니라 가인이기 때문이고 비를 맞으나 안 맞으나 똑같다고 말하는 자는 그가 비를 맞지 않은 사람이 아니라 비를 맞은 사람이기 때문이고 소돔을 떠나지 않으나 떠나나 똑같다고 말하는 것은 그가 소돔을 싫어하는 사람이 아니라 사랑하는 사람이기 때문이고 나발이나 다윗이나 똑같다고 말하는 것은 그가 다윗이 아니라 나발이거나 나발을 사랑하는 사람이기 때문이고 강도나 사마리아인이나 다 똑같다고 말하는 것은 그가 사마리아인이 아니라 강도이거나 강도를 사랑하는 사람이기 때문이고 하나님이나 사단이나 다 똑같다고 말하는 것은 그가 하나님이 아니라 바로 사단이거나 사단을 사랑하는 사람이기 때문이다.

실과를 먹은 사람이 많아지면 먹지 않으려는 사람을 싫어하고 비를 맞는 사람이 많아지면 비를 맞지 않으려는 사람을 싫어하고 소돔에 사는 사람들이 많아지면 거기에서 살고 싶어 하지 않는 사람을 싫어하고 나발이 많아지면 나발이 되지 않으려는 사람을 싫어하고 강도가 많아지면 강도가 되지 않으려는 사람을 싫어하고 사단이 많아지면 그들처럼 되지 않으려는 사람을 싫어한다, 그래서 그들의 노력을 '헛수고'라 비웃는다.

실과를 먹은 사람은 자기가 '예수'를 믿으니 실과를 먹어도 천국에 갈 수 있다고 믿고 비를 맞는 사람도 자기가 '예수'를 믿으니 비를 맞아도 천국에 갈 수 있다고 믿는다. 소돔에 사는 사람도 자기가 '예수'를 믿으니 소돔에 살아도 죽지 않고 천국에 갈 수 있다고 믿는다. 강도짓을 하는 사람도 자기가 '예수'를 믿으니 천국에 갈 수 있다고 생각한다.

하지만 실과를 먹은 사람이 많아지면 실과를 먹은 사람도 구원을 받을 수 있게 되는 것이 아니고 비를 맞는 사람이 많아지면 비를 맞는 사람도 구원받을 수 있게 되는 것도 아니고 소돔을 떠나지 않는 사람이 많아지면 소돔을 떠나지 않아도 구원을 받을 수 있게 되는 것도 아니고 강도짓하는 사람이 많아지면 강도도 구원받을 수 있게 되는 것도 아니다.

실과를 먹은 아담은 재수가 없어서 하나님에게 죽임을 당했지만 지금은 하나님이 마음이 바뀌어 실과를 먹은 아담이라도 '예수'를 믿기만 하면 실과를 먹고도 살 수 있게 된 것이 아니고 노아시대에 살던 사람들은 재수가 없어서 비를 피하지 않고 맞아서 하나님에게 죽임을 당했지만 지금은 하나님이 마음이 바뀌어 비를 맞고 다니는 사람이라도 '예수'를 믿기만 하면 살 수 있게 된 것이 아니고 소돔에 살던 사람들은 재수가 없어서 하나님에게 죽임을 당했지만 지금은 하나님이 마음이 바뀌어 소돔을 떠나지 않아도 '예수'를 믿기만 하면 살 수 있게 된 것도 아니다.

실과를 먹는 것이 별로 대단한 일도 아니어서 실과를 먹은 사람들이 많아지면 하나님이 어쩔 수 없이 실과를 먹은 사람까지 구원하기로 계획을 바꾸는 것이 아니고 비를 맞는 것이 별로 대단한 일도 아니어서 비를 맞는 사람들이 많아지면 하나님이 어쩔 수 없이 비를 맞는 사람까지 구원하기로 계획을 바꾸는 것이 아니고 소돔에 사는 것이 별로 대단한 일도 아니어서 소돔을 떠나지 않으려는 사람들이 많아지면 하나님이 결국 소돔을 떠나지 않는 사람까지 구원하기로 계획을 바꾸는 것도 아니고 강도짓이 별로 대단한 일도 아니어서 강도가 많아지면 하나님이 강도들까지 넓은 아량으로 구원하기로 계획을 바꾸는 것도 아니다.

그렇게 믿고 싶은 강도들이 많아지는 것뿐이다.

사람이 구원받기 위해서는 달라져야 한다.

잘못된 모든 것을 다 바꿔야 한다.

어떻게 살아도 다 똑같고 '예수'만 믿으면 되는 것이 아니다.

바뀌지 않고 구원받을 수 있는 다른 방법은 없다.

그런데 '예수'만 믿으면 괜찮다고 믿으니 바뀌려고 하지 않는 것이다.

범람하는 '예수들'이 위험한 것은 그때문이다.

교회는 사단만을 경계하라고 한다.

하지만 '예수'의 적은 '사단'이 아니다.

'예수'도 아니면서 '예수'노릇을 하는 또 다른 '예수들'이다.

아무리 예수를 믿어도 소돔을 떠나지 않으면 죽고 아무리 예수를 믿어도 의롭게 살지 않으면 죽고 아무리 예수를 믿어도 '강도'는 죽는다.

세상에 '예수'라 하는 이들이 많지만 우리 안에 우리와 함께 있지 않고 우리와 상관없이 밖에서 돌아다니는 모든 예수들은 다 가짜다.

그들은 '예수'가 아니라 사람들의 것을 빼앗는 '강도'고 '사단'이다.

진짜 예수는 '선한 사마리아인'이지만 가짜 예수는 '강도'다.

'선한 사마리아인'은 사람을 살리고 '강도'는 사람을 죽인다.

'선한 사마리아인'은 아무 조건과 이유 없이 사람의 생명만을 구하고 사라지지만 '강도'는 사람의 것을 무조건 자기 것으로 다 빼앗아간다.

'예수'가 우리와 따로 있어서 구원받기 위해서는 우리가 그를 찾아가야 하는 것이 아니다. '예수'는 언제나 우리 안에 우리와 함께 있기 때문에 우리가 따로 찾아가지 않아도 언제든 구원을 받을 수 있는 것이다.

넘쳐나는 예수들 중에 어떤 사람은 예수고 어떤 사람은 예수가 아닌 것이 아니다. 하나도 빠짐없이, 그들 모두가 다 가짜이기 때문이다.

"아이들아, 이것이 마지막 때라. 적그리스도가 이르겠다 함을 너희가 들은 것과 같이 지금도 많은 적그리스도가 일어났으니 우리가 마지막 때인 줄 아노라. 저희가 우리에게서 나갔으나 우리에게 속하지 아니하였나니 만일 우리에게 속하였더라면 우리와 함께 거하였으려니와 저희가 나간 것은 다 우리에게 속하지 아니함을 나타내려 함이니라."(요일1;18,19)

처음부터 정해진 일

교회는 사람이 태어나기도 전에 이미 지옥에 가게 되어 있다고 한다.

하지만 사람이 천국에 갈 것인가, 지옥에 갈 것인가가 정해지는 것은 태어나기도 전부터가 아니라 다 살고 난 후, 죽은 다음부터다.

> "한 번 죽는 것은 사람에게 정하신 것이요, 그 후에는 심판이 있으리니." (히9;27)

죽음은 중간부터 시작된 것이 아니라 처음부터 정해진 일이다.

처음부터 정해졌다는 것은 그것이 반드시 필요한 일이라는 뜻이다.

없어도 될 일었다면 그렇게 정해질 이유도 없는 것이기 때문이다.

그러니 당연하게 받아들이고 살아야 한다.

교회는 사람이 처음에는 영원히 죽지 않고 살 수 있도록 만들어졌지만 아담이 실과를 먹어 그 벌로 죽기 시작한 것이라 한다.

그리고 다른 방법으로는 결코 영원히 살 수 없고 오직 예수를 믿어야만 용서받아 다시 죽지 않고 영원히 살 수 있을 것이라 한다.

하지만 아담이 실과를 먹어 사람이 죽는 것이 아니다.

그냥 처음부터 그렇게 정해진 것이다.

죽는 것이 처음에는 없다가 중간부터 도입된 것이 아니라 처음부터 이미 정해진 일이라는 것이다. 그리고 처음부터 정해져있는 일이라는 것은 그 일이 반드시 있어야 하는 일이기 때문에 정해져 있는 것이다.

사람이 죽는 것은 억울하게 겪어야 하는 형벌이 아니라 태어났기 때문에 누구나 겪을 수밖에 없는 삶의 당연한 한 과정일 뿐이다.

교회는 죽음을 죄인이 아니었으면 겪지 않았어도 될 형벌이라 한다.

하지만 성경에서 죽는다는 것은 하나님을 만나는 일이다.

죽기 전에는 어떻게든 하나님을 피해 다니며 하나님을 만나지 못하던 사람들도 죽으면 반드시 하나님을 만날 수밖에 없게 된다.

그렇기 때문에 그 일은 죄인이 아니었으면 겪지 않아도 되는 형벌이 아니라 사람에게 반드시 일어나야만 하는 일이 되는 것이다.

하나님을 만나는 일은 감사할 일이지 벌이 아니다.

사람이 죽는다는 것은 결국 하나님에게 돌아간다는 것이고 그것이 벌이 될 수는 없는 것이다. 성경에 보면, 하나님이 돌아오라는 말을 수없이 많이 하는데 하나님에게 돌아가는 것이 벌이 될 수는 없지 않은가.

하나가 틀리면 모든 것이 다 틀리고 하나가 맞으면 다 맞는다.

하나를 보면 열을 안다고 교회는 자기들만이 완벽한 진리라 하지만 그들이 하는 결정적인 말 하나가 틀리면 그들이 하는 말이 아무리 그럴듯하다 해도 모든 것은 다 틀린 것이 된다. 거대한 몸집에, 막대한 힘을 가진 골리앗이 작고 어린 다윗의 돌멩이에 쓰러지는 것도 그 때문이다.

"한 세대는 가고 한 세대는 오되 땅은 영원히 있도다. 해는 떴다가 지며 그 떴던 곳으로 빨리 돌아가며 바람은 남으로 불다가 북으로 돌이키면 이리 돌며 저리 돌아 불던 곳으로 돌아가고."(전1;4-6)

정해진 공간 안에서 태어난 사람이 영원히 죽지 않고 계속 살면서 늘어나기만 한다면 어느 누구도 행복한 삶을 살 수 없을 것이다. 그래서 세상에 영원한 것은 없으며 모든 것이 다 시작한 곳으로 다시 돌아가고 태어난 것은 반드시 죽게 되어있다. 그래야만 똑같은 크기의 땅이 영원히 있을 수 있고 그래야만 세상이 공평하게 유지될 수 있기 때문이다.

"그는 흥하여야 하겠고 나는 쇠하여야 하리라."(요3;22)

이 부분도 같은 맥락으로 이해할 수 있다.

세상은 오직 한 사람 있기에만 넉넉하고 두 사람이 다 있기에는 부족한 곳이어서 둘 다 흥할 수는 없고 그가 흥하려면 나는 반드시 쇠해야 하고 내가 흥하기 위해서는 그 전에 있던 이는 쇠하여야만 하는 것이다.

우리는 죽음 이후의 일을 알 수 없다.

하지만 성경은 살았을 때와 죽었을 때, 둘 다를 우리에게 보여준다.

아담이 죽는 것은 그가 늙어서 죽었을 때가 아니다.

떠나 있던 하나님이 다시 그에게 돌아왔을 때다.

사람이 심판을 받는 것은 그가 아직 살았을 때가 아니다.

죽은 후다. 그가 하나님에게 심판을 받는 것은 그가 이미 죽었기 때문이다. 죽은 후에라야 하나님에게 심판을 받을 수 있기 때문이다.

그가 아직 죽기 전인데도 하나님에게 심판을 받는 것이 아니라 그가 이미 죽었기 때문에 하나님에게 심판을 받게 되는 것이다.

그가 아무리 악행을 저지른다 해도 그보다 더 힘이 있는 이가 세상에는 있을 수 없기 때문에 죽기 전에는 그가 하나님을 만날 일이 없다.

하지만 그는 반드시 죽을 것이고 죽은 후에는 반드시 하나님 앞에 설 수밖에 없는 것이다.

그리고 비로소 죽지 않으면 절대 받을일이 없는 심판을 받게 되는 것이다. 악인은 반드시 그가 한 나쁜 짓에 대한 그만큼의 벌을 받아야만 하고 의인은 반드시 그가 한 일에 대한 그만큼의 상을 받아야 하고 슬퍼하는 이들, 억울하게 죽임을 당한 이는 반드시 그 한을 풀어 주어야 한다.

그 모든 일이 죽은 후에 하나님 앞에 서게 되면 이루어지는 것이다.

그런데 왜 죽음이 나쁜 일이고 형벌이기만 하겠는가.

아담이 실과를 안 먹었으면 죽음이 안 올 수도 있었던 것이 아니다.

하나님이 반드시 오듯이 죽음도 반드시 온다.

그가 실과를 먹든 안 먹든 하나님이 돌아오지 않을 일은 없다.

그리고 사람이 아담의 후손이든 아니든 죽지 않을 일도 없다.

사람이 아담의 후손이기 때문에 억울하게 죽는 것이 아니다. 아담의 후손이 아니었으면 하나님을 안 만나도 되었을 텐데 아담의 후손이기 때문에 하나님을 만나야 하는 것도 아니다.

그것은 잘하면 피해갈 수도 있었던 일이 아니라 처음부터 이미 정하여진 일이기 때문이다.

가인과 아벨이 죽는 때는 하나님에게 제물을 바치는 때고 달란트를 받은 이가 죽는 때는 달란트를 준 주인이 다시 돌아왔을 때고 신랑을 기다리던 처녀가 죽는 때는 기다리던 신랑이 온 때다.

하나님에게 제물을 바치지 않고 지나갈 일도 없고 달란트를 하인에게 주고 잠시 떠나있던 주인이 다시 집으로 돌아오지 않을 일도 없고 신랑을 기다리고 있는 신부 앞에 신랑이 나타나지 않을 일도 없다. 어찌하면 오고 어찌하면 안 오는 것이 아니라 그 순간은 모두에게 반드시 온다.

시작된 하루가 끝나지 않을 일도 없고 태어난 사람이 죽지 않고 살 일도 없다. 시작된 하루는 반드시 끝나고 태어난 사람은 반드시 죽는다.

다만 그 순간에, 어떤 사람은 그때까지의 한 일로 심판받아 영원히 쫓겨나지만 어떤 사람은 그렇지 않고 상을 받는다는 것이 다를 뿐이다.

교회는 죽는다는 것에 대해 그 것이 가지고 있는 나쁜 점만 이야기한다. 죽는 것은 죄인이기 때문에 추가된 고통이고 겪지 않는 것이 더 좋았을 형벌이며 그래서 죽으면 모두가 다 무조건 지옥에 간다고 한다.

죽는 것이 형벌이 되어야만 교회 다녀야만 천국에 갈 수 있고 안 다니면 지옥 간다는 말을 할 수가 있는데 그렇지 않으면 교회 자신이 더 이상할 말이 없어지고 존재할 이유도 함께 사라지기 때문이다.

하지만 죽는다는 것은 처음에는 예정에 없다가 사람이 아담의 후손이기 때문에 나중에 더 추가된 것이 아니라 처음부터 정해진 일이고 처음부터 정해진 일이라는 것은 반드시 필요한 일이라는 뜻이다.

반드시 필요한 일이라는 것은 반드시 있어야만 하는 이유가 있는 일이라는 뜻이고 반드시 있어야만 하는 이유가 있는 일은 나쁜 점만 모두 가지고 있는 것이 아니라 반드시 좋은 점도 함께 가지고 있는 것이다.

성경에서 죽는다는 것은 끝이 아니라 죽어서 하나님을 만나는 일이다. 교회는 죽는다는 것이 아담의 후손이라서 겪게 된 형벌이라 하지만 그렇게 말하는 사람들은 결코 좋은 사람들이라 할 수 없으며 정말 죽는다는 것이 어떤 의미인지, 하나님이 어떤 분인지, 죽은 뒤에 어떤 일이 일어나는지, 사람들에게 아무 것도 알려줄 수 없는 그저 나쁜 놈들이다.

죽는 것을 고통에만 초점을 두고 억울한, 겪지 않았어야할 끔찍한 일로만 규정하는 종교는 잘못된 종교고 반드시 없어져야만 할 종교다.

죽은 뒤에는 반드시 하나님을 만나게 되는데 죽지 않았어야 한다는 말은 하나님을 만나지 말았어야 된다는 말과 같기 때문이다.

노아가 구원받는 것은 비가 오는 동안 방주 안에 있었기 때문이다. 하지만 만일 노아의 시대에 사람들이 모든 사람들은 다 아담의 후손이라 죽는 것이고 죽은 다음에는 모두 지옥에 가게 된다. 오직 교회 다니고 예수 믿는 것만이 유일하게 살아남는 방법이고 천국 가는 길이다.라고 떠들고 다니고 노아가 그들의 말에 넘어가 방주 안에 있지 않고 교회 다니고 예수 믿는 일에 집중했다면? 그는 과연 구원받을 수 있었을까?

만일 롯의 시대에 소돔 안에 있는 사람들이 지금과 똑같은 복음을 떠들고 다니고 롯이 그들 말에 넘어가 소돔 떠나는 일을 멈추고 교회 다니고 예수 믿는 일에 집중했다면? 그는 과연 그때처럼 구원받을 수 있었을까?

결코 그렇지가 않다는 거다.

산다는 것은 버려진 밭에서 감추어진 보물을 찾는 일이고 1달란트로 2달란트를 만드는 일이고 강도 만난 자에게 사마리아인이 되어주는 일이다.

사는 동안 사람이 반드시 해야 할 일은 그런 것들이다.

지옥가지 않고 천국가기위해 교회 다니거나 예수 믿는 일이 아니다. 죽지 않으면 결코 하지 않았을 일인데 죽기 때문에 추가되는 일이 따로 있는 것이 아니고 죽지 않으면 반드시 해야 될 일인데 죽기 때문에 하지 않아도 상관없는 일이 따로 있는 것도 아니다.

중요한 것은 죽느냐, 죽지 않느냐가 아니라 모든 사람에게는 사는 동안 반드시 해야 할 일이 있는데 그 일을 했느냐, 하지 않았느냐, 하는 것이다.

죽게 되니 사는 동안 한 모든 일이 아무 의미도 없게 되는 것이 아니다. 삶은 하나님이 사람에게 준 단 한 번의 소중한 기회이고 시험이다. 모든 사람이 다 죽으면 무조건 지옥에 가는 것이 아니라 사는 동안 반드시 해야 할 일을 제대로 했다면 죽어서 하나님 앞에 가서 상을 받을 것이고 하지 않았다면 마찬가지로 하나님 앞에 가서 벌을 받을 것이다. 죽는 것을 형벌로 인식하게 되면 사람은 결코 제대로 살 수 없다.

죽는 것이 두려워 아무 것도 할 수 없게 되기 때문이다. 어떻게 살든 모든 사람들이 다 죽어서 지옥에 가게 되고 오직 교회 다니고 예수 믿는 사람만이 천국에 갈 수 있게 되는 것이 아니다.

다만, 그 사실이 알려지게 되면 교회의 존재 이유가 없어지기 때문에 인정하고 싶지 않을 뿐, 그것이 영원히 변하지 않는 진리다.

꽃이 진 뒤에 열매의 보응이 있듯이 사람도 마찬가지다.

사람들이 교회의 말도 안 되는 거짓말에 속는 것은 죽는 것이 두려워 도망하고 싶고 죽음을 받아들이고 싶지 않기 때문이다.

하지만 죽지 않으려는 것은 잘못된 욕심이다.

죽지 않고는 하나님도 만날 수 없다.

죽는다는 것은 숨이 끊어지는 일이 아니며 하나님을 만나는 일이다.

떳떳하게 살았다면 하나님을 만나는 일이 싫을 이유가 없다.

사람이 살 수 있는 세상은 한정되어있고 그 안에서 살 수 있는 사람도 한정되어 있다. 그래서 세상이 항상 같은 모습으로 유지되기 위해서는 사람이 너무 많아지면 안 된다. 그런데 사람이 태어나기만 하고 죽지 않으면 사람은 계속해서 늘어날 수밖에 없고 환경은 지금보다 더 나빠질 수밖에 없다.

세상은 쓰레기를 남기지 않는다.

하지만 지금도 사람은 사는 동안 어마어마한 쓰레기를 남긴다.

사람이 만든 것은 좋은 것이든 나쁜 것이든 다 쓰레기가 된다.

그런데 그런 사람이 죽지 않고 영원히 산다면 그 쓰레기의 양은 지금도 많은데 그보다 수천, 수만, 수백만 배, 수천만 배 늘어나야 한다.

사람은 한정된 곳에 살 곳을 마련하기 위해 건물을 높인다.

그래서 지금도 20층, 30층 높이의 아파트를 짓는다.

그런데 사람이 죽지 않고 영원히 산다면 200층도 부족할 것이다.

그리고 지금보다 엄청나게 많은 물자와 식량이 필요하다.

사람은 한 사람의 아버지, 할아버지, 시어머니, 장모님과만 살면 된다.

그런데 사람이 죽지 않고 영원히 산다면 수천, 수만, 수백만, 수천만 명의 아버지, 할아버지, 시어머니, 장모님과 함께 살아야 한다.

그렇게 되면 한두 사람만 신경 쓰면 되던 지금과 달리 알아야 할 것, 외워야 할 것도 많아지고 해야 할 일, 하지 말아야 할 일, 챙겨야 할 사람들이 어마어마하게 늘어난다. 그리고 태초에 태어난 몇 사람을 제외하고는 자유로울 권리와 힘을 가질 권리를 누릴 수 없게 된다.

영원히 죽지 않는 수천, 수만, 수백만의 아버지와, 할아버지들, 시어머니와 장모님들의 아들, 딸, 사위, 며느리로 살아야 하기 때문이다.

영원히 죽지 않는 왕 밑에서 영원히 노예로 살아야 할 수도 있다.

그리고 하나님 앞에 설 일도 영원히 없게 된다.

세상이 항상 똑같이 유지되기 위해서는 항상 그만큼의 크기로 끊임없이 같은 자리를 돌아야 하고 세상이 그만큼의 크기로 끊임없이 같은 자리를 도는 것은 항상 비슷한 크기로 둥글기 때문이고 세상이 그만큼의 크기로 둥근 것은 중심축으로부터 원둘레까지의 거리가 비슷하기 때문이다. 그래서 세상이 오래도록 사라지지 않고 유지될 수가 있는 것이다.

그런데 태어난 사람이 영원히 죽지 않고 계속해서 한 쪽 끝에 살게 되면 중심축으로부터 그 쪽의 무게와 거리가 점점 무거워지고 멀어진다.

그렇게 되면 세상은 그만큼의 크기로 둥글게 유지될 수 없고 같은 자리를 돌 수도 없고 계속 커지고 무거워져서 결국은 사라지고 말 것이다.

교회는 죽는 것은 잘못 된 것이라 하고 죽지 않고 영원히 사는 것이 맞는 것이라 한다. 하지만 영원히 살겠다는 욕심이 채워지면 모든 것이 엉망이 되는 것이다.

죽지 않으려고 한다고 해서 죽지 않게 되는 것도 아니다.

마태복음 21장 33절에 보면 포도원을 만들어 농부들에게 세를 내어 주고 타국으로 떠난 포도원주인의 이야기가 나온다. 그 주인이 때가 되어 농부들에게 세를 받으려 할 때, 그 농부들은 세를 주지 않기 위해 주인이 보낸 종들을 죽이고 마침내 포도원을 차지하기 위해 주인이 보낸 아들까지 죽이고 만다. 예수가, 주인이 돌아올 때 그들을 과연 어찌 하겠느냐, 묻고 듣고 있던 이들이 그들을 다 죽이고 제 때에 세를 바칠 다른 이들에게 세를 줄 것이라는 대답을 하며 이야기는 끝이 난다.

주인이 때가 되어 농부들에게 세를 걷으러 종을 보내고 아들을 보내고 마침내 포도원으로 돌아오는 것은 그들이 죄인이기 때문이 아니다.

원래 종도 안 오고 아들도 안 오고 주인도 안 오고 포도밭이 영원히 농부들 것이 될 거였는데 그들이 죄인이라서 벌주기 위해 오지 말아야 할 종이 오고 아들이 오고 주인이 다시 돌아오는 것이 아니다.

그것이 처음부터 그렇게 정해진 일이었기 때문이다.

죄인이 아니었으면 떠난 주인이 영원히 돌아오지 않을 텐데 죄인이라서 오지 않아도 되는 주인이 오는 것이 아니고 아담의 후손이 아니었으면 한 번 떠난 하나님이 영원히 다시 오지 않았을 텐데 후손이라서 하나님이 다시 오는 것도 아니고 그것이 처음부터 정해진 일이었기 때문에 오는 것이다. 그리고 주인이 보낸 종과 아들을 다 죽인다 해서 그들이 주인에게서 포도원을 영원히 차지할 수 있게 되는 것도 아니다.

교회는 아담이 실과를 먹지만 않았으면 사람은 아무 검증 없이도 죽지 않고 영원히 살 수 있었고 누구나 다 천국에 갈 수 있었다고 한다.

하지만 검증받지 않은 사람의 천국이란 결코 존재할 수 없다.

왜냐하면 검증받은 사람의 천국은 오래도록 유지될 수 있지만 검증받지 않은 사람의 천국은 단 한 시도 유지될 수 없기 때문이다.

그래서 실과를 먹지 말라 하고 방주에 타라 하고 소돔을 떠나라 하고 제물을, 달란트를, 세를 바치라 하고 신랑을 기다리라 하는 것이다.

그들이 그렇게 할 수 있을 때 영원히 살 수 있게 해 주려고 말이다.

죽는 것이 죄 때문에 받는 벌이라는 교회 말에 속아, 주인이 보낸 종과 아들을 죽인 포도원의 농부와 같은 잘못된 선택은 하지 말자.

주인이 돌아오면 언제든 반드시 자기 자리를 내어 주어야 한다.

스스로 내어주지 않으면 강제로라도 그 자리를 빼앗길 수밖에 없다.

죄인이라서가 아니라 처음부터 그리 정해졌기 때문이다.

죄인이라서, 하지 않아도 될 일을 어쩔 수 없이 해야 하는 것이 아니라 반드시 필요한 검증이기 때문에 하나님이 하라 하는 것이고 아담의 후손이 아니었으면 영원히 하나님 앞에 서지 않아도 되었을 텐데 죄인의 후손이라 서야 하는 것이 아니라 반드시 서야 하기 때문에 서는 것이다.

"한 세대는 가고 한 세대는 오되 땅은 영원히 있도다. 해는 떴다가 지며 그 떴던 곳으로 빨리 돌아가고, 바람은 남으로 불다가 북으로 돌이키며 이리 돌며 저리 돌아 불던 곳으로 돌아가고 모든 강물은 다 바다로 흐르되 바다를 다 채우지 못하며 어느 곳으로 흐르든지 그리로 연하여 흐르느니라."(전1;4~7)

"다시 한 비유를 들으라 한 집 주인이 포도원을 만들고 산울로 두르고 거기 즙 짜는 구유를 파고 망대를 짓고 농부들에게 세로 주고 타국에 갔더니 실과 때가 가까우매 그 실과를 받으려고 자기 종들을 농부들에게 보내니 농부들이 종들을 잡아 하나는 심히 때리고 하나는 죽이고 하나는 돌로 쳤거늘 다시 다른 종들을 처음보다 많이 보내니 저희에게도 그렇게 하였는지라, 후에 자기 아들을 보내며 가로되, 저희가 내 아들은 공경하리라 하였더니 농부들이 그 아들을 보고 서로 말하되, 이는 상속자니 자, 죽이고 그의 유업을 차지하자 하고 이에 잡아 죽였느니라. 그러면 포도원 주인이 올 때에 이 농부들을 어떻게 하겠느뇨. 저희가 말하되 이 악한 자들을 진멸하고 포도원은 제때에 실과를 바칠만한 다른 농부들에게 세로 줄찌니이다."(마21;33~41)

하나님은 선하다

하나님은 선하다.

이해 안 되는 선함이 아니라 모두가 다 이해할 수 있는 선함이다.

그가 힘이 강해서, 그는 무조건 선하다 해주는 것이 아니라 '선함'의 다른 이름이 곧 하나님이어서 그가 선하다 하는 것이다.

그가 산 사람을 죽이는 것이 아니다.

그는 산 사람을 죽이지 않는다.

산 사람을 그가 억지로 죽이는 것이 아니라 이미 죽어있지만 죽어있는 줄을 모르던 사람이 그를 만나 죽어있음을 알게 되는 것이다.

살아있는 아담을 하나님이 죽이는 것이 아니다.

아담이 죽게 되는 것은 하나님을 만났을 때가 아니다.

절대로 먹어서는 안 되는 실과를 먹은 바로 그 순간이다.

다만 껍데기가 아직 움직이고 있으니 살아있는 것처럼 보일 뿐이다.

사람이 죽는 것은 홍수가 났을 때가 아니다.

절대로 산 사람이 해서는 안 되는 일을 한 그 순간이다.

다만 껍데기가 아직 움직이고 있으니 살아있는 것처럼 보일 뿐이다.

사람이 죽는 것은 칼이 목에 들어왔을 때가 아니다.

칼을 맞아 죽을 일을 한 그 순간이다.

다만 껍데기가 아직 움직이고 있으니 살아있는 것처럼 보일 뿐이다.

산 사람을 그가 죽이는 것이 아니라 이미 죽은 사람이 죽는 것이다.

하나님이 모든 사람을 다 죽이고 오직 예수 믿는 이만 죽이지 않는 것이 아니다. 다 살리고 오직 살지 않으려는 이만 못 살리는 것이다.

모든 사람이 처음부터 죽을 자리에서 출발하는 것이 아니다.

그러다 예수 믿게 되면 죽지 않을 자리로 가게 되는 것이 아니다.

모두가 다 처음 출발할 때는 죽지 않을 자리에서 출발하는 것이다.

그러다 다 제 각각 절대로 가서는 안 될 자리로 떠나는 것이다.

모든 사람이 다 실과를 먹은 다음부터 출발하는 것이 아니고 모든 사람이 다 죽을 수밖에 없는 소돔 안에서 출발하는 것이 아니고 모든 사람이 다 방주 밖에서 출발하는 것이 아니다.

모든 사람이 처음에는 다 실과를 먹지 않은 자리에서 출발하는 것이고 소돔 밖에서 출발하는 것이고 방주 안에서 출발하는 것이다.

그러다 다 제 각각 절대로 떠나지 말아야 할 방주를 떠나는 것이다. 방주 안에 있는 나를 하나님이 쫓아내서 내가 방주 밖에 있어야만 하는 것이 아니다. 내가 방주 안에 있고 싶어 하지 않고 방주 밖을 선택했기 때문에 방주 밖에 있게 되는 것이다.

사람이 방주에 타지 못하는 건 하나님이 방주를 주지 않았기 때문이 아니다. 사람이 하나님이 준 방주에서 내려 타지 않으려 하기 때문이다.

방주가 어느 순간 어떤 사람에게만 주어지는 것이 아니다.

날 때부터 모두에게 다 주어져있는 것이다.

어느 한 사람, 방주가 주어지지 않은 사람은 없다.

다만 거기서 떠나서 돌아가지 않는 사람이 있을 뿐이다.

방주 밖에 있는 더 좋은 것을 따라가느라고 말이다.

사람이 구원받는 방법은 간단하다.

자신이 떠난 곳으로 다시 돌아가면 된다.

어떤 사람은 처음부터 방주 밖에서 태어난 사람이 있는 것이 아니고 어떤 사람은 처음부터 먼 나라에서 태어난 사람이 있는 것이 아니다.

사람이 처음부터 방주 밖에서 태어나서 방주 안으로 들어갈 수 없는 것이 아니고 아들이 처음부터 먼 나라에서 태어나서 먼 나라에서만 살고 아버지의 나라로 돌아갈 수 없는 것이 아니고 사람이 처음부터 교회에서 태어나서 하나님의 나라로 돌아갈 수 없는 것이 아니다.

아들은 먼 나라를 떠나 아버지의 나라로 다시 돌아가면 되고 사람은 교회를 떠나 하나님의 나라로 다시 돌아가면 된다.

그 외에 다른 방법은 아무 것도 없다.

교회는 사람이 지옥에서 사는 이유를 하나님에게 쫓겨났기 때문이라 한다. 그의 말을 듣지 않아 쫓겨났고 그가 허락하지 않아 돌아갈 수 없는 것이라 한다. 그래서 지옥에 살 수밖에 없는 것이라 한다.

하지만 아들은 떠나기 싫은데 아버지가 쫓아내서 떠날 수밖에 없었던 것이 아니고 가고 싶은데 아버지가 못 돌아오게 막아서 못 가는 것이 아니듯 가고 싶은데 사람은 떠나기 싫은데 하나님이 사람을 쫓아내서 떠날 수밖에 없었던 것이 아니고 못 돌아오게 해서 못 가는 것도 아니다.

아버지가 오지 못하게 해서 아들이 가지 못하는 것이 아니라 아버지는 오라하고 기다리는데 아들이 갈 수 없다고 생각해서 가지 않는 것이고 하나님이 오지 말라고 해서 가지 못하고 있는 것이 아니라 하나님은 오라하고 기다리는데 내가 갈 수 없다고 생각해서 안 가는 것이다.

아버지 때문에 아들이 먼 나라에 있고 돌아가지 못하는 것이 아니듯 하나님 때문에 내가 죽는 것이 아니고 지옥에 가는 것도 아니다.

하나님이 나를 죽이는 것이 아니고 지옥에 쫓아 보내는 것이 아니다.

내 의지와 상관없이 나를 지옥에 보내고 죽이는 것이 아니다.

모든 것은 다 내가 선택한 것이다.

내가 잘못된 선택을 하는 것이지 하나님이 그렇게 한 것이 아니다.

하나님이 나를 쫓나낸 것이 아니라 내가 도망간 것이다.

내가 행복할 수 없는 이유는 하나님이 나를 행복할 수 없는 곳으로 쫓아냈기 때문이 아니라 내가 행복을 선택하지 않기 때문이다.

하나님이 주지 않아서 내가 가질 수 없는 것이 아니라 하나님은 주었는데 내가 그것을 선택하지 않았기 때문에 가질 수 없는 것이다.

내가 죽는 것은 하나님이 나를 죽였기 때문이 아니라 내가 나를 죽였기 때문이고 내가 지옥에 가는 이유도 하나님이 나를 지옥으로 쫓아냈기 때문이 아니라 내가 지옥을 선택했기 때문이다. 내가 천국에 갈 수 없는 이유도 하나님이 나를 천국에 오지 못하게 막았기 때문이 아니다.

바로 내가 천국을 선택하지 않았기 때문이다.

맺음말

잘 살든 잘못 살든 모두가 다 지옥에 갈 수밖에 없는 것이 아니다.

잘 살면 천국에 가는 것이고 잘못 살면 지옥에 가는 것이다.

성경에 비추어 보았을 때, 교회의 모든 말들은 다 잘못되었다.

지금의 세상은 모든 것이 다 잘못되었다.

가지 말아야 할 곳으로 가고 있다. 잘못 가고 있다.

세상이 벌을 받는다면 그때문이다.

교회에 다니지 않고 예수를 믿지 않았기 때문이 아니다.

그리고 구원을 받는다면 그렇게 살지 않았기 때문이다.

단지 교회에 다니고 예수를 믿기 때문이 아니다.

벌을 받는 이유도, 구원을 받는 이유도 오직 내 안에 있는 것이다.

다른 곳에 있는 것이 아니다.

죄인이고 죄인의 후손이어서 구원의 방법이 달라지는 것이 아니다.

죄인이 아니고 죄인의 후손이 아니었으면 절대로 하지 말았어야 할 일을 죄인의 후손이어서 어쩔 수 없이 해야만 하는 것도 아니다.

죄인의 후손이 아니었으면 실과를 먹지 않아야만 사는데 죄인의 후손이어서 실과를 먹어야만 살게 바뀐 것이 아니고 죄인의 후손이 아니었으면 착하게 살아야만 사는데 죄인의 후손이어서 악하게 살아야만 살게 바뀐 것도 아니고 죄인의 후손이 아니었으면 교회에 다니지 말아야만 사는데 죄인의 후손이어서 교회에 다녀야만 살게 바뀐 것도 아니다.

죄인의 후손이 아니었으면 옷을 벗지 않아도 되었을 텐데 죄인의 후손이어서 옷을 벗어야 하는 것도 아니고 죄인의 후손이 아니었으면 교회도 다니지 않고 헌금을 내지 않아도 되었을 텐데 죄인의 후손이어서 교회에 다니고 헌금을 내야 구원을 받을 수 있게 된 것도 아니다.

죄인의 후손이 아니었으면 사라에게서 적자가 태어났을 텐데 죄인의 후손이어서 하갈에게서 적자가 태어나게 바뀐 것도 아니고 죄인의 후손이 아니었으면 처녀가 기다리는 그 자리에 신랑이 찾아왔을 텐데 죄인의 후손이어서 신랑을 기다리는 위치를 바꿔야만 하는 것도 아니다.

죄인의 후손이 아니었으면 비를 맞지 않아도 됐을 텐데 죄인의 후손이기 때문에 어쩔 수 없이 비를 맞아야만 하는 것도 아니고 죄인의 후손이 아니었으면 소돔에서 살지 않아도 됐을 텐데 죄인의 후손이기 때문에 어쩔 수 없이 소돔에서 살아야만 구원을 받을 수 있게 된 것도 아니다.

죄인이 아니고 죄인의 후손이 아니었으면 절대로 그 자리에 있지 않았을 텐데 죄인이어서, 죄인의 후손이어서 원래 있어야 할 자리가 아닌 전혀 낯선 자리에 서 있어야만 구원을 얻을 수 있는 것이 아니다.

죄인이어서 구원받기 위해 먹지 말아야 할 실과를 먹어야만 하는 것이 아니라 먹지 말아야 할 실과를 먹어서 비로소 죄인이 되는 것이다.

죄인이어서 구원받기 위해 벗지 말아야 할 옷을 벗어야하는 것이 아니고 가지 말아야 할 교회에 가야 하는 것이 아니라 벗지 말아야 할 옷을 벗고 가지 말아야 할 교회에 가기 때문에 죄인이 되는 것이다.

그때는 비를 피하지 않는 사람은 다 죽었지만 지금은 예수가 있어서 '핵'이 터져도 살 수 있게 된 것이 아니다. 그때는 소돔에 있는 사람은 다 죽었지만 지금은 예수가 있어서 그들도 살 수 있게 된 것이 아니다.

사람이 잘못 살았기 때문에 죽는 것이지 비를 맞아 죽는 것이 당연한 것이 아니고 소돔이 심판을 받아 망하는 것이 당연한 것이 아니다.

살고 싶다면 가지 말라는 그 위치에는 절대로 가 있으면 안 된다.

죄인의 후손이 아니었으면 절대로 안 그랬을 텐데, 사람이 죄인의 후손이어서 하나님이 벌주기 위해 사람을 강제로 비가 내리는 자리로 쫓아낸 것이 아니고 하나님이 사람을 강제로 소돔으로 쫓아낸 것이 아니다.

죄인의 후손이어서, 먹어서는 안 되는 실과를 먹는 것이 당연한 것이 아니고 맞아서는 안 되는 비를 맞으며 사는 것이 당연한 것이 아니다.

소돔 안에, 먼 나라 안에, 교회 안에 사는 것이 당연한 것이 아니다.

그들이 그곳에 있는 것은 피할 수 없어서, 떠날 수 없어서가 아니다.

좋아해서다. 피하기 싫어서고 떠나기 싫어서다.

지금 일어나고 있는 잘못된 모든 것들이, 절대로 당연한 것이 아니다.

'예수'를 믿기만 하면 되는 것이 아니다. 달라져야 한다.

바뀌지 않으면, 달라지지 않으면, 구원도 없는 거다.

처음부터 끝까지 진리는 하나다. 바뀌는 것이 아니다.

예수가 있어서 비를 피하지 않고 사는 사람들과 소돔을 떠나지 않고 소돔 안에 사는 사람들에게도 구원의 길이 열리게 된 것이 아니다.

'예수'를 믿기만 하면 소돔이 영원히 지속될 수 있는 것이 아니고 '예수'를 믿기만 하면 잘못된 세상이 영원히 지속될 수 있는 것도 아니다.

예수가 있어서 구원받는 방법이 달라지는 것이 아니고 구원받을 수 없는 사람들이 구원받을 수 있게 되는 것도 아니다.

그들 좋으라고 예수가 있는 것이 아니다. 예수가 있어서 그 안에 있는 사람들이 구원받을 수 있게 되는 것이 아니다.

예수가 있기 전이나 후나 사람이 사는 방법은 언제나 오직 하나다.

잘못 살면 안 되는 거다.

지금 사람들이 사는 것처럼, 그렇게 살면 안 되는 거다.

죄인의 후손이기 때문에, 불행해져야 하는 것이 아니다.

아무 말도, 아무 생각도 해서는 안 되는 것이 아니다.

죄인의 후손이라고 해서 사는 방법이 달라야 하는 것이 아니다.

살기 위해서는 절대로 잘못된 길을 선택하지 말아야 한다.

철저히, 귀한 사람이 되어야 한다. 귀하게 살아야 한다.

반드시 살려주고 싶을 만큼, 가치 있는 사람이 되어야 한다.

절대로, 죽임을 당한 다른 사람들과 똑같아서는 안 되는 거다.

그냥 그저 그렇고 그런 사람이 되면 안 되는 거다.

스스로 옳다고 믿는 세상을 찾아가지 못하고, 소돔에 살고, 교회에 살고, 눈에 띄면 죽이고 싶게 만드는 바퀴벌레처럼 살면 안 되는 거다.

그렇게 살아도 예수만 믿으면 구원받을 수 있는 게 아니다.

비를 맞으며 사는 것이, 소돔에 사는 것이, 먼 나라에 사는 것이, 착하지 않게 사는 것이, 교회에 가는 것이 당연한 것이 되면 안 되는 거다.

바퀴벌레가 예수 믿는다고 해서 살려주고 싶어지는 게 아니다.

그들이 예수를 안 믿어서 죽이고 싶은 게 아니다.

모두가 다 같은 바퀴벌렌데, 그 중에 예수 안 믿는 바퀴벌레는 죽고 예수 믿는 바퀴벌레는 죽지 않고 살아남을 수 있게 되는 것이 아니다.

바퀴벌레는 그냥 다 죽이고 싶은 거다.

죽지 않고 살고 싶다면 예수 믿는 바퀴벌레여야 하는 게 아니다.

그냥 무조건 바퀴벌레처럼 살지 말아야 하는 거다.

교회의 말을 듣다 보면 머리가 아프다.

누가 봐도 먹으면 죽는, 절대로 먹어서는 안 되는 더러운 물인데 먹지 않으면 죽는 세상에서 가장 맑은 물이라며 먹으라 하고 누가 봐도 없는 옷인데 세상에서 가장 아름다운 옷이라며 입으라 한다.

누가 봐도 그렇게 살면 안 될 것 같은데, 천벌 받을 거 같고 지옥 갈 거 같은데 그렇게 살면서 나더러도 자꾸 그렇게 살라 한다.

글을 잘 써서 이런 글을 쓰는 것이 아니다.

내가 봐도 글 참 못쓴다.

학교에 다닐 때는 곧잘 쓴다고 썼는데 가짜 글을 썼던 거 같다.

내 느낌이나 경험 중에 좋다고 느끼는 것들을 자랑하는 일에는 정말 소질이 없다. 그리고 듣기 좋은 말, 읽기 좋은 글들은 이미 다른 사람들이 다 쓴 거 같다. 그 사람들보다 내가 더 잘할 자신이 없다.

그래도 옳다고 믿는 바를 이야기할 수 있는 사람이 되고 싶었다.

서툴더라도 옳다고 믿는 길을 가는 사람이 되고 싶었다.

그래서 용기를 냈다.

아무리 노력해도 결국 세상이 바뀌지 않는다 하더라도 시도는 해보아야겠다고 생각했다. 그것이 옳다고 믿기 때문이다.

나쁜 말을 하는 사람도 말을 하는데 주저할 이유가 없지 않은가.

보편적으로 옳다고 퍼진 생각들이 잘못된 것이라는 생각이 든다.

보편적인 생각이 잘못된 것이라면 바꿔야 한다는 생각이 든다.

성경에 아버지에게서 받은 재산을 가지고 아버지를 떠나 먼 나라에 갔다가 그 나라 사람들에게 가지고 간 재산을 다 털리고 빈털터리가 돼서 고생만 하다가 아버지의 집으로 돌아오는 둘째 아들 이야기가 나온다.

우리가 그 둘째아들이라 치면 우리가 태어난 곳은 먼 나라가 아니다.

우리가 살아야 하는 곳도 먼 나라가 아니다.

먼 나라는 한 번 가면 영원히 떠날 수 없는 곳이 아니라 한시라도 빨리 떠나야만 하는 곳이다.

처음부터 아버지 없는 먼 나라에서 태어나서 살아있는 동안에는 거기서 떠날 수 없고 다시 아버지에게 돌아가기 위해서는 열심히 교회에 다니고 예수를 믿어야만 하는 것이 아니다.

교회가 있어야만, 예수가 있어야만 천국에 갈 수 있는 것이 아니다.

그냥, 돌아가기만 하면 되는 거다.

모든 선택은 아버지가 하는 것이 아니라 둘째 아들이 하는 것이고 모든 선택은 하나님이 하는 게 아니라 내가 하는 거다. 아버지가 아들을 멸망시키기 위해 먼 나라로 쫓아낸 것이 아니고 아들은 간절히 돌아가고 싶어 하나 아버지가 안 받아줘서 못 돌아가는 게 아니다.

아들은 가기 싫은데 아버지가 떠나라고 등 떠밀어서 아들이 먼 나라에 가 있는 것이 아니다. 아들은 돌아가고 싶은데 아버지가 돌아오지 못하게 문을 걸어 잠가서 아들이 못 돌아가는 것이 아니다.

아버지가 아들을 먼 나라로 쫓아낸 것이 아니고 아들이 먼 나라가 좋아서 먼 나라로 간 것이며 하나님이 사람을 교회로 쫓아낸 것이 아니라 사람이 교회가 좋아서 교회로 간 것이다.

아버지가 못 돌아오게 하는 것이 아니고 하나님이 못 돌아오게 하는 것이 아니다. 아들이 안 가는 것이고 사람이 안 가는 것이다.

아들은 죄인이라 아버지에게 가면 안 되고 먼 나라에서 열심히 고생하면 언젠가는 아버지가 다시 아들을 용서하여 받아주는 것이 아니고 사람은 죄인이라 하나님에게 가면 안 되고 교회에서 열심히 기도하면 언젠가는 하나님이 사람을 용서하여 다시 받아주는 것이 아니다.

거기 보낸 것이 아버지가 아니고 하나님이 아니기 때문이다.

아들이 지은 죄는 절대로 아버지에게 돌아갈 수 없는 죄가 아니다.

아들이 지은 죄는 먼 나라로 떠난 것이 아니다. 돌아가지 않는 것이다.

사람이 지은 죄는 하나님에게 돌아갈 수 없는 죄가 아니다.

사람이 지은 죄는 하나님을 떠난 것이 아니다. 돌아가지 않는 것이다.

교회가 먼 나라고 내가 아들이고 하나님이 아버지라면 먼 나라로 아들을 쫓아 보낸 것은 아버지가 아니다. 아들 그 자신이다.

아버지가 아들을 먼 나라로 쫓아내서 아들이 어쩔 수 없이 아버지에게 가지 못하고 먼 나라에서 살아야만 하는 것이 아니다.

하나님이 사람을 교회로 쫓아내서 사람이 하나님에게 가지 못하고 어쩔 수 없이 모두가 죽을 때까지 교회에서 살아야만 하는 것이 아니다.

아버지가 사는 곳이 내가 갈 수 없는 곳에 있는 것이 아니다.

하나님이 사는 곳이 사람이 갈 수 없는 곳에 있는 것도 아니다,

아버지가 못 들어오게 해서 먼 나라에서 살아야만 하는 것이 아니다.

하나님이 못 돌아오게 해서 교회에서 살아야만 하는 것이 아니다.

아들이 죄인이라서 아버지가 아들을 먼 나라로 쫓아낸 것이 아니고 사람이 죄인이라서 하나님이 교회로 쫓아낸 것이 아니다. 그래서 아버지가 오라고 할 때까지 먼 나라에서 살고 하나님이 오라고 할 때까지 교회에서 살아야만 하는 것이 아니다. 먼 나라를 떠나지 않아서 아버지에게 갈 수 없는 것이고 교회를 떠나지 않아서 하나님에게 갈 수 없는 것이다.

돌아갈 수 없는 사람을 위해 예수가 필요한 것이 아니다. 돌아갈 수 있는데 돌아갈 수 없다고 생각하는 사람을 위해 필요한 것이다.

교회 다니고 예수 믿어야만 돌아갈 수 있는 것도 아니다.

예수는 하나님이 못 돌아오게 한 사람을 다시 돌아오게 하기 위해 새롭게 만든 사람이 아니라 언제든 돌아올 수 있는데 안 돌아오려는 사람을 항상 돌아오게 하기 위해 처음부터 만들어진 사람이다.

예수는 항상, 괜찮다, 이고 언제나 열려있는 문이다.

나는 돌아갈 수 없다, 고 생각하는 돌아가야 하는 모든 사람에게 괜찮다,

무조건 돌아와라, 하기 위해 예수가 있는 것이다.

아버지가 나쁜 사람이어서 아들을 내쫓고 못 돌아오게 하는 것이 아니다. 하나님이 나쁜 사람이어서 사람을 못 돌아오게 하는 것이 아니다.

아들은 돌아가고 싶은데 아버지가 못 돌아오게 해서 아들이 먼 나라에서 떠날 수 없었던 것이 아니고 사람은 하나님에게 돌아가고 싶은데 하나님이 못 돌아오게 해서 사람이 교회에서 떠나지 못하는 것이 아니다.

먼 나라에 가고 싶다는 생각만 해도 이미 먼 나라 사람이어서 다시는 아버지에게 돌아갈 수 없는 사람이 되어야만 하는 것이 아니다. 나쁜 생각을 한 번만 해도 이미 하나님에게 돌아갈 수 없는 나쁜 사람이어서 다시는 하나님에게 돌아갈 수 없는 사람이 되어야만 하는 것이 아니다.

아버지에게 돌아갈 수 없는 사람은 아들이 아니라 먼 나라다.

하나님에게 돌아갈 수 없는 사람은 사람이 아니라 교회다.

먼 나라에서 아들을 떠나지 못하게 하는 것은 아버지가 아니다.

교회에서 사람을 떠나지 못하게 하는 것도 하나님이 아니다.

먼 나라가 아들을 잃지 않으려고 아버지에게 못 돌아가게 하는 것이고 교회가 사람을 잃지 않으려고 하나님에게 못 돌아가게 하는 것이다.

언제든 아들에게는 아버지에게 돌아갈 기회가 있다.

한 번 떠났다고 해서 자격이 변한 것이 아니다.

아들이 먼 나라에 갔다고 해서 아버지에게 먼 나라보다 더 낮은 사람이 되는 것이 아니다. 더 이상 아버지의 아들이 아닌 것도 아니다.

아들이 먼 나라를 끌고 아버지에게 가려고만 하지 않으면 아들은 언제든 누구의 허락이 없이도 아버지에게 돌아갈 수 있다.

사람도 마찬가지다.

사람이 교회를 끌고 하나님에게 가려고만 하지 않으면 사람은 언제든 누구의 허락이 없이도 하나님에게 돌아갈 수 있는 것이다.

아들은 결코 먼 나라를 떠나지 않고는 아버지에게 돌아갈 수 없고 사람은 결코 교회를 떠나지 않고는 하나님에게 돌아갈 수 없다.

아버지가 있는 곳과 먼 나라가 있는 위치가 전혀 다르고 하나님이 있는 곳과 교회가 있는 위치 역시 전혀 다르기 때문이다.

그래서 아들이 아버지에게 가려면 먼저 먼 나라를 떠나야 하고 사람이 하나님에게 가려면 먼저 교회를 떠나야 한다. 아버지와 먼 나라, 하나님과 교회, 둘 중에 하나를 선택하지 않으면 안 되는 것이다.

아버지가 아들을 먼 나라로 쫓아냈다는 말, 하나님이 사람을 교회로 쫓아냈다는 말은 모두 성경에 없는 먼 나라와 교회의 거짓말이다.

그리고 돌아가고 싶어도 돌아갈 수 없다는 말도 거짓말이다.

언제든 빠르면 빠를수록 좋은 거고 그냥 돌아가기만 하면 되는 거다.

교회가 하는 일은 우상숭배, 그 이상도 그 이하도 아니다.

그들이 하나님의 종이라는 말도 다 거짓말이다.

성경이 말해 주고 있지 않은가.

성경을 제대로 알기만 하면 교회에 속을 일이 없다.

진정한 회개라는 건 교회 다니고 예수 믿어서 이루어지는 게 아니다.

있지 말아야 할 위치에 있지 말아야 하는 거다.

교회가 사람의 소유권을 가진 게 아니다.

사람보다 귀한 가치는 세상에 없다.

교회가 사람보다 더 높은 위치에 있는 것이 당연한 것이 아니다.

그러니 이제 그만 교회를 떠나 원래 있던 곳으로 돌아가자.

돌아가야 한다.

교회 다니고 예수 믿으라는 얘기가 아니다.

교회는 돌아오라, 는 글을 가리키면서 교회 다니고 예수 믿으라 한다.

하지만 구원을 받는 건 의인이시 교회 다니는 사림이 아니다.

악인은 교회 안 다니고 예수 안 믿는 자를 가리키는 말이 아니며 의인은 교회 다니고 예수 믿는 자를 가리키는 말이 아니다.

말 그대로 '악인'은 보편적으로 모든 사람이 보기에 나쁜 행동, 악한 행동을 하는 자고 '의인'은 의로운 행동을 하는 자다.

그리고 언제나 악인은 심판받으며 의인은 구원받는다.

악인을 따르는 자는 심판받으며 의인을 따르는 자는 구원받는다.

돌아갈 수 없어서 교회 다니고 예수 믿고 있어야 하는 것이 아니다.

아직 예수가 오기 전이라 못 돌아가는 것도 아니다.

돌아갈 길은 언제나 열려있다.

어떤 이유로라도, 막는 놈들이 나쁜 놈인 거다.

교회에 다니고 예수를 믿는 것은 아무 의미 없다.

사람들로 인해 이제 세상은 오염되지 않은 곳이 없고 썩지 않은 곳이 없다. 사람들이 교회 안 다니고 예수 안 믿어서 그렇게 된 것이 아니다.

사람들이 아담의 후손이라 하나님이 세상을 그렇게 만든 것도 아니다.

사람들이 잘못 살았기 때문에 그렇게 된 것이다.

이제 그 잘못을 인정하고 지금 향하고 있는 방향의 반대쪽으로, 있는 힘껏 방향을 돌이키지 않으면 더 이상 희망이 없다.

돌아가자.

"너희는 여호와를 만날만한 때에 찾으라, 가까이 계실 때에 그를 부르라. 악인은 그 길을, 불의한 자는 그 생각을 버리고 여호와께로 돌아오라. 그리하면 그가 긍휼히 여기시리라. 우리 하나님께로 나아오라. 그가 널리 용서하시리라." (사55;6,7)

남정미
다른 각도에서 성경을 보자
-교회가 감추고 싶은 성경의 비밀-

인쇄 2017년 6월 01일
발행 2017년 6월 15일

지은이 남정미
발행인 서정환
펴낸곳 신아출판사
주소 전북 전주시 완산구 공북 1길 16(태평동 251-30)
전화 (063) 275-4000 · 0484 · 6374
팩스 (063) 274-3131
이메일 shina2347@naver.com sina321@hanmail.net
출판등록 제465-1984-000004호
인쇄 · 제본 신아출판사

ISBN 979-11-5605-438-2 03230
값 14,500원

이 도서의 국립중앙도서관 출판예정도서목록(CIP)은 서지정보유통지원시스템 홈페이지(http://seoji.nl.go.kr)와 국가자료공동목록시스템(http://www.nl.go.kr/kolisnet)에서 이용하실 수 있습니다.(CIP제어번호:2017013126)

Printed in KOREA